U0542795

南京大学六朝研究所书系·乙种论集·第叁号
南京大学六朝研究所 主编

六朝史丛札

楼 劲 著

南京大学出版社

总　序

一

　　晃晃悠悠的节奏、断断续续的过程,也许是"万事开头难"吧,从 2017 年 3 月 14 日"南京大学六朝研究所成立仪式暨学术座谈会"召开、计划出版系列图书至今,竟然已经三年又八个月过去了,具有"标志"意义的南京大学出版社版"南京大学六朝研究所书系"首批四册,终于即将推出,它们是:

　　刘淑芬著《六朝的城市与社会》(增订本),"甲种专著"第叁号;

　　张学锋编《"都城圈"与"都城圈社会"研究文集——以六朝建康为中心》,"乙种论集"第壹号;

　　[美]戚安道(Andrew Chittick)著、毕云译《中古中国的荫护与社群:公元 400—600 年的襄阳城》,"丙种译丛"第壹号;

　　[德]安然(Annette Kieser)著、周胤等译《从文物考古透视六朝社会》,"丙种译丛"第贰号。

　　既然是"首批四册",如何"甲种专著"却编为"第叁号"呢?这缘于此前"书系"已经出版了以下数种:

　　胡阿祥著《东晋南朝侨州郡县与侨流人口研究》(修订本),江苏人民出版社,2019 年 10 月版,"甲种专著"第壹号;

　　吴桂兵著《中古丧葬礼俗中佛教因素演进的考古学研究》,科学出版社,2019 年 12 月版,"甲种专著"第贰号;

　　(唐)许嵩撰,张学锋、陆帅整理《建康实录》,南京出版社,2019 年

10月版,"丁种资料"第壹号;

胡阿祥著《"胡"说六朝》,江苏人民出版社,2019年6月版,"戊种公共史学"第壹号;

胡阿祥、王景福著《谢朓传》,凤凰出版社,2019年12月版,"戊种公共史学"第贰号。

据上所陈,"南京大学六朝研究所书系"的总体设计,应该就可以了然了。

首先,"书系"包含五个系列,即甲种专著、乙种论集、丙种译丛、丁种资料、戊种公共史学,这显示了我们对六朝历史之基础研究与应用研究的全面关注、对话学界之"学院"史学与面向社会之"公共史学"的兼容并包。

其次,"书系"出版采取"1+N"模式,"1"为南京大学出版社,"N"为其他出版社,"1"为主,"N"为辅,但仍按出版时序进行统一编号。所以如此处理,自然不在追求"差异美",而是随顺作者、译者、编者的意愿以及其他各别复杂情形。

再次,"书系"虽以"南京大学六朝研究所书系"冠名,但只是冠名而已,我们会热忱邀约、真诚接受所内外、校内外、国内外的书稿,并尽遴选、评审、建议乃至修改之责。

要之,五个系列的齐头并进、出版单位的灵活安排、书稿来源的不拘内外,这样有异寻常的总体设计,又都服务于我们的相关中期乃至远期目标:通过若干年的努力,使学界同仁共襄盛举的"南京大学六朝研究所书系"渐具规模、形成特色、产生影响,而"南京大学六朝研究所"也因之成为学界同仁信任、首肯乃至赞誉的研究机构。如此,庶不辜负我们回望的如梦的六朝时代、我们生活的坚韧而光荣的华夏正统古都南京、我们工作的诚朴雄伟励学敦行的南京大学、我们钟情的昌明国粹融化新知的南京大学历史学院。

二

南京大学历史学院有着厚实的六朝研究传统。蒋赞初、孟昭庚等老一辈学者宏基初奠，如蒋赞初教授开创的六朝考古领域，在学界独树一帜，若孟昭庚教授从事的六朝文献整理，在学界备受赞誉；近20多年来，张学锋、贺云翱、吴桂兵、杨晓春等中年学者开拓创新，又形成了六朝人文地理、东亚关系、都城考古、墓葬考古、佛教考古等特色方向。推而广之，南京大学文学院程章灿之石刻文献研究、赵益之知识信仰研究、童岭之思想文化研究，南京大学地海学院陈刚之建康空间研究，皆已卓然成家；又卞孝萱师创办的"江苏省六朝史研究会"，已历半个多甲子，一批"后浪"张罗的"六朝历史与考古青年学者交流会"，近期将举办第七回，本人任馆长的六朝博物馆，成为六朝古都南京的璀璨"地标"，南京师范大学、南京市考古研究院、南京晓庄学院等，也都汇聚起不弱的六朝研究力量。凡此种种，既有意或无意中彰显了学者个人之"文章合为时而著，歌诗合为事而作"的"义理"追求，也主动或被动地因应了现实社会对历史记忆、文化遗产等的"经济"（经世济用）需求。

即以现实社会之"经济"需求而言，就南方论，就江苏论，就南京论，六朝时代既是整体变迁过程中客观存在的一环，又是特别关键、相当荣耀的一环。以秦岭-淮河为大致分界的中国南方，经过六朝时代，经济开发出来了，文化发展起来了；跨江越淮带海的江苏，唤醒历史记忆，弘扬文化遗产，同样无法绕过六朝时代；而南京所以能够成为中国第四大古都、中国南方第一的古都，也主要是因为六朝在此建都。

六朝的意义当然绝不仅此。举其"义理"之荦荦大者，以言孙吴，经过孙吴一朝的民族融合、交通开辟、政区设置，南中国进入了中国历史的主舞台，并引领了此后北方有乱、避难南方的历史趋势，比如东晋、南朝、南宋皆如此；以言东晋南朝，当中国北方陷入十六国大乱，正是晋朝在南方的重建以及其后宋、齐、梁、陈较为平稳的递嬗，才使传统华夏文明在南方得以保存与延续、发展并丰富,这样薪火相传、"凤凰涅槃"的南方华夏文明,又给北方的十六国北朝之"汉化"或"本土化"的演进,提供了鲜活的"样本"、完整的"模范",其结果,便是南与北交融、胡与汉熔铸而成的辉煌灿烂的隋唐文明,特别是其中的精英文化;再言虽然分隔为孙吴、东晋南朝两段而诸多方面仍一以贯之的六朝,就颇有学者把包括六朝在内的汉晋文化与罗马文化并列为世界古代文明的两大中心,这又无疑显示了六朝文化在世界史上的超凡地位。

  然则围绕着这样的"义理"与"经济",笔者起 2004 年、至 2018 年,为《南京晓庄学院学报》"六朝研究"专栏写下了 50 篇回旋往复甚至有些啰嗦的"主持人语",这些"主持人语",现已结集在"南京大学六朝研究所书系"最先问世的《"胡"说六朝》中;至于"南京大学六朝研究所书系"过去近四年的"万事开头难"、今后若干年的"不忘初心,而必果本愿",我们也就自我定位为伟哉斯业,准备着无怨无悔地奉献心力了……

南京大学六朝研究所　所长胡阿祥
2020 年 11 月 16 日

自 序

　　这本小书结集了这十多年来我在魏晋南北朝史等领域零散发表的 31 篇文札，其中绝大部分是为参加各次会议所写，按其属性大抵可分为上、中、下编。上编包括了 14 篇短札，均可归为学术史回顾与瞻望，所论主要是魏晋南北朝时期的总体特点及其有关研究需要注意的一些问题，虽不敢谓言必有中，却是自身知见，当年写时，即期语诚笃，意恳实，不负师友。中编包括了 10 篇长短不一的专题讨论，多是关于魏晋南北朝时期区域史的研究。近年以来区域史地和文化研究因学界和社会多方关注，已显得极为活跃，前景也愈见开阔，在所涉区域问题上廓清基础，明确问题，揭示其结构框架，尽可能贡献见解看法，是会议的目的，也是我参会的愿望。下编收录了田余庆、程应镠、韩国磐、简修炜、徐连达先生的纪念文章。本书临付梓时，又收入了唐长孺、何兹全先生 110 周年诞辰的纪念文章。我学习历史的主要时段是自汉魏以来至于唐宋，大略与旧时所说的"中古史"相合，这是中古史研究领域 7 位重要的老师。在这个时世和学术变化迅疾的时代，对前辈学者的追忆和纪念，体会他们的治学精要和思考进路，感受其学术成就与所处时代的关联，对承续弘扬我们自身的学脉，总结中国现代史学诞生以来几代学者念兹在兹的工作，在他们开拓的诸多前沿持续探索，是一项需要不断展开的功课。在此要特别感谢南京大学六朝研究所，感谢阿祥兄的盛情邀约，这些散落的文札得以修订补苴，汇集面世。

　　上面盘点的这些文札，反映的是我学史治史的角角落落。每位学者大概都是这样，既有自己看重、倾注全力的领域和问题，但也总会有因缘凑巧或研究需要、足迹偶至乃至身不由己的涉猎和流连。这样的经历和其中所得,最终都会汇为自身学养,滋养其主干枝叶,甚至开出动人的花朵,其本身却犹如根系,隐于大地之下鲜为人知。乘着编集这本小书,这里无妨就我的读书经历略作回顾,不仅有助于梳理自身所学,亦记录我们这一代学者学识、思想成长的片段。

我们这些二十世纪五十年代出生的学者,青少年时学习的条件大多不好,经常无书可读。1975年我在绍兴进厂工作,碰到"工人学马列"活动的尾巴,发下来的一些单行本,封面皆作白底黑框红字,很是醒目,内容即便着实去啃也觉得艰深,工友们读到《反杜林论》序中恩格斯提到的那颗不啃完就不成的果核,就相顾一笑。不过也正因为有此经历,1979年考入兰州大学历史系后,四年期间,我竟下决心在蜡烛下读完了马恩全集。深夜烛影惹得同室诸友多有不满,但我的时间实在是不够用,二十世纪八十年代对我来说,印象深刻的一点就是要读的书骤然增多。图书馆中的陈年旧藏大都未读,开架阅览室里新近上架之书似乎每天都在增加,还有大量风靡于时的小说期刊。学历史的好处是其无所不包,《爱因斯坦文集》里讲到了高年级同学乐道的"测不准原理","我们确已需要重塑真理";一位带着厚厚一摞经济学笔记来上历史课的同学,用凯恩斯理论解释刚刚面世的"里根经济学",他的《就业、利息和货币通论》又怎能不读?况且还有"前四史",老师们众口一致历史系学生必须精读,赵俪生教授讲课又总是强调"三通"和"通鉴"才是"大学问",仅仅这些史籍加到一起,就足够占去我大半课余时间了。因而当年我用熄灯之后的时间啃读还没出完的全集(记得是出到了47卷),可说是以我们那个时代特有的方式,还了自己曾经空耗青少年岁月的欠账,也是我本人结束七十年代走向八十年代以来读书历程的一个界标。

直到今天,这段阅读经历仍在令我回味。年轻的时候,大学时代,读书随风飘荡不仅难免,可能也是一种必要。但博览的同时,还是要保有一条比较稳定的阅读轴,习惯一种持续深入的问题开掘过程,养成一个够大够深,可以吸附各种"旁门杂学"的兴趣旋涡。令我有点庆幸的是,由于当年的小小执念,自己除史学之外集中阅读的另一批书,不是那时曾经风靡却远未系统引入的各家之说,而是作为古典到现代理论、学术的桥梁,凝集了十九世纪这个西方哲学、经济学和社会学重要时期的成就的马恩,又适逢破除迷信祛除教条的八十年代,遂能真切体会到上述开掘过程和兴趣旋涡之要。相信任何人,只要静下心来持续阅读任何一家纵深和品味足够的思想成果,都会所获过于预期的。到我1983年考入复旦大学历史系读研究生,系里给我们做报到讲话的是姜义华老师,他曾提及当年他们在西方哲学上的初步知识,不少即得自恩格斯的《路德维希·费尔巴哈与德国古典哲学的终结》,这使我大觉会心,也让我开始意识到了自己曾有这么一条阅读轴的价值所在。看来一代代人的读书经历总会有所叠压雷同,时代的烙印和时代的发展,可以非常具体地表现在个人选择余地的大小上,但关键恒在自己的选择。

我读研究生的专业方向是"中国政治制度史",业师徐连达先生除督课我的汉唐史和制度史学业外,又极强调政治学、社会学理论对制度史研究的必要,当时大的形势亦令人对相关学术心向往之。于是除史书外,我又开始了这方面的集中阅读和积累。这类书籍对我来说相当陌生,其中大多是当年学界恢复政治学、社会学等学科时,径自接轨现代西方尤其美国政治学、社会学界的成果,其形态和内涵无不深受语言学转向和行为主义影响,相当不同于早年的西方经典。而我主要是看译著,一是因为容易到手,二是看西文原著太过费力,一定要啃恐怕就要改变专业方向了。但即便是看译著,多种同类著作持续看下来,仍可基本了解西方现代政治学、社会学各家学说的概要和关系脉络,大致把握这些学说与早年有关经典之间的关联。这一阅读经历一直延伸到1986年我回兰大历史系任教以后,长达十余年,要感谢复旦园中浓郁的西学氛围和开放学风,感谢整个八十年代的强大势能,自己的阅读使经历中出现了这样一个得以贴近现代社会科学的变化,让我的知识结构中多了这根举足轻重的支柱。

上面两段阅读经历,对我学习历史也是切实受用的。我回兰大历史系工作是在敦煌学研究室,它后来才成为研究所,其创始人是齐陈骏先生。他是清乾隆年间大学者、杭州敷文书院、绍兴蕺山书院齐召南山长的后人,母家陈氏亦为望族,家学渊源极为深厚。从本科起,齐老师对我就多有教诲提携,后来我听说他曾评点室内诸同仁:某某的文书整理有功,某某擅敦煌学学术史,某某结合文书的中古史研究出色,而本人则属"理论见长"。这与我的研究生导师徐连达先生的评介不同,徐老师没有表扬过我的"理论",倒是赞许过我的作业中有些考证"至矣极矣"。我还是觉得齐老师看得准,考证是要依赖思维和想象建构之力的,考证做得不错,即便还不能说是理论强,但也近乎一种理论能力了。当然在徐老师门下学习时,我在理论上的确还没有什么说得过去、拿得出手的东西,随着阅读思考的展开,才逐渐有了一些抓得住的感觉。如近年讨论较热的制度研究理论与方法,我在八十年代末已与徐老师合作写过讨论文章;到九十年代初我与刘光华先生合作的《中国古代文官制度》中,相关思考已有切实贯彻和体现;对之准确而适度的正面表述,则写在此书2009年的修订本序言中,其文已收入本书上编,读者无妨一观。如果让我自己来总结,如果说现在我的研究风格中还是有一些思想和理论的影子,那真是得益于这些持续不断的阅读和消化。

我曾对学生提过,自身的学问大致是在四十五岁以后,九十年代末臻于成熟的。回想起来,这与我的又一次不同以往的集中阅读经历有关,这次持续阅读的是民族学—人类学书籍,触发的契机有二:一是我的历史学习正向魏晋南北朝史倾斜,越来越多地碰到了民族学和史料开掘问题;二是1995年起,我开始协助兰大原来的聂大江校长从事中国历史上的知识分子课题研究,1998年调至中国社会科学院历史研究所工作后,得以经常去他万寿路家中受教请益。知识分子史研究需要涉及较多的知识学和知识社会学领域的问题,早期知识分子研究更多涉及考古学、人类学和民族学领域,聂校长极重视历史、考古和人类学的综合研究,所示识见和观点,每能令我有豁然贯通之感。而历史、考古既是本家,也就是我应该熟悉的本业,现在的短板是民族学和人类学这对本家,不过随着年齿和定见增长,对自己在史学上的发展方向和作为开始日益明确起来,泛读博览之心和范围都已不复往年模样了。因而我自此所读,持续的时间虽也有十余年,数量上却再无法像上一个十余年那么多,主要是自己能够搜集到的中国各地民族志调查报告和各族史诗,加上西方人类学的重要译著。

这段阅读带来的一些具体的收获,集中体现于我的北朝史研究,这方面不少文著的注脚,都留下了我阅读这方面书籍的体会。那么,为什么说这一段民族学—人类学阅读催化了我学问的成熟呢?这是因为其首先促成了我在史料认识上的通透。大量民族志报告和西方人类学同样大量的解释方式,最为具体地呈现了过去世界和先民思维的复杂程度,及其与今人的巨大差异;最为生动地展示了不同族群对自身和周围一切的认知是如何被记忆、表述、加工,从而形成不同文本的;也最为直接地破除了任何对文字、记载、史料及至各种先入之见的迷信。这是以迥然出乎意料的冲击力,从另一个方面展示了历史的诞生和发展过程,令我明白无论古今,更多的事态是发生在文字、记载之前,知道了依赖史料和解读史料的限度和境界。与此约略同期,这段阅读还催驱了我在理论上的成熟。民族学和人类学从博物学中诞生的时间较晚,本身就有兼综以往百家之说、祛除过去诸多定见的特点,尤其是到后来影响最大的美国现代人类学,可以说其发展过程天然带着几分解构经典的后现代气息。这不仅在知识上,也在理论方法上与我前面两段阅读经历达成了互补,我的知识结构从此就显得比较完整了。更为重要的是,我这三段阅读经历,不仅走过了马恩成为教条的时代,也切身感受了现代西方部分理论和学术被相继奉为教条的过程。正是如此叠加触发加之长年读史骋思,我才悟到了"理论的本质是原创,而别人的理论都是教条"的道理,开始有了长在自己身上的理论翅膀。约略同期在史料和理论上所获的这些进展,在我可谓打碎了历史学习上最为关键的一层硬壳。记得张政烺先生给唐兰先生的文集作序,其中说到唐先生学问成熟以后,撰文论事"得心应手,无不如意"。当年我上课时也向学生提过这八个字,以为其所形容的学问圆融之态相当贴切,虽不能至而心向往之。

　　以上三段阅读经历，所说都不是一般人眼里的历史书。各家理论出入甚大，面貌迥异，但也大多都在历史问题上下过功夫，均程度不同地体现了特定历史思维。经我歪打正着加上自身求解消化，结果竟各构成了我知识结构中撑起史学主梁的三根支柱，也都显著滋养了我的读史过程。相比之下，我读史书的经历就不像上面三段那样跳跃，大致是本科期间中外史书皆看，研究生期间主要是看古代史的书籍，任教以来开始向魏晋南北朝史和制度史两块集中。范围不断收缩了，要看的书却似乎越来越多了，这当然是眼界逐渐打开，以及可读之书随时代发展数量不断膨胀的缘故。

　　我读史没有独到法门，长年坚持的与许多同仁一样，就是读书笔记。最早是记在卡片和笔记簿上，搬家到北京时，已有满满一纸箱。当时也已被形势所迫，开始学习电脑。后来则衷心觉得电脑才是真正适合做读书笔记的工具，既便于记，更便于补充修改，便于删并和随时重新组合相关笔记。从九十年代后期到现在，不包括以往的读书卡片和笔记簿，我电脑中记录总起来已有千余条了，大抵仿照《日知录》，必读书有间，思之有得方得立条。每条之中，除资料摘抄和自己的看法外，也记录相关文著，评点国内外学界的成果，可逐渐积累成为一篇规范学术论文的雏形，其中绝大多数都是关乎中古史的。自那以来，我的所有文著也包括这本"丛札"中的大部分，从题目到结构和基本观点，基本上都来自于此。2017年底，我退休以来，曾设想自己每年仍可写一到两篇比较重要的文章，直到做不动原创工作了，就把自己对中国史的看法写成一部简短的《我心中的中国史》，不注不解，直抒己见，爱信不信。同时着手整理我的读书笔记，痛加删并，务求其精，大概可以分成数册，以为这辈子读史、学史的总结，不亦可乎？

楼　劲
2021年5月1日于京城寓所

目 录

总　序 ·· 胡阿祥
自　序 ·· 楼　劲

上编　学术瞻顾 ·· 1

一、贯穿于魏晋南北朝史的诸多发展周期 ·················· 3
二、四十年来魏晋南北朝等断代史研究的几点思考 ·········· 7
三、关于学术继承与发展 ································ 13
四、建构中古各时期的历史场景和发展脉络 ················ 16
五、魏晋南北朝史研究的三个增长点 ······················ 20
六、中古史研究方法的"三结合"问题 ····················· 24
七、"新政治史"及其研究旨趣 ··························· 28
八、制度史研究的新局面：《中国古代文官制度》修订版序言 ··· 33
九、关于"汉化"与"民族认同" ························· 36
十、僚学研究需要注意的几个问题 ························ 38
十一、洛阳与客家人的历史渊源 ·························· 42
十二、六朝建康城研究的新阶段 ·························· 47
十三、建康与魏晋以来的南北关系 ························ 51

十四、《中国魏晋南北朝史学会会刊》复刊感言 ………………… 57

中编　专题缀拾 …………………………………………… 61

一、魏晋时期的"革命"话题 ……………………………………… 63
　　1. 汉魏与魏晋间所说的"革命" …………………………… 63
　　2. 围绕"革命"的质疑与辩护 ……………………………… 65
　　3. "革命"的传统及其流衍 ………………………………… 68

二、古代东北亚民族关系的若干问题 …………………………… 72
　　1. 古代东北亚的民族关系格局 …………………………… 73
　　2. 东胡族系与西拉木伦河、老哈河一带的地位 ………… 74
　　3. 东北各族的发展与中国历史 …………………………… 77

三、汉唐间的"丝绸之路"与河东 ………………………………… 80
　　1. 汉唐间丝绸之路的基本格局与河东地区的重要地位 … 80
　　2. 汉唐间河东地区与丝绸之路地带的相互影响 ………… 81
　　3. 东胡、北狄南下路线与汉唐间的河东 ………………… 84

四、汉唐间"武川与白道"研究的几个问题 ……………………… 86
　　1. 呼和浩特—大同一带与武川、白道的地位 …………… 86
　　2. 北朝至隋唐白道与武川的名与实 ……………………… 90
　　3. 北魏六镇中的武川镇及其特殊性 ……………………… 96

五、汉魏以来凉州所出的若干符谶 ……………………………… 101
　　1. 汉晋间凉州一带所出的符谶 …………………………… 102

2. "胡运将终"之谶的西凉文本 ……………………………… 105

　　3. 北魏再现的张掖柳谷石谶 ……………………………… 109

六、诸葛亮经营南中及相关问题 ………………………………… 115

　　1. 吴蜀相争与诸葛亮经营南中 …………………………… 116

　　2. 由蜀入滇之东、西线及弄栋之要 ……………………… 120

　　3. 诸葛亮南征传说与武侯祠之分布 ……………………… 123

七、罗含研究与评价四题 ………………………………………… 125

　　1.《晋书·文苑罗含传》所示其生平要节 ……………… 125

　　2.《更生论》反映的思想潮流及罗含地位 ……………… 128

　　3.《湘中记》与罗含的学术和治学特点 ………………… 131

　　4. 后世记叙的罗含身后之名及其影响 …………………… 133

八、六朝浙东人文与"浙东唐诗之路" ………………………… 136

　　1. 关于浙东唐诗之路形成的条件 ………………………… 136

　　2. 王、谢等士族名士与浙东人文 ………………………… 139

　　3. 六朝浙东地志与山水记咏之作 ………………………… 144

　　4. 道、佛教与儒、玄学之交响 …………………………… 150

九、杭州成为东南都会的若干历史背景 ………………………… 157

　　1. 海陆丝路的贯通与钱唐、杭州地位上升 ……………… 157

　　2. 江东政权与江南运河、浙东运河的疏浚 ……………… 159

　　3. 浙东发展、明州崛起与杭州地位的联动 ……………… 164

十、六朝浙东与钱唐升州 ………………………………………… 166

1. 备海与制越 …………………………………… 166
2. 建康与会稽 …………………………………… 172
3. 佛教与道教 …………………………………… 186

下编　追思纪念 …………………………………… 201

一、纪念田余庆先生：属于我们这个时代的史家 ………… 203

二、程应镠先生百年诞辰纪念 ……………………………… 206

三、韩国磐先生百年诞辰纪念 ……………………………… 209

四、纪念简修炜先生 ………………………………………… 211

五、唐长孺先生110周年诞辰纪念 ………………………… 214

六、何兹全先生110周年诞辰纪念 ………………………… 217

七、悼徐师 …………………………………………………… 220

上编 学术瞻顾

一、贯穿于魏晋南北朝史的诸多发展周期

魏晋南北朝史及其研究的重要性和特殊性,集中体现于一个此期独有的显著现象:即中古史上的一系列大事节目,如门阀士族、均田制、三省制度、北族汉化或民族融合、法律儒家化、佛教中国化、古文经学、文学自觉等,基本上均在此期呈现了从定型展开到消退终结的发展周期。正是这些周期的兴衰起伏,在很大程度上构成了此期历史的基本内容,展示了连接汉、唐两大王朝的脉络线索,决定了"中国""中华民族"的当时样态和后续基础。要之,魏晋南北朝在中古史上的地位和特殊性,端在其为这一系列发展周期从定型展开到消退终结的关键时期。

这些发展周期不少皆为各领域研究者所熟知,其要当可概括为下列几点:

一是尽管具体的来龙去脉各有不同,这些周期明确的起讫点大都可断在魏晋至唐初。如门阀士族源于汉,余绪及于唐后期,但与其定型和瓦解紧密关联的标志性制度,也就是九品中正制,则从曹魏叠经调整,至隋及唐初告终。均田制兴衰也是这样,西晋占田制以前的授田、名田、屯田可谓其源,盛唐开元令则是其流,其管制土地和劳动力配置关系的制度实质,典型地体现于北魏及北齐、周、隋的均田制,至唐初武德令明显已入尾声。三省制度自魏晋明确三省并立,至于唐初政事堂制度形成而精神不存,实际已向阁部体制过渡。其他如汉以来内徙各族的汉化或大融合,大抵自五胡建国至唐初定姓族告一段落;法律儒家化自曹魏新律至唐永徽律疏的形成;佛教中国化自西晋允许中土人士出家,至隋及唐初天台宗、律宗、禅宗等本土宗派创始;古文经学自曹魏

始立于官学至唐初撰定《五经正义》；文学自觉从曹丕以来众多文论，至于隋及唐初设进士科文学取士。凡此之类，均足令人意识到魏晋南北朝自成一个时代的理据所在，非仅从合久必分到分久必合而已。

二是这些周期均与一系列重要事态联动，反映了当时整个社会、整部历史的深刻变迁。像门阀士族牵连至广，与之相随的有门阀政治，而门阀政治又与此期"皇权的变态"联动。占田、均田则与户丁制及赋役制度相连，又直接关系到兵源、军制之况。三省制度不仅与朝廷决策、行政体制的演化，也与地方行政体系的调整，与整套行政秩序的变迁密切相关。北族汉化或各族融合，极大地影响了北方地区的人口构成和中华民族的发展，又与南朝、漠北至东北亚事态深相关联。法律儒家化推进了魏晋以来礼、法的变革，又构成了强调法典作用和地位的"制定法运动"的内在动因。佛教中国化进程的意义亦远不限于宗教，而是牵涉到经济、政治、阶层、种族、社会生活以至知识体系和精神世界的一系列事态。这种突出的发展周期伴随着一系列重大历史过程的现象，只能说明其基础深厚而内涵丰富，绝非魏晋或隋唐一时所为即可解释。

三是这类周期的展开、完成，永久地改变了相关领域的面貌及其今后发展的基础条件。如门阀士族虽已衰落，但其代表的家族伦理、身份内涵及知识、价值崇尚和审美等观念形态，却已在历经淘洗后深入至唐代士人的心灵。均田制瓦解标志了国家对土地关系和基本经济活动的干预弱化或方式转型，其背后则是南北朝以来生产方式、商品货币关系和基层秩序的变迁，也包括地税、户税、役制、兵制等方面新法的陆续产生。至于其他周期如三省制度、各族融合及法律儒家化、佛教中国化等，其兴起发展至衰落蜕变的历程，都深刻改变了所涉领域的样态，构成了其今后发展的基础，其具体成果也都不同程度地体现于后世的制度和做法。由此观之，这类周期并不单纯是某些头绪线索自始至终的兴衰起伏，而是随其后果和形势变化，续有新绪再发而不断刷新了历史；故其至于唐初的基本完成，也就不是从偏离回归到某种既定状态，而是意味着新的发展基础或新的时代。

除上面提到的外,尚待揭示、刻画的这类周期还有不少,像山越、蛮族融入江南社会的进程,道教从黄巾起义和五斗米道被镇压后的转型,玄学自正始之风至于南北朝的起伏等,亦皆在隋及唐初告一段落。这都表明上述周期在魏晋南北朝乃是一种普遍存在,也就有必要就其总体加以研究。现在回头再看,尚钺、王仲荦、何兹全等先生提出的"魏晋封建说",其合理的内核,在于揭示和强调了魏晋以来生产方式和人身依附关系等方面发生的转折,同时又从经济基础决定上层建筑的社会形态理论出发,为魏晋以来发生的大量事态提供了一个总体解释。而日本学界关于"中世时代"或六朝"贵族制社会"的概括,其要也是在揭示、强调门阀士族及与之联动的一系列事态,以此为中心来解释魏晋以来这类周期的起讫。这也可见,近百年的魏晋南北朝史研究无论理论、方法如何变换,是顶层的概括还是大量具体问题的研究,最终都离不开对上述周期的认识,其重要成果也大都围绕于此而来。

当然时至今日问题已变得更为清楚。对这些周期来说,旨在界定社会形态的"魏晋封建说"可以解释它们的开端,却很难解释其不约而同地终结,这说明有大量事态逸出了这一学说的涵盖范围。"中世时代"及"贵族制社会说"则一向只被中国史界部分认同,因为此期各朝毕竟仍是专制皇权体制。更何况,对这众多周期兴衰起伏的所以然,只就其中一、二出发,无论是田客部曲的身份演化、门阀士族的地位变迁还是别的,显然是说不清楚的,各个周期背后应当还有共同的发展基础,并在相关事态的互动中不断更新着这种基础。这就尤其需要考虑汉以来社会和统治模式的形成和发展问题。正是汉代以来各种资源更易流向特定家族的格局及其演化,构成了魏晋以来门阀士族发展蜕变的基础;也正是汉代以来的土地兼并、各族内徙和相应的处理过程,导致了亟待魏晋以来解决的土地问题、民族问题;其他各种周期大略亦皆孕育于汉,至于魏晋则因某种标志性举措或事件而定型展开,并随原有问题的消解和新问题的发生而趋于终结。

由此可得的基本认识是:在总结、扬弃战国以来发展和秦制的基础上，汉代形成的社会和统治模式，一方面取得了巨大成功，奠定了汉文化和统一多民族国家的基本面貌和走向；另一方面也滋生、积累了一系列矛盾和问题，需要随形势发展，通过整套模式的调整完善来加以解决。我认为此即贯穿于魏晋南北朝史诸多周期的基本背景和原因：正是汉代模式所蕴矛盾和问题的突出化，导致了汉末以来社会和政局的动荡不安，也引出了魏晋以来明确标志诸周期开端的一系列举措和事件；但若不是按调整完善汉代模式的方向来应对新的形势，消解这些矛盾和问题，而是朝着颠覆这种模式的方向来发展，那就不会有这些周期按其自身要素关系持续呈现其兴衰轨迹，也就不会有这些周期发展至唐代的完成或终结。这也就同时解释了魏晋南北朝既以战乱动荡及鼎立争攘而著称，又发生了一系列意义重大和影响深远的变化转折。

这些周期的基本完成，也就是汉以来阶层、土地、民族关系和行政、法律体制，以及意识形态至宗教、知识领域诸多问题的蜕变或消解，由于其继续发展的基础已被更新，也就揭开了一个新的时代。而这自然意味了又一轮新绪再发而源流间出的过程，所谓"贵族制社会"消亡和"近世时代"或"平民社会"的到来，所谓"唐宋变革论"，所谓北族政权从"融合王朝"向"征服王朝"的演变，其实皆建基于此，都可归为上述周期完成的后续事态。就此结合以上所论，足见贯穿于魏晋南北朝史诸多周期的定型展开和终结衰变，不仅构成了魏晋南北朝史的基本内容，而且也在很大程度上决定了唐史走向和整部中古史前后期的转折，又汇聚了"魏晋封建说""中世"及"近世时代"说、"贵族制社会说""唐宋变革论""融合"及"征服王朝说"等中古史研究的基本构想和范式，体现了秦汉以来中国社会、中华民族及其文明发展和统治模式逐步递嬗变迁的历史轨迹，亟待引起学界的高度重视，对之展开更为深入的讨论。

二、四十年来魏晋南北朝等断代史研究的几点思考

对四十年来断代史研究的总结与反思,很多问题都要结合前三十年,结合中国现代史学诞生以来的状态加以考虑。以下谨着眼于魏晋南北朝史的研究,谈几点个人感受。

一、在成果上,这四十年魏晋南北朝史研究推进最为明显的,集中在制度、思想文化和社会生活领域。从上世纪八十年代至今,中国大陆每年发表的魏晋南北朝史论文数量已从几十篇增至200篇上下,所增部分多在这三大块上。到近些年,大约已各占每年同行论文总数的1/5,在专著中这个比例还要更高一些。从魏晋南北朝时期官制、法制、礼制等诸多制度的面貌,到此期的宗教信仰、思想观念、学术文化之况,再到人口、家庭、生老病死、衣食住行、性别、生态等方面的状态,现有的认识已非前人可比。总的看来,这些方面研究的长足推进,已明显补上了以往研究的短板,从中涌现的新问题、新观点、新方法,又催动了政治、经济、民族及门阀士族等传统领域的进一步探索。这都显著提升了魏晋南北朝史的研究水平,其影响及于汉、唐以至整个古代史研究。

讨论热点转移和领域扩展的这种态势,与前三十年研究的成果、局限及史观、史料等方面态势相关,同时也是由于社会现实的驱动,各断代史恐怕都有类似态势。制度研究之所以兴盛,是因为人们切身体会到制度的重要性,意识到制度发展往往是历史发展的中心环节。思想文化研究的迅猛发展,是要重新看待思想,重新认识文化,以揭示化育各种历史现象的人文、观念状态。社会生活研究的异军突起,既是现实生活日渐丰富、社会变革趋于广泛的反映,也是更为深入地刻画历史发

展机理的必要。若再推溯,清末民初以来人们对现代化进程的探索、思考路径,也正是从器物进至制度层面,再到切关乎制度效能的思想文化要素,以至于特定思想文化赖以扎根成长的社会状态。与之相伴,对古代有关历史的研究也相继展开,所涉重要领域的奠基性成就在上世纪三十至五十年代均已出现。因此,这四十年来上述三大块研究的较快发展,无论是对前三十年的纠偏补缺,还是与时俱进另辟蹊径的部分,总的仍是中国现代史学对古代社会所作剖析的延伸,是在不断重现的时代主题之下,继续展示这种剖析所要证明的现代化困境和历史发展逻辑。因此,对此的反思与总结,也终将指向这种剖析本身的得失,指向中国现代史学诞生以来的局限和问题。

二、在理论上,四十年来的魏晋南北朝史研究也像各断代史一样,呈现了反思前三十年史学理论教条化,回归重视实证的"社会科学化"和"史料考订"路向的历程。总的研究倾向趋实趋细,以往的宏大叙事多被解构,历经淘洗以后仍在发挥一定作用的,则是那些带着不同理论色彩而针对中古史特有现象的学说。

就魏晋南北朝史研究而言,这类学说主要有五:一是"贵族制社会"说,围绕士族门阀的形成和影响,解释了其背后的社会机理和面上的各种历史现象,以之为"中世"时期的突出标志。二是"唐宋变革论",把唐宋之际的一系列变化解释为"中世"终结和"近世"到来的转折,其中自然包括了士族衰落及相关社会进程的讨论。三是"东亚世界"说,把东亚地区视为同一历史单元来考虑其共性和秩序演变,在各区域的密切互动中解释古今中国、朝鲜半岛、日本列岛和东南亚地区的发展。其说多涉汉唐及其影响,也就不能不关系到魏晋南北朝史研究。四是"融合—征服王朝"论,区分了北族所建王朝的类型,勾勒了以北魏为典型的"融合王朝"至辽金元清为代表的"征服王朝"的递嬗脉络,这对魏晋南北朝史研究的影响是不言而喻的。五是"魏晋封建说",主张中国封建社会始于魏晋时期,尽管这些年来社会形态的讨论几乎绝响,但有关理论、学说对研究框架影响仍大,此说对先秦、秦汉众多事态至魏晋以来发生了转折性变化的研究,在理解魏晋南北朝史各领域的发展过程时仍有重要意义。

上述学说的形成,皆在上个世纪的前五十年,尽管有若干集成之作出现于八十年代。其中前三种皆为日本东洋史学者所创,要在梳理古今日本的历史;第四种主要由美国学者基于内亚研究而提出,也主要生根开花于日本的东洋史研究。这四家之说虽续有调整、丰富,其落脚点却都不在中国,也从未被中国学者全盘接受。魏晋封建说则是中国马克思主义史学的社会分期说之一,是对魏晋以来历史讨论最为深入的一家,但其认定的社会形态转折节点,亦未为大部分中国学者所认同。总的看来,这些学说着力诠释的,确为所涉时期至为重要的历史现象,其中也确有真知灼见,故至今虽局限愈显而作用仍无所不在。相关研究一旦需要上升到相应层面来作归结,就总是需要面对或修正、发挥其说,即便是"关陇集团""法律儒家化"和"南朝化"等突出的原创成果,大体也超不出这些学说的涵盖范围。研究理论、学说的这种状况,当可从一个侧面反映这些年断代史研究在"改革""开放"上的限度。其"改革"主要是回归中国现代史学诞生以来的发展态势,"开放"亦表现为研究再度与国际学界同步,这四十年与时俱增的大量成果基本上都基于此而来,其得失利弊亦复重现。因此,在充分肯定这四十年研究成就的同时,也要看到一些长期存在的症状还在延续,还有待新说的不断涌现,以积聚足够的基础、张力,才有望在研究体系上取得突破。

三、在价值取向上,各断代史研究这四十年,可以说与前三十年有着更大的一致性。主要表现是对古代中国社会在根本上持一种否定、批判态度,即否定其基干部分的现代价值,对之展开反封建、反复辟意义上的批判。在魏晋南北朝史研究中,对当时的名士放达、玄学清谈、儒释道交流等思想文化事态,上世纪八十年代以来往往概之为某种程度的思想解放,其说正是以认定某种总的束缚、禁锢氛围为前提的。对士族集团、占田均田等方面的讨论,需要评价时大体也限于"当时有其积极意义",从中归结的血缘关系发达及私有权受限等问题,亦多半用于证明其为今人之累。至于统治层面上的禅让易代、专制皇权、王朝体制之类,对之严厉批判一直都是一种"政治正确",能够引为鉴戒不加嘲弄已属不易。当然,近些年来其况已有些变化,大量具体研究往往只论有无而不及是非,但类此的价值取向在其问题的预设、旨归及其所处背景中终难回避。更何况,讨论古代中国的话语体系被多年一贯的否定、批判过程渗透,其影响社会各界的程度更甚于业内同行,谁都无法置身事外。

这种以否定、批判为基调,愈是涉及统治体制及其核心秩序就愈甚的价值取向,显然植根于对中国现代化曲折历程及其症结的思考,又被前三十年史学及八十年代以来的一些主流观点强化。除和者甚寡的若干少数派外,无论是时人提出的"历史主义",还是更早时候主张的"了解之同情",实际都是时代大潮裹挟下的不得已之论,是在认同批判的大前提下纠其偏颇,这四十年中却均被重提,也就多少说明了长期以来其况之甚。以至于时代主题已屡变迁,学术主体已更数代,史学的这种价值取向到今天却还转不过身来。像中国这样一个历史悠久而文明灿烂的大国,其现代史学对自身历史却长期抱持根本批判的态度,对其阴影面、消极面的揭示鞭挞,已是本土研究者无可推卸的专业责任和道德责任,抱怨本国历史漫长沉滞及其形成的种种"劣根性"则一时成风。这是非常奇怪也断难为继的现象,对此恐怕只能解释为特定现代化阵痛的产物,是外在标准长期主导史学评价尺度的结果,也是现代中国史学迄今还在幼稚阶段的标志。

四、在具体的研究方法上,四十年来魏晋南北朝史研究的引进借鉴和开拓创新,在各断代史中也是比较突出的。由于这段历史的基本资料相当匮乏,上世纪初以来几宗大的资料发现,包括其陆续扩展的部分,有关魏晋南北朝时期的只有简牍和敦煌吐鲁番文书沾了点边,其比重之小,也像近年关注的新出墓志之类,属于唐宋的已达数万,隋以前的仅有数百。研究过程受此制约,从史料分析到问题的提出,也就不能不更大程度地拓宽视野,更多地借鉴跨学科和域外史学的各种方法。

这在早年为魏晋南北朝史研究奠基的老一辈学者那里即已形成了传统,又经一代代研究者在不同时期竞相探索,在成就斐然、各领域深耕细作已达相当程度的同时,也在各时期错杂涌现的多种方法及其所获成果的兼容性,在如何借鉴运用不同方法来展开研究等方面,积累了不少问题。

从大的形势影响和国内外学术交流的现状来看,这当然也是各断代史研究不同程度地存在的问题。在总结其长期以来的经验和教训时,我想基本的一条,还是要围绕历史实际的认识来讲求方法,处理好继承与发展的关系。其道理很朴素:方法是用来认识历史的,讲求方法十分重要,其本身却不是研究目的。能否推进对历史实际的认识,达成相关历史知识的有效增长,才是评判所用方法价值的唯一标准。研究过程及其所用方法的继承与发展,如果不是聚焦于史实的认识和历史知识的有效增长,也势必沦为漫无边际的泛泛之论。应当看到,无论是这四十年,还是前三十年和更早时期的研究,均是在反省检讨前一阶段的基础上展开的,都伴随着方法上的大幅转换或扬弃。但无论运用何种方法,凡是具有恒久价值的高质量研究成果,无不是在史实的认识上有所推进,并与前人已获的知识相互发明和补充,其中突出的更在事关古今中国发展而久被关注的重大历史问题上获得了进展,也就都是历史知识有效增长、继承与发展良好衔接的典范。其反面则是方法愈新愈奇,结论左冲右突,研究不断重起炉灶,其说法虽与时变化,对史实的了解则粗疏如昔,最终盘点却并未在历史实际的认识上有多少推进。这一正一反两种情况所提供的鉴戒,至今仍是深值吟味的。

总之,作为基本的时代特征,四十年来中国史研究受改革开放进程的影响至深,乃是一百多年来中国史学受现代化进程影响至深的一个片段。在回顾这一总的历程时,应当看到其各大阶段的代表性成就,主要表现为相继揭示了以往较少关注的历史过程和社会发展机理,同时也都存在着局限,逐渐积累了一些深层问题。中国现代史学的发展,一开始就抛开了中国古人对自身社会和历史的思考,转而取据外来理论和别国模式来剖析和建构本国历史,为其先后关注、勾勒的历史要素及其相互关系,大都是在现代化进程中凸显出来的,亦多有现代中国革命的鲜明烙印,其与世界各国和中国古代历史的要素、关系,在相通之下也存在着极大的不同。因而其整个探索过程,从少数志士仁人得风气之先的认知,到逐渐形成一定程度的社会共识,一直都是在进一步立足中国实际,在更长时段和更大视野下不断突破其原有局限向前开拓的。这四十年中国史学的发展,即是在新的条件下重现、升华了这样的过程,对之进行总结与反思,已是当代中国史学亟待展开的课题。

三、关于学术继承与发展

二十世纪以来中国发展的主题，是迅速的新陈代谢和社会转型，是变革成为时代主题而越来越广泛、深入。日深一日的改革在解决过往的诸种问题，带来一系列成就和福祉的同时，也有一个十分突出和确切无疑的副产品，那就是着重批判过去，扬弃过去，因此不能不在很大程度上否定过往时期的许多方面。无论其背景和理由究竟是什么，也不管其在各时期的表现如何，这都极大地影响了二十世纪以来中国人对历史的认识，同时也很明显地使中国的一系列传统变得断续而支离，尤其是使人类的一个悠久和极为重要的传统在现代中国几近不存：每当历史前进至转折关头即回首过往的辉煌，力图从古典时代和曾经的黄金岁月中汲取力量源泉。这一传统至近代尤其是二十世纪下半叶以来中国的变革进程中，可说已破碎不堪。号称历史发展连续性最强的中国，至今已是各新兴国家中与自身传统隔膜最深的国家，其相关表现广及社会各领域，虽程度和方式有所不同，但学界显然并不例外。在这样一个总的背景之下，又适逢举国上下盛欲进一步改革，以实现中华民族伟大复兴的关键时期，我们在这里缅怀老一辈学者，想见其为人治学之道，追忆其学术、人生的种种遭逢，瞻望中古史研究未来的发展，的确令人悲欣交集，感触至深。

让我们感到骄傲和自豪的是，对上面所说二十世纪以来中国因不断变革而常批判、扬弃以至否定传统的过程，史界的确更多地抱有戒惧之心，亦不乏卓识者匡谬正偏，大声疾呼。总的看来，不必说社会其他领域，就是相比于其他学科的同仁，史界在这方面的态度也要来得更为谨慎持重。就魏晋南北朝史研究而言，诸如陈寅恪、唐长孺、马长寿、缪钺、王仲荦、周一良、何兹全、田余庆等众多学者,尽管同样身处其中,经历了时代大潮的种种冲击,却也在学术趋变趋新的大趋势下,在汲取欧美俄日相关研究成果的同时,勉力传承了中国学术的可贵传统,综合并光大了传统汉学、宋学的精神和明清之际顾炎武、黄宗羲、王夫之等人代表的史风和学脉,基此开拓了一系列新的研究领域,奠定了当今魏晋南北朝史研究的基本框架。在那些神州大地风雨如磐,经常连一张平静的书桌都安放不下,又遇各种学术潮流相互激荡的岁月中,我们的老一辈学者之所以取得如此历久弥新的成就,既是他们博采广收的巨大创造力和坚忍强毅的学术定力之体现,也是他们念兹在兹,造次必于是,颠沛必于是,始终以中国学统文脉传承、弘扬自任的精神使然。抚今视昔,每念及此,能不潸然? 能不深思?

同时也要看到,中国大陆史界,包括魏晋南北朝史研究在内,毕竟仍在所处时代和整个学界氛围的笼罩之下,我们的学术传承,仍常令人有不绝若线之感,较之欧美俄日及我国台港澳地区的同行,我们的学脉不仅显得分外短促,而且多有不足。进入二十一世纪以来,随着社会转型的加速展开,随着改革在左冲右突中走向纵深,我们也已要较以往任何时期都更迫切地面临着学术继承与发展的关系问题。突出表现为整个史界缺乏共同关心的重大问题,新老学者的更替及其论题变换太过迅速,彼此关注的历史侧面经常难以聚焦,老一辈学者接续长期以来学统文脉,同时也针对社会长时段发展提出的重大问题往往乏人问津。与之形成鲜明对照的事实是:人类历史发展的大量具体问题均有共性,其中的实质性问题并不很多,一代又一代先辈为此持续积累和推进的基本认识,不仅闪烁着真理的光辉,更是今人继续认识无可绕道回避的起点。我本人深信不疑,并想在此向各位同仁提出呼吁的是:学术的求新求异而众制锋起、源流间出,的确是适应我们这个时代发展的繁华盛景,但若其同时伴随着老一辈学者所提问题的纷纷褪色,尤其始终倾注心血的重大历史问题被不断消解,那只能说明我们的研究出了毛病,若不改进就要走大的弯路。学术的新陈代谢与旧论题的失效更新的确存在着内在关联,但若认为重大历史问题也会一批批更换,那只能是我们这个时代易于凸显的一种假象,或者说是我们所处日新月异的社会加诸学者头上的一种局限。而身为一个学者的天职,就是要尽其所能识破假象、突破局限,在充分继承前辈学者认识的基础上创新和发展自己的研究。

以上所述,自然不是要让我们的目光停留于过去,或者墨守前人成规不敢越雷池一步,而是要强调师承的重要,强调继承和弘扬自身所承学统文脉的重要,强调在研究面临的诸多实质性问题上,非有切实的继承即无从持续推进历史认识;是要吁请各位同仁深入思考这一百多年来继承与发展的关系问题,深入体会一代代前辈史家不断围绕重大历史问题展开认识的恒久价值。窃以为,无论是史界,还是整个学术界,乃至于经济社会和制度、政治等各个领域,这都是当代中国最为迫切而重大的课题之一。在我们缅怀为现代魏晋南北朝隋唐史奠基的一大批杰出前辈学者的同时,谨以此为辞,并与各位同仁共勉。

四、建构中古各时期的
历史场景和发展脉络

　　近年来，我在不少场合听到史界同仁对魏晋南北朝史研究者的赞许。我知道这些不是客套话。相比于中古史其他断代，这些年来的魏晋南北朝史研究，确实在总体上呈现了一些特点：思想较为活跃，提出的重大问题和构想较多，面对新观点、新方法时以我为主的品格较为突出，似已开始形成了政治、制度、思想综合研究的轴心，经济、民族、社会、文化等领域也因此有重要进展。青年学者表现尤其突出，他们视野开阔而观察敏锐，史实和材料的诠释能力较强，立论所据的个案分析相当扎实，不少提法都蕴含了重要的研究新方向。这些都是至为可喜的。我觉得其所体现的是魏晋南北朝史研究同仁对学界现状更多的反思，而其实质是对世纪之交以来中国史学所处之境的一种突破，可以将之视为二十一世纪魏晋南北朝史反思开新的发端。

　　自上世纪八十年代初，久被束缚的思想得到释放，诸般外来引进和回归传统之说纷纷争鸣，各种学科规划则平衡其间，陆续实施。由于积累本甚不足，学术分量仍嫌单薄，其中饱含的真挚和诉求，本就易随时过境迁稀释淡化，一朝重挫更易一蹶不振。故至世纪之交，一种令人印象深刻的概括，是中古史界既否定了过去，又看不到将来。我们突然发现自己既乏有效的继承，也缺有效的发展，曾经得用的框架和结论均成问题，业已形成的历史勾勒相互冲突，又各存在着太多的悬疑和空白。这就使原来多少有其中心和条理的历史，似乎陷入了一团混沌，其中多的是缺乏整体结构背景的大小碎片，这些碎片可以填补部分空白，却就是放射不出映照未来之光。史学至此，可谓方生方死而不绝若缕，也就无怪乎各种业余说史者的大放异彩了。

因此,一段时期以来的中古史专业研究者,确已面临着一个中心任务,那就是"梳理"。这是因为历史非经梳理即无从显其问题、趋势和规律,被解构而再度混沌化了的历史,亟待更为深入而切实地建立其体系、结构。就中古史研究而言,这就是要重新建构中国和中华民族各时期的历史场景和发展脉络,才能使仍然身处其传统之中的当代国人得以知晓自身历史创造的来龙去脉和前提条件,也使今人和后世得以凭此判断中古史界工作的价值。而这种"梳理"在当前之所以一定会是某种"重新建构",则是因为当代中国史已雄辩地证明:近代以来对中古史的诸般梳理,无论是共性论还是特色论,虽皆超越了旧时的王朝兴衰范式而多尖锐明快之处,却皆基于外来所见而不免片面,在结合中国实际、揭示古、今中国的内在联系时终隔一层,也就难以说明今天中国的社会形态和走向,实际已在不少重大问题上失守。面对这样的状况,如何明确方向、走出困境,突破诸种"前不见古人、后不见来者"的迷惘,就显得尤为重要而迫切了。由此观察,魏晋南北朝史研究同仁近年以来最为可贵之处,端在其综合继承了近代以来几大阶段史学及相关研究的成果,始终坚持在更为精深的个案讨论时,着眼于魏晋南北朝而观照、贯通秦汉至隋唐史,从而在重新建构中古各时期历史场景和发展脉络上有了长足的推进,做出了无可取代的贡献。

也正是这种特具整体背景、结构的局部或个案研究,成了魏晋南北朝史界同仁近年以来在冲破困境时鞭已先着的集中体现,也导出了若干出色的成果。可以认为,今后一个时期魏晋南北朝史研究的发展方向,就是要以更多精深的个案和局部讨论,来进一步说明这个断代的基本特点及其在中古史上的地位。为之就不能不注意到一个各领域学者熟知,却远未被整体得到重视的事实:从门阀等级、占田均田、三省制度、古文经学、文学自觉、玄学兴衰、谶纬符命、方技术数,乃至于北族汉化或各族融合、法律儒家化、佛教中国化等,这些对当时各领域具有头等重要意义的大事,均在汉魏至隋唐经历了势头形成、特征凸显直至消褪终结的完整周期。这些周期的存在和展开,不仅提示在此背后存在着更为基本的历史过程,否定了仅在其内部,或仅以其中一二来解释这些事态的合理性;且亦分别在终点和起点上指明了秦汉和唐宋历史的发展方向,从而直接关联着先秦和近代中国的发展态势。而魏晋南北朝,正是相关事态从定型展开到消亡完成,同时又新绪再发而源流间出的关键时期。我愿在此呼吁学会全体同仁,在从事自己感兴趣的研究时,加倍关注这些周期之所以出现和转折变迁的基础、条件,加倍关注这些周期的历史内涵及其相互关联,加倍关注这些周期何以不约而同地在魏晋南北朝完成了最具决定性的发展历程。我相信,无论是哪个领域,不管用什么方法,只要围绕于此持续关注和积累,就可以形成共同关心的问题,促进有效的继承和发展,从而显著提升魏晋南北朝史的研究水平,切实推动足以沟通和解释古、今中国发展变化的中古史场景和脉络的建构进程。

应当说,一段时期以来史界的种种遭逢,正是我们自身所处时代和社会变迁的写照。要挣脱束缚前进,不免会要较多地否定过去,至于将来,则可在摸索中逐渐明确。中古史的研究者们,似也同样是在摸着石头过河。只是史家要渡的,毕竟不仅是短时段中的当下之河,而是势必要面对奔流于历史丘壑之间的万千波浪。在这样一个无穷大的未知基数面前,一旦否定过去过甚,失去各种标明了方向、可供比对的整体参照系以后,所有逐个摸到的石头,实际上很难凭以修正方向。而结果便是:在走,却已迷路。问题的另一侧面是:既然史界与其所处时代和社会密切相关,那么史家遇到的问题,又何尝不是举国上下共同面临的问题?不仅今天的中古史研究,当代中国诸多领域的社会实践,恐亦同样不同程度地存在着这种"前不见古人而后不见来者"的迷惘。人们也正在总结前一阶段的多方探索,提出种种可以帮助判断当下坐标和未来方向的"顶层设计"。而其共同点,也无非是要使探索基于某种整体背景和结构,以便通过比较、讨论凝聚共识,明确前景和轻重缓急,涉过深水潜流之区而臻于坦途。我想在此强调的是,所有合理的整体背景和结构,都须首先基于准确的历史认识,都必须真正立足于中国和中华民族总的发展进程。因此,当下中古史反思开新的走向,对于各行各业乃至整个国家的历史认识来说,无疑有着特殊重要的意义。

立足于中国和中华民族来重新建构其历史场景和发展脉络,这实际上是本土中古史专业研究者永恒的天职。而所谓"前不见古人,后不见来者",说到底无非是时代潮流总在冲破既有构拟的阶段性现象。所有以往的梳理都有待今人扬弃,而后之视今,亦犹今之视昔。因此,尽管社会迅疾变迁,人心左右浮动,但历史就在那里,方向就在那里,道路就在那里,学者需要的首先是秉持天职的定力。谨愿以此与学会同仁共勉,与中古史界的所有同仁共勉。

五、魏晋南北朝史研究的三个增长点

《光明日报》曾请我组稿展望一下魏晋南北朝史研究的增长点，也就是其可能会有较大发展、有希望出较多重要成果的研究方向。我思考再三，提出的方向大致有三，登在那组稿子前面的"主持人语"中（见《光明日报》2017年9月4日第14版），现在就这三个方向再多说几句：

第一个方向，是从更大的历史纵深来考虑魏晋南北朝史的种种问题。现代中国史学有一个显著现象，即在中古史领域有一些最有学问和才华的大家，他们一开始研究的不是魏晋南北朝史。像陈寅恪先生早年所写文章，可以归为域外文字和所谓西域南海之学，唐长孺先生一开始兼治文史和关心宋辽金元史，但后来他们不约而同地把注意力集中到了魏晋南北朝史。从学术史角度，这就可以问一个为什么？我想，这是因为他们确实认为魏晋南北朝史构成了中国古代历史展开的某种枢纽，不同时期、不同性质的很多重要问题都聚焦于汉唐之间，不通过魏晋南北朝史研究可能很难得到满意的解释，所以才把大量精力投入其中，从而奠定了今天魏晋南北朝史研究的基本格局，也长久地推进、影响了这一学科领域的发展。这个事实，印证了魏晋南北朝史可以从整部中国史的各种角度来加以考虑，这个时期的种种个案和现象也可以从更大的背景和纵深来考察，这是这个时期本身特点和地位的要求，也是一个很有希望取得重要成果的研究方向。

第二个有希望的方向，是精神和知识世界的研究。魏晋南北朝时期的精神和知识世界对当时历史，对整部中国史的发展，对中华民族的发展起到了怎样的作用？我们以往的研究太欠缺了。随便举个例子，目前魏晋南北朝史还有两大宗没有得到充分重视和整理利用的史料，不是碑刻,也不是考古报告,而是大藏经和道藏。这个时期,道教完成了重大转折。道教在汉代形成之后,一度要在地上建立天国,实质是要在既有体制之外再建一个政教合一的体制。但汉末对黄巾起义的镇压,曹操对五斗米道的镇压,各地豪强对道教的态度,无不表明朝野均难容纳这样的道教。这一严峻的形势迫使其中的有识者转型,开始追求长生、神仙之道,强调个人修行,靠拢和融入社会主流,自觉为统治者服务。这类新的道教派别从北魏到唐、宋成为国教,即标志其完成了转型过渡。当然,魏晋南北朝也是佛教传入以后蓬勃发展完成中国化的关键时期。无论是大量佛经的传入、翻译,还是僧俗戒规条例的不断完善;是寺院的纷纷建立还是僧团组织的形成,或众多传教宣教活动及各种教派宗义的出现,这是一个佛教本身面临多重压力而经历洗礼汰择,从而不断席卷和渗入全社会各个领域的过程。而我们以往的研究,对于形形色色的宗教现象是有隔阂的,对宗教本身肌理尤其与社会密切互动的研究,是有大量空白的。表现为治佛教史的,治道教史的,与治中国史的,分别属于相当不同的圈子,但都忽略了这些宗教现象对整部中国史,对中华民族发展有着极为深刻、无比广泛的作用和影响,忽略了此期佛教和道教发生的这种转折演化,本身就是中国和中华民族发展头等重大的内容。

  知识方面也是如此。魏晋南北朝是中国古代知识、技术传承发展的关键时期,儒学的常识化即在此时达成,把各种学问的起源归于六经也在此时,各种著述的经、史、子、集分类法也奠定于此时。基本的算学典籍如《九章算术》,唯一传至后世的是魏晋刘徽的注本;天文星图、观测仪器和历法编制传统均定型于魏晋以来;在医学经方撰注、分科诊疗与教学、整套医疗体制的建立上,魏晋南北朝均有里程碑式的贡献;农学、机械和工程技术以至歌舞、音乐、绘画、雕塑等艺术门类,中国史上发展最快和因子最为丰富的时期也是魏晋南北朝。知识、技艺的创造、传播与服务直接改善了古人的生产和生活,普遍影响了当时的物质和精神面貌,对社会历史具有至为深刻的影响,但以往中古史研究对此的关注,也如佛、道等宗教一样极为欠缺,并同样存在着打通的困难和圈子的隔膜。如魏晋以来门阀等级至南北朝以来的松弛,与佛教"一阐提人皆可成佛"的讨论和《大涅槃经》义的流播,与道教所崇老庄大道无所不在和万物齐等的理念,与此期佛教和道教不论氏姓门第和阶层出身的讲经宣法活动,究竟存在着什么样的关联? 又如"东亚世界"概念的成立,是以其共同拥有汉文、儒教、佛教及其他知识技术为基础的,这也足见精神和知识世界对当时各国各地区相互关系的重大影响。如果我们的研究在这些具有极大潜力的方面获得进展,也能够可信地揭示这些精神和知识事态的原因、面貌、相互关系和后续影响,那自会标志魏晋南北朝史研究的长足推进。

第三个方向是史料的深入开掘。史料是史学认识的唯一中介,史料解读是史学认识的唯一途径,史学的进步与史料的开掘恒相关联。魏晋南北朝史研究最大的问题是史料匮乏,不过其在二十四史中的比重很高,其中直接记载魏晋南北朝史的,共有《三国志》《晋书》《宋书》《南齐书》《梁书》《陈书》和《魏书》《北齐书》《周书》《隋书》,再加《南史》《北史》共十二部,占了一半。这些史籍的篇幅都不大,再加上其他一些魏晋南北朝的经史子文基础书,也包括数量不算多的重要考古成果等,一个中等资质的学者勤奋一点,花十多年,应该可以熟悉所有公认的基本史料,可以开始比较自由的探索了。这是所有魏晋南北朝史研究者的共同史料基础,但做出来的成就却各有不同,关键就在各人不仅专业和兴趣不同,对史料的认识和解读更有很大不同之故,这也就是所谓史料的开掘问题。

我觉得就现状而言,有三项史料开掘工作都蕴含着今后一段时期推进魏晋南北朝史研究的极大潜力:

一是前已提到从更大纵深来研究魏晋南北朝史,也就要把更大纵深的史料纳入魏晋南北朝史研究之列,包括其他时期典籍所存的各类魏晋南北朝史资料。具体如《资治通鉴》中的十六国时期史料、唐宋类书所存魏晋南北朝正史的佚文,近年都有学者专门辑出加以整理,不仅显著地增加了既有史料的数量,更在解读、评估这些史料时揭示了前所不知的史料运用规则,并在史实认识上得到了具有冲击力的新结论。这都说明即使是习见史料,也还有很大潜力。

二是要更加关注和整理研究以往重视不够的史料,近年成为热门的墓志也在此列,现在其况已在改变。上面所说道藏和佛藏,其中不少都形成于魏晋南北朝,这是价值远未充分开掘的两大宗重要史料,需要进一步弄清各自性质和系年,梳理其文本源流,展开整理校勘,当然还有对其内容的深入理解。如果能够有计划地持续推进,就可以增加许多新的史料,有力地推进整个魏晋南北朝史研究的展开。此外,以往一些所涉专业比较狭窄的医书、农书、占星书等,也包括正史的律历志、天文志、礼志、乐志等志书,除研究这些领域的学者关注外,大部分研究者对之有些望而生畏。现在看来,其中多有通性较强的内容,需要进一步利用起来。这方面目前已获较大成果的是礼学、礼制与礼俗的研究,不少观点对整个魏晋南北朝史研究均有通性和推动作用。

三是多学科综合手段的史料开拓,这主要不是指近年一些学者强调的"历史书写",那当然也是有益的,不过其恐怕仍是历史文献学意义上的开拓,即便尽可能放大"历史"的内涵,在同倍放大"文献"内涵以后也还是一样。我这里要强调的多学科综合手段的史料开拓,是因为魏晋南北朝作为中国古代史最为斑斓多彩的时代,无论是族群、文化和社会,还是精神、物质和制度,都以格外多样为其突出特点,这就意味着多重因子在各个层面的碰撞、交流和融合,意味着更为复杂的历史事态,也意味着其历史遗存和历史文献所寓信息更为丰富而较难解析,也就只能综合运用多学科方法,首先是文献学、考古学和民族学—人类学相结合,理想状态下恐怕还得包括历史语言学,在此基础上再辅以其他可能切合对象特点的学科方法,才能更为正确对路地开掘其所寓的信息。近些年来这方面也有了若干可喜的成果,如对北朝酋首推举方式的人类学考察,对北魏早期文明程度的估介,均在史料解读和开掘上展示了值得期待的前景。

六、中古史研究方法的"三结合"问题

　　八十多年前,陈寅恪先生在为《王静安先生遗书》作序时,概括观堂先生的治学成就,也瞻望未来"文史考据之学"的发展方向,提出了著名的三大方法:"一曰取地下之实物与纸上之遗文互相释证,二曰取异族之故书与吾国之旧籍互相补正,三曰取外来之观念与固有之材料互相参证"。此序写于1934年,所述第一点在观堂先生1925年开讲于清华国学研究院的《古史新证》讲义中是这样表述的:"吾辈生于今日,幸于兴趣爱好之材料外更得地下之新材料。由此种材料,我辈固得据以补正纸上之材料,亦得证明古书之某部分全为实录,即百家不雅驯之言,亦不无表示一面之事实。此二重证据法,惟在今日始得为之。虽古书之未得证明者,不能加以否定;而其已得证明者,不能不加以肯定,可断言也。"讲义中列举了殷周"纸上之材料"与"地下之材料"之所指,后者只举甲骨文、金文两种。陈先生显然有鉴于此,对之做了通盘考虑和发挥,所形成的上述这三点,反映的是其对文史哲等现代人文学科尤其是现代中国史学发生、发展过程的敏锐观察和深刻总结,其想法的成熟显然在其作序之前,至今已过去近百年了。

　　抚昔视今,我们看到:这些方法不仅适用于文史之学,而是极大地推进了整个现代中国学术的进化,百年以来的中国学术之所以在战乱、运动和曲折中取得了丰硕成果,呈现了完全不同于旧时"文史考据之学"的面貌,造就了今天这样中西、亚欧、欧美各家之说并骋其长而新说纷出的局面,很大程度上就是因为掌握上述这些方法的中国学者逐渐从少数变成了多数,由仅擅其一到兼二及三,这些方法已不断生根开花,结出了可观的成果。

我们也看到：百年以来，这些方法本身，也在日益普及和运用推广的过程中，经历了内涵逐渐丰富、理解不断深入的过程。我知道今天在座的各位先生，都对陈先生逐字斟酌过的这三句话有自己的理解，也都可以对其题中应有之义做有益的补充。比如："取地下之实物与纸上之遗文互相释证"，在有些学者那里，曾经变成了比较机械而唯地下实物为准的"二重证据法"。这显然既不符合观堂先生，也不合乎陈寅恪先生所述之义。发展到今天，学界对出土资料与传世资料各自的类型、构成和特点，尤其是对陈先生在表述时特别强调的"相互"二字的理解，可以说是越来越完整准确了。与此相类，对"取异族之故书与吾国之旧籍互相补正"，"取外来之观念与固有之材料互相参证"这两个方法，我们今天也已可在前人经验、教训的基础上，按各自理解做出更为完整、准确的表述。同时我们也都已经意识到，陈先生总结揭示的这三个方法是内在关联的，尤其是"外来之观念"，包括发源于欧美学界而与时俱进层出不穷的自然、社会和人文学科的各种理论和方法，无论是在出土与传世资料，异族故书与吾国旧籍的相互释证，还是在解决具体释证所提出和面临的各种问题时，到今天都已是史界和其他学界不可或缺的有效手段和重要推动力。就中古史研究特别是中古史料的解读而言，我本人及其他一些同仁这些年来一直强调：文献学、考古学、民族学—人类学，或者还要加上历史语言学的综合研究，应该作为史学从业者的基本功夫，侧重不同领域者还要结合经济学、政治学、社会学等学科的视角和方法。这也许可以说是对陈先生提出的这三大方法的另一种理解和发挥。

我们还看到，尽管内涵已更加丰富，理解已比较准确，表述亦相应修正，但时至今日也还是不能说，对出土资料与传世资料，对异族故书与吾国旧籍，对外来观念与固有材料的认识障碍或偏见已经消除。在现代中国史学史上，与此相伴的学科分工和专业兴趣，往往流为研究的地盘和藩篱，相应发生的问题，同样阻碍着学术的发展和研究的深入。我们也注意到，陈先生当年主要是就资料、就方法来概括这三点的，因此在他的表述中,没有给"吾国之观念"或吾国之学术传统留下位置,其中所述关于中国的部分,只是那些"遗文""旧籍"和"材料",这与陈先生毕生秉持的"中华文化本位主义"多少是不太协调的。我理解中国文化、中国观念或中国学术传统的重要性,对王观堂、陈寅恪先生所代表的一批学者来说,当然是不成其为问题的,故其无须在这篇序言中特别点出。但时至今日,连许多研治本国历史和文史哲学的学者,对中国学术传统,对各种旧籍遗文所述也已多有隔膜之时,珍视吾国之观念,接续吾国之学术传统的问题无疑已日益突出了起来。

我这么说,倒不是为珍视而"珍视吾国之观念",为接续而"接续吾国之学术传统",尽管这也没什么不对。而是因为时至今日我们的确感到:就中国古代各种现象的研究而言,讨论、认识最为痛切直接,也有可能最对路合理的,恐怕仍是中国古人自身。而外来之观念固然也能中的切真,却有可能终隔一层;异族之故书可广见识,而所涉终究有限;地下之实物离开吾国之旧籍更无从解释,故其虽然足供参证,必须借鉴,却都无法取代中国传统学术对其自身所处时代和社会现象的思考。就现实历史而言,中国发展、中国问题、中国道路和中国学术各个方面,其推进过程都已到了尤其需要反躬自求而非主要借助外力的阶段,也就更须正视自古以来中国人自己在这些方面的思考,才能真正在更为广阔的"相互参证"中,切实推进古今中国相通的诸多问题的认识。

再就方法而言,研究方法当然重要,但方法是要解决问题,是要能够更好地把握研究对象,对中古史来说也就是要真正推进对中国古代历史发展过程的认识。但如果我们只是弄出了一大堆方法,却在一代又一代学者共同面临的中古史重大问题上缺乏进展,那恐怕只能是虚假繁荣。即在看似争相树义立说、各种新见丛出纷呈的热闹表象后面,实际只是在不断重起炉灶,不断转移问题、消解问题,而中国人自己对中国历史的了解和相关知识,却并未有效积累和增长。结果往往是在破解所谓"后见之明"或"线性历史观"的名义之下,抹去了"寻找有序性"和"沟通现在与过去"等公认的史学根本宗旨,也就完全背离了陈寅恪先生此《序》列出这三大方法之前所说的"民族盛衰、学术兴废"之本旨。

因此,近来我经常会问自己:陈先生概括的这些方法,是否只是中国传统学术向现代转变的必要和必然？是否只是在这种转变的一定阶段才极为重要？是否应该一直这样刻意强调考古资料、异族故书和外来观念的独特性和重要性？进而言之,真正走出现代化幼稚阶段的中国未来学术,是否应该更加重视"吾国之观念"和中国学术的优秀传统？浩如烟海的吾国之旧籍和固有之材料,是否也像出土资料、民族志资料等其他各种资料那样各有其独特多样的类型和重要性？当学科发展较为健全以后,是否应对古今中外所有可能的资料和观念一体视之,只是由研究的问题本身来决定需要相互参证的资料和观念的权重呢？

七、"新政治史"及其研究旨趣

2016年,上海师大人文与传播学院的中古史研究同仁,举办了"中古新政治史研究"国际学术研讨会,在史界引起了积极反响。最近一期的《中国史研究动态》刊载了南开大学历史学院夏炎先生所撰的《2016年隋唐五代史研究综述》,其中即把"新政治史"作为一大主题词特别加以诠释。这也反映了"新政治史"这一范畴在目前大陆学界的热度,表明了一批学者在这方面所做工作的重要性。近年以来,政治史研究愈受关注,即便有关研究成果旨趣和方法不尽一致,但其强调政治史研究的重要性和综合性,旨在开新政治史研究的宗旨和局面,仍是相互承接而一以贯之的。

记得在2007年,我为我院主编的"中国人文社会科学前沿报告"撰写了《中国古代政治史前沿报告》。其中指出:"任何全局性重大问题都是政治问题,政治史研究全局性强,牵动面大,切关乎统治体制和王朝兴衰,某种意义上乃是整部历史的基干和重心所系。故对之探讨受以往成说制约最大,其进展有赖于其他各领域之处最多,对研究者素质和水平的要求很高,重大突破较之其他领域尤为困难,而一旦突破,则必修正范型或改组框架而影响深远。"当时我曾预测中古政治史研究短期内尚难取得重大突破,分析了对此起着制约作用的若干要素。时隔十年以后,我们看到的事实是:一批新锐学者及其新成果纷纷涌现,对长期以来显得相对沉滞的政治史研究框架和概念多所冲击;其研究范式上的更新之势渐趋明显,在立足中国实际,兼顾欧美日韩相关研究的基础上,已出现了重新建构中古政治史研究资料和问题序列的苗头;在相关方向的研究生招收培养、课题立项和研究经费投入上,情况亦已较十多年前大为改观。这些事实都在预示中古政治史研究的新局面,也令我想到当年的预测是否过于保守。我想,我们都愿意对诸如此类的预测错误表示欣喜,但与此同时,也绝不能因为已经取得的成果,对中古政治史研究突破的艰巨性有丝毫的轻忽和低估。

这里无妨对近年成果比较显著,大体亦应归入政治史范畴的制度史领域的研究事态稍作分析。只要不是过分宽泛地理解"制度"概念,而是尊重学界近百年以来比较习惯的、通常须由政权加持而具一定强制性的制度定义,制度史研究自应属于政治史研究,可以将之推许为改革开放以来,政治史研究成果最为丰硕的一翼。从近年学界经常提到的"制度史观""活的制度史"和"从日常生活及人事关系理解制度"等观点中,即可体会到制度史研究历经四十余年迅速发展仍很活跃,并已进入了对之展开某种理论概括的阶段。尽管如此,其中的问题和短板也很明显。就拿"活的制度史"来说,其表述先成问题,哪儿有"死的制度史"啊?即便是要痛砭、纠正以往制度史研究之弊,这恐怕也只部分适用于八十年代一拥而上的那些官制史文章,从学术史来看仍有以偏概全之嫌。认真说来,这样提倡无论是对二十世纪初至于四十年代的法制和政制领域的开拓,还是对五六十年代土地、赋役、财政等制度的探讨,更不必说对八十年代以来各项制度研究的迅速发展和成长,都是易致疑惑的。从日常生活或从最为基本的人/事关系来理解制度,我觉得也有纠偏倒退过头之嫌。即便是要寻究制度原委,把制度史研究置于稳妥的前提和学理之上,那也无须一下子回到日常生活或人/事关系这种起点上啊!尤其是在此主张下展开的某些个案研究,给人印象是要搁置以往几百年中人类在体制或制度研究上积累起来的大量知识和理论,抛开国内外学界长期以来各有其效的制度认识工具,准备直接回到启蒙时代以人性、欲望取代神学原点,再来重新创造一遍可用的知识、理论和工具?

应当说,作为学者个人提出这样的观点,尖锐一点并无不可,其益处和价值大家也都看在眼里。但其既已从者纷纷,一时大有风靡之势,也就构成了学界的共同问题。我觉得其恰好表明相关研究面临着突破的契机和张力,却仍缺乏必要积累;有必要展开理论反思和概括,却因积累贫乏而深处困境,亟欲颠覆却难挣脱的一种状态。必须看到这种动辄另起炉灶的群体有意识和无意识在中国现代史学史上已再三出演,相比之下以上所述仅其小者,但却是"新政治史"倡导者需要高度留意之事。

我认为近年制度史理论概括中最富时代气息和学术、理论价值的,应当首推"制度史观"的提出。

一是从时代背景来看,主张从社会发展观察制度状态,又从制度发展观察社会状态的制度史观,不仅有助于弥补长期以来尤其五十年代以来制度史领域的众多缺憾,明确制度史研究的基本方向,也深刻体现了改革开放的时代特征。因为正是与改革开放相连的一系列体制束缚和变革进程,不能不使人们更加意识到制度发展不仅是历史的有机组成部分,而且经常是历史发展的中心环节,理当成为认识历史的重要视角。

二是从学术传承来看,中国现代史学具有类此意识的前两个阶段,一是清末民初,一是民国行宪,前一阶段即为现代学术意义上制度史研究的起步,到行宪前后,各家的重要制度主张已趋定型,制度史领域尤其是切关乎统治的法制、政制等史研究,出现了一批有体有用的成果。到五十年代以来制度史侧重土地、赋役、财政,以说明社会形态和阶级关系,着力建立制度与社会基础的联系。尽管这些阶段的研究多因时过境迁而易遭人遗忘,但无论是在讨论制度形态、特点及其发展进程,还是在揭示制度所蕴的集团阶层、经济基础与社会、文化流变上,不少成果仍多相通。而制度史观显然承自这一学脉,发展的基础和必要的积累相当深厚。

三是从学理来看,制度史观的立意开阔,重点明确而内涵厚实,所蕴的制度和历史认识,切合制度本质,直指历史之要,足以兼容国内外各家制度探讨的理论和方法,便于吸纳制度史领域的各种研究成果,可与经济、文化、民族等其他历史观察的取径各骋所长,又有其自身特点和优长。相比之下,制度取径既须深入至这些领域研究其各自的制度运行,更须兼跨不同领域关注其制度的相互联系、共同机制和历史意义,遂得开拓一系列以往研究不及或薄弱的前沿,由此深化今人对于各种历史过程和历史问题的认识。

我愿特别指出的是,以上所述不少是就学理而言的应然而非已然,大量问题都是西方学界早已在理论上解决过的问题,中国大陆史界制度史观的发展和样态远未完全展示。其中较为突出和可能会随时间推移更加突出的,则是作为特定政治现象的制度,作为研究中国历史上这类现象的制度史研究,如何切实适度地构筑其与政治史的关联。从目前制度史观所获的成果来看,除具体制度面貌的揭示外,在推进历史认识,阐明制度的社会历史内涵时,大多还都流连在政治外围的枝节问题和大量并非政治的具体问题,还未围绕政治这个历史的轴心说出鲜明有力的观点,更未建立起制度史通过这一轴心关联其他社会历史领域的多重联系。当然这不能苛求制度史观的爱好者或制度史的研究者,而是与长期以来政治史本身的状态,与目前制度视角或制度史研究的确存在着一些易被遮蔽的问题联系在一起的。

中国现代史学是在推翻王朝的过程中诞生的,对于传统政治排斥远多于兼容,尤其是对王朝体系这一中国传统政治的主轴和核心,从一开始为之贴上专制、腐朽等标签之后,自此尘封于厚黑的匣子,除在反封建、反复辟意义上展开批判以外,至今已很少有人正眼瞧他。史界的注意力久被物质生产、社会生活、思想文化等现代史学格外关注的领域吸引,其中蕴藏了现代化的诸多奥秘和历史解释的革命性变化。相比之下,对我国古代政治文明的成长发展,对王朝体制的内涵,对传统政治的方方面面,我们的认知其实相当贫乏,以至于出现灿烂的文明与黑暗的政治这样背反合体的中国历史叙说。这是整个现代中国史学的问题,首先是政治史研究的问题,我认为"新政治史"首先就要反省这一局面,讨论现当代中国政治史研究因现代化困境导致的学科范式和思维定式,破除那些终隔一层的见解,直面并很好地梳理真正属于中国古代政治的核心问题。

令人欣慰的是,"新政治史"在这方面也已启端。曾几何时,有关王朝正统地位或合法性问题的讨论,已成中古史界的重要话题。从最为基本的层面来看,这里面既包含了对中国古代政治传统的高度关注,也包含了对古今中外委任统治权问题的观照和思考。考虑到百年以来政治史研究屡经改弦更张和近四十年来制度史逐渐成为政治史中心的态势,这是一个微妙而深刻的变化。我倾向于认此为政治史回归至其应有位置,也是对之研究真正开始实事求是的积极进展。尽管具体的学术兴趣或分工允许大量学者专精于一隅,但政治、制度与思想在历史实际中本就交织一体,或者说任何历史进程都各有其自身的公共问题、行为模式和思想脉络,讨论其始终相互缠绕而构成某种传统演变过程的状态,乃是各学科领域特有的问题系统中至为重要的部分。即就王朝体制而言,古人用以讨论其是否正当的理论、方法与今相当不同,却不等于其思考并不认真或者毫无恒久的价值,更何况这一体制及其由诸多要素凝聚而成的传统,还在广泛切实地影响着历史,对之探讨,正是政治史研究者无可旁贷的历史责任。

希望"新政治史"不仅要兼综"制度史观"等各家新说所寓的卓识,更要梳理、澄清属于中国古代政治本身的重大问题,持续围绕于此奋力探索,以期对中国史研究真正具有全局意义的突破与推进。

八、制度史研究的新局面：
《中国古代文官制度》修订版序言

  上世纪八十年代，关于我国古代官制等典章制度的研究，基本上还置身于史界倾力关注的历史进程之外。时人惯以研治制度为史学的钥匙，将之看作史家考索历史奥秘的一项工具，似乎其自身园内无甚宝藏，而别家堂室开尽花锦。但无论是社会还是史界，二十多年来的实践和理论尤其表明：制度发展不仅是历史发展的有机部分，而且经常是历史发展的中心环节。这才从根本上解释了制度之作在中国史著述中比重不断上升的事实，说明了制度史重新被纳入整个历史进程来加以认识的原因。

  从制度、政治到学术、思想的这种联动关系，不失为我国制度史研究不断突破旧式传统而进化发展的关键背景。现在的问题发生在突破之后，毕竟学术需要沉潜积累，飞跃尤须基础和支点。这二十多年中，制度史研究之所以能逐渐成为我国史学最富成果和潜力的一翼，是与众多新老学者持续实证和共同推进的下列观念和方法分不开的：

  一、制度史不是掌故学，制度发生和发展的历史，凝聚着影响或足以改变社会历史进程的内涵。

  二、制度的真态存在于法令规定与实施状况之间，不投入施用的法令规定只是一纸空文而非制度。

  三、制度的形态和效能，取决于制度各要素、制度局部与整体、各种制度及其与制度氛围之间的关系。

  四、制度并不外在于人而存在，制度运作的主体和对象，极大地影响着制度的态势。

五、制度的发展是其纵向沿革和横向运行状态的统一体,制度的建立、调整和运行、变异一起构成了旧制的扬弃过程。

六、制度的发展和运作过程,交织着行政规律的客观要求和扭曲这种要求的自发倾向。

七、制度在具体历史条件下适应和处理实际历史问题,又被具体的历史过程决定其兴衰存亡。

八、制度研究重视形式甚于内容,各种形式的发生和发展在制度史中具有特殊重要的地位。

九、制度既源出又规范着人们的行为定式或习惯,这种定式或习惯乃是制度与社会经济基础及其他社会条件的关系纽结。

十、制度有其政治、社会和理论支点,对之的探讨使制度研究同时也是对整个社会历史进程的研究。

本书即可视为上述观念和方法,在我国古代官制或行政制度研究领域逐渐萌生并拓展的一个见证。对于该领域来说,从文献学意义上的官制研究,到更多地探讨有关制度发生和发展的历史内涵,乃是这二十多年大多数研究者共同经历的一种转折。正是这样的历程,使官制研究不断超越了其外在于史学的工具属性,使之得以在更为广阔和深入的研究中,汲取多个学科的营养而迅速发展,从而进入其理论和方法的筑基阶段。而本书初版不同于以往研究的种种特点,其对我国古代官僚管理制度的认识,及其着力凸显制度动态和官制内外部关系纽结的展开体例和论证方式,便是我们对当时该领域这个转折和筑基过程的回应。

倏忽二十年过去,时势与研究都已长足发展。沉舟侧畔,病树前头,新帆春树竞发,往昔的独断已成今天的共识,本书亦已到了修订再版之时。不消说,修订可以是一项浩大的工程,甚至可以是一个重写过程。相信对任何一个作者来说,随着研究和认识的进展,能有机会修正其著述的缺失,充实有关内容和看法,使之以一种满意的状态面世,都是一项激动人心的工作。我们也确曾为此做过准备:补足以往编成的

八、制度史研究的新局面:《中国古代文官制度》修订版序言

1900年以来中国政治制度史论著索引,整理资料长编上陆续积累的批注和案语,特别是适应从稿纸作业到键盘写作的变化,在电脑上录入一个新的工作底本。事实上,作者在零六年底递交给中华书局的第一个修订方案,就是按扩展充实的路向来设计的。但反复商量后,我们最终还是决定保留本书初版的基本框架,而以删正内容和调整文句为中心,来解决其中呈现出来的主要问题。

这样选择,不仅是因为在有关专题和断代论著纷纷面世的今天,一部相对系统和简明的通论性著作已尤其显得必要;也是因为我们认为,官制和制度研究理论与方法的奠基阶段还谈不上结束,贯注于本书初版的基本认识,至今仍有继续讨论和切磋的必要。倘得读者诸君砭之以药石,刺之以谠言,则非惟作者之大幸,亦为我国古代官制和其他各种制度研究继续深入之一助。

此次本书的修订再版,承蒙中华书局方面诚恳促成,又得力于责任编辑王芳先生对文稿的悉心处理和润色,在此谨表深忱感谢!

九、关于"汉化"与"民族认同"

北魏历史汇聚了多种历史文化因子,具有极为复杂的民族关系格局,中国史上的不少重大问题和未解之谜均蕴于其中。我本人在北朝政治史和制度研究中,经常感到有些根本问题蕴深涵博,需要学界同仁共同努力,深入思考予以澄清。

如"汉化"与"胡化"的问题。"汉化"是北魏史和整部中国史研究中经常需要面对的一个基本问题,"汉化"与"保守"的对立、"汉化"与"胡化"的并列,是学界同仁在研究撰文时无法回避,经常感到这样表述不无问题,而又相沿用之的范畴。我想时至今日至少先应澄清:各时期发生的各族文化交流和涵化、融合过程,都是双向而非单向的过程,其间虽有强权参与,多方因素相互博弈,最终都是基于各自生产和生活方式来衡量选择和取长补短的。而统治集团是华夏—汉族的还是其他各族的,则可以偏向于某个价值或标准,却无法改变这种双向发生的基本态势。在中国历史上,三代而后至秦汉以来,华夏—汉族的社会面貌,其物质、精神和制度文明的内涵、形态,总体上的确具有代表中国的主体或核心地位,但其本身就是在影响、吸收各族文化因子的基础上形成、发展、壮大的;各族的交流都在影响了对方的同时改变了自身,华夏—汉族文化和其他各族无不如此。因此,所谓"汉化"或"胡化",只是就其基本演化方向而言,绝不是其他各族单向皈依华夏、汉族文化,或华夏—汉族单向皈依其他各族文化的过程,而是各族相互影响,使彼此的经济社会和思想文化内涵不断丰富起来的变迁过程。只论方向而不管过程诚不足训,但若以为其整个过程并无方向可言,完全是在相互随机博弈中走到哪里是哪里,那也不合事实和道理。

又如民族与文化认同的关系问题。不同的族群经常表现出不同的文化特点,1949年以后史学界"五朵金花"中的"汉民族形成问题"讨论,大致即循苏联的民族共同体理论,以"共同语言、共同地域、共同经济生活及表现于共同文化上的共同心理素质"来区别各族。其中既存在着大量问题,也有其切实合理的文化内涵。陈寅恪先生曾提出中古史上"种族问题恒为文化认同问题",这基本上是有鉴于身处华夏的北族所处困境和所作努力,有鉴于《唐律》对"化外人"和"中国人"界别所提的命题,可以视之为魏晋南北朝时期民族关系特定状态和走向的一种总结,尤其反映了北朝以来在"中国人"界定上特重"衣冠礼仪"而淡化族属种姓的民族政策,同时也体现了文化认同问题在民族关系上的重要性。但我们能否将之进一步推广,直接把民族问题等于文化问题呢?从学科理论、民族史和民族关系现实来看,民族问题有其特殊性,碍难等同于文化问题。这是因为"文化"所指过于广泛,几乎无所不包,无所不是,在此前提下所有问题都可以说是文化问题,说民族问题是文化问题就失去科学研究应有的规定性了。更何况,我们用来区别各族的,实际上的确离不开特定体质外貌、语言习俗、生活方式和认同心理问题,把这些切实和具体的历史存在泛泛概括为文化,再就其中若干问题加以发挥,这在方法论上也成问题。因此,我认为首先应当明确下来的一点,即民族问题就是民族问题,其中包括了特定文化心理认同侧面,却绝不能把民族问题本身泛化为文化问题。对民族问题的研究需要揭示各族存在发展的特点、规律和相互关系,实事求是地处理所涉及的族类异同和形态变迁。而非常重要的一点,是对某些历史时期的民族政策强调文化认同的重要性,与其他时期的民族政策强调其间的区别,应当统一纳入视野予以研究,才能切实推进历史和现实的认识。

十、僚学研究需要注意的几个问题

与北方各族对中国和世界史的重要影响一样,中国古代南方各族的源流、迁徙、相互关系及其发展进程,对理解当今中国南方各地经济社会的发展,对研究当今东南亚各国各地区的民族关系格局,进而对探讨中国古代南北关系和整个中国的发展,均有重要的意义。特别是进入二十一世纪以来,区域发展和区域研究异军突起,注重本地区位特点和特色资源,也包括本地的历史文化传统,以达成经济社会的内涵型发展已经成为一大潮流。大量跨国、跨地区的民族关系和族群问题,对众多领域的影响突出,地位进一步提高。这都不仅为相关研究开辟了广阔的前景,而且也赋予了其前所未有的重要意义。

多见于古文献记载的"僚",即是其中一个构成十分庞杂,发展丰富多彩,影响极为深远的族类集群。今天我们聚会于綦江,研讨其历史上各个方面的问题,梳理其各个领域的事态,相信不仅是"僚学"研究史上的一件大事,对于厘清、认识古代中国南方各族群的历史,促进地方经济社会发展来说,也将是一个重要的推动。

僚学研究与魏晋南北朝史有着深切关联。

一是"僚"作为一个族群名称的集中出现及其早期记载,主要见于蜀汉陈寿的《益都耆旧传》、西晋张华的《博物志》和东晋常璩的《华阳国志》,这表明其在魏晋以来开始进入了历史舞台。

二是一般认为僚从百越尤其是骆越等部发展分化而来,从最早见于史载的牂牁、兴古一带逐渐分布于西南、岭南至汉中、川北的广阔地区,从而与南方各族发生多重关系,常被郑重载录在案甚至频频进入正史文献,这个进入历史中心舞台的关键发展期也是在魏晋南北朝时期。

三是现代西南少数民族中,如壮族、布依族、侗族、仡佬族等,其源头不少都可溯至唐宋以来的僮、撞民、都匀及白水等蛮、僚浒或乌浒,以及仡僚等部,而其大多都是从南北朝时期僚人各部发展而来。因此,若要了解当今汉藏语系所属的藏缅语族、壮侗语族、苗瑶语族以至南亚语系的孟高棉语族等各支族群的历史渊源,认识现代中国南方和东南亚不少国家和地区的民族关系格局,都不能不深入研究魏晋南北朝始冠名为"僚"的各族群的样态及其历史发展。

上述三点,也就是中国魏晋南北朝史学会与綦江区有关方面商量并决定设立僚学研究中心时的基本考虑。当然,接下来我们还需要做大量的工作,不断建设和发展这个研究中心,才能使之越办越好。

我本人对"僚学"缺乏研究,谈不上有什么独到的见解,却仍想就前辈今贤已经论及的一些根本问题加以申论,以期引起各位同仁的注意。

在"僚学"研究中首先必须强调的一个问题,是要充分认识我国从三代以来的大部分时期,都是多民族统一国家的基本事实。在对各种具体问题的探讨中,始终都要实事求是地把握好这个轴心,这个总的格局。这就要特别注意把各个时期的各种局部,放到当时全国的大局,放入当时历史发展的大背景下来看待;在考虑南方发生的事态时,不要忘了北方的事态对之具有深刻影响;在集中研究僚人某一族群及相关地区发展时,不可忽略其他族群、其他地区与之的联系;在讨论某些分化、离心的趋向时,也要研究其中蕴含的融合、向心势头。要之,各族群、各地区的实际发展过程,总是在各族、各地区的多重关系和密切互动中体现出来的;中国各族群、各地区的实际发展过程,一直都是与多民族统一国家的形成和发展过程联系在一起的。如果不是由此出发来讨论相关问题,那就会在研究立场和出发点上发生种种问题,使得结论远离历史事实。

在此前提下,在研究"僚学",将之看作一个综合性学科来考虑其发展问题时,有必要取鉴各学科的共同经验和教训,特别注意以下几个方面的工作:

关于研究对象："僚人"作为一个历史名词，涵盖面极广，魏晋以来其所在区域包括了长江以南相当于今两湖、两广、云贵、川渝地区以及东南亚一带。从我国古代各族见于记载的常态而言，分布地区越广的各族群而以同名为称者，说明的是官府及私家执笔者对之了解甚少，不得已仅能以其自称或他称约略概之，实际上往往包括了众多殊为不同的族群。以此考虑，所谓"僚人"，当是一个构成十分庞杂的族类集群的统称，而难视为一个所指族群界限清晰的族称，故魏晋以来记载中常"俚僚"连称，唐宋以来记载中多"僚蛮"并称，且多"南平僚""婆笼川生僚""戎泸葛僚""巴州山僚"这类以地名为称的众多"僚"称，可以说都体现了这样的史实。现代有些南方民族史不列"僚"为章节之目，似亦有鉴于其不为一族而为一个庞杂族类集群的史实。研究对象的确定对学科发展具有基础意义，明确"僚"的构成庞杂、发展多样，才能充分认识"僚学"不是研究一个民族的历史，而是研究一个复杂的族类集群的根本特点，也才能更为切实地探讨其中具有规律性的各种现象和问题。

关于研究方法：重视历史学、考古学和人类学（民族学）的综合研究，这不仅是国内外史学发展的重要方向，对文献记载十分缺乏的"僚学"研究来说，强调这一点的重要性更显而易见。即就文献而言，"僚学"研究不仅需要爬梳古汉语文献，而且不能不面对早期彝文、傣文等民族文字文献，如《后汉书·西南夷传》对汉武帝时在夜郎一带设牂牁郡的记载，称"夷獠咸以竹王非血气所生，甚重之，求立为后"。这似乎说明汉以来即有"僚"称，且有崇奉"竹王"之俗；而彝文文献《益那悲歌》中对"竹王"的传颂堪称详尽，今彝、苗、瑶、水、壮、侗、仡佬、土家、布依等族皆有同类传说。另如张华《博物志·异俗》篇述僚子成年后"皆拔去上齿牙各一，以为身饰"，这与东晋史家襄阳习凿齿，亦可相联考虑"僚"俗及"僚人"的流播迁徙；由此再考虑唐宋汉文献中对傣族先民有"银齿""金齿""黑齿""漆齿"等称，唐代名将有百济人名"黑齿常之"，考古发掘则表明江苏至福建、广东古越人墓葬头骨确有拔齿之痕，凡此皆可供研究"僚人"族源与早期百越迁徙史乃至于朝鲜半岛及西南夷种族源流时参考。其他如"僚人"源流史上西瓯与骆越的关系、北僚与南僚关系的种种问题,也都需要强调历史学、考古学和人类学的综合研究,方能期望有较为可信的认识。

关于学科建设:从国内外学科建设的成功经验来看,一个可持续发展的学科,起步时首先需要注意做好与研究对象定位直接相连的一系列基础工作:如建设海内外"僚学"的资料中心、研究中心、交流中心,为僚学研究尽可能搜集、提供较为完备的资料和研究、交流条件;筹划出版一套研究丛书、一种研究刊物,一个网站或公众号,适时推出重要的研究成果,开辟具有代表性的研究园地和学术平台;建设一支结构合理的研究队伍,团结、组织老中青学者、地方学者与全国各地学者积极互动,有序推进重大课题、专精课题与公众关注课题的研究,逐步扩大其在海内外学界的影响。在此基础上,则须考虑在高校设立相应专业的可能与必要,通过本科、硕士、博士研究生的培养系统,训练和养成相关人才梯队,使之真正成为现代中国学科体系的重要组成部分。

十一、洛阳与客家人的历史渊源

"客家人"是一个定义和构成并不十分清晰,有待进一步讨论明确的"民系"或"族群"概念。不过有一点没有问题,一般所说的客家人与中国历史上的南徙北人在语言、血缘、习俗、生活方式和文化特点上有着千丝万缕的联系。对"客家"这一族群名称及其与洛阳的历史渊源,即应在此前提下加以认识。

南宋王象之《舆地纪胜》卷一三一《福建路·汀州》"风俗形胜"条引汀州学官陈一新《跋赡学田碑》,称"闽有八郡,汀邻五岭,然风声气习颇类中州"。黄遵宪《己亥杂诗》中的一首述客家文化源头云:"筚路桃弧转辗迁,南来远过一千年,方言足证中原韵,礼俗犹留三代前。"现代史家罗香林《客家源流考》对此作过详细的讨论,其观点至今仍富于理论和现实意义,值得很好地继承与发展。当代生物遗传学也介入了相关研究,并对现代客家人做了基因分析。如复旦大学生命科学学院现代人类学研究中心李辉等遗传学者,曾对福建长汀148个客家男子血样做了染色体分析,结果表明,其中80%以上是汉族结构,主要成分应是中原汉人(偏于苗瑶语族中的畲族,不同于南方其他汉族偏于侗台语群);13%为类畲族结构,6.8%为类侗族结构。作者认为客家人基因中融有湖北荆蛮土著及江西干越的某些特点,指出其可能与迁徙路线相关。体质人类学分析也得出了相似的结论,天津师范大学生命科学学院郑连斌等,对广东和江西650例男性和704例女性成年客家人的体质指标作了分析,结论是"客家人体质特征介于南亚、北亚类型族群之间,相对更接近于中国北亚类型族群"。这都在一定程度上证实了二十世纪三十年代罗香林先生的研究。对现代客家话的历史语言学研究也证明了这一点,如周振鹤、游汝杰先生认为,赣客语作为客家话原型基本形成于中唐以后的北人南徙运动,至两宋之际的南徙浪潮则"使客家话最终形成"。

以上研究提供了我们今天展开客家人研究的重要基础,而其中的一个重要方面,则是直接与客家人形成问题相关的人口迁徙问题。本次会议主题所涉洛阳与我国古代历次人口南徙运动的关联,即值得予以充分讨论。洛阳所以在中古历次人口南徙运动中具有极为重要的地位,首先还是由其区位特点决定的。

一是中国古代交通史上,长安—洛阳一线在古代全国交通网络中长期具有枢轴地位,严耕望先生的未完巨著《唐代交通图考》明确指出此线是举国各条交通干线的端点,对之给予了充分论证。这当然是与二地皆长期为各朝都城的事实分不开的,最为简要的概括即两者皆号称"十三朝古都",其中包括了东、西汉分别建都,大一统王朝与各族所建政权等状况,相加以后占据了我国古代历史的大部分时期,从而决定了长安、洛阳为四方财富和人口流转所聚而无可取代的地位。

二是洛阳据天下之中,为四塞之地,扼河东、关中而控驭关东、江淮,战略地位足以媲美长安,尤其是在控制关东地区和重视物资转运、商贸流通之时,其地位往往超过长安。如《读史方舆记要》引周武王谓周公语:南望三涂,北望岳鄙,顾瞻有河,粤瞻伊洛。吴起谓魏武侯:左河济,右太华,伊阙在南,羊肠在北。张衡《东京赋》:溯洛背河,左伊右瀍,西阻九河,东门于旋,盟津达其后,大谷通其前,回行道于伊阙,邪径捷于轘辕,太室作镇,揭以熊耳,底柱辍流,镡以大伾。陆机《洛阳记》:左成皋,右函谷,前有伊阙,后背盟津。西晋张华《博物志》称洛阳"周在中枢,三河之分,风雨所起,四险之国也"。唐初孔颖达称:"洛阳处涧瀍之中,天地交会,北有太行之险,南有宛叶之饶;东压江淮,食湖海之利;西驰渑湎,据关河之胜。"称其"形胜甲于天下"。

三是洛阳为河洛文化重镇,经济社会发展水平较高,历史文化资源丰厚,人文政教足为黄河中下游地区的代表。尤其是在唐宋以前政治经济重心俱在北方之时,洛阳之治乱,常为天下盛衰的风向标。北宋李格非《书洛阳名园记后》称洛阳为四方必争之地,"天下当无事则已,有事则洛阳必先受兵",称"洛阳之盛衰,天下治乱之候也"。

正其如此,我国古代几次大的北人南徙运动均与洛阳深相关联。如两汉之际绿林、赤眉与新莽军的决战皆围绕洛阳展开,后又以光武自河北南下定都洛阳而定天下,大乱之中南徙北人为江南诸郡尤其赣江流域的豫章郡人口陡增之要因。西晋末年的"永嘉南渡",洛阳是最为重要的南徙起点和集散地,后被战火毁为荒榛荆棘之地,北魏孝文帝迁都洛阳前夕视察其地,歌《黍离》《麦秀》而涕为之下。唐末大乱至五代更替的军阀混战,则以洛阳至汴梁一线的争夺为要;至北宋稍复旧观而人文繁炽,至两宋之际"建炎南渡"时,西京洛阳、东京汴梁复被战火毁坏。《读史方舆记要》卷四八《河南三·河南府(洛阳)》:"自靖康以后,而翟泉再出苍鹅,铜驼又沉荆棘,《黍离》《麦秀》之悲,千秋一辙,山川岩壑之倚,都邑宫阙之盛,止以发嗜古者之唏嘘云尔。"唐末五代至两宋之际的北人南徙,洛阳至汴梁一线乃是河洛士人和民众南徙最为重要的集散地,既有大量人口从洛阳汇至汴梁,再循汴水漕河东南向至建康、临安,同时也有大量人口从汴梁汇至洛阳,再循伊洛转辗向南,其中南阳、襄阳至于湖北到赣江流域仍为重要的迁徙干线。

总之,在古代中国北方历次重大事变之际,洛阳的确是河洛士人和民众迁徙江南最为重要的集散地。而洛阳所代表的河洛文化,大略可概括为华夏传统、礼乐文明、衣冠名族、农商社会四大要素。在此基础上,客家人在各阶段迁徙生存发展的过程中,不断适应江南自然和社会条件,从血缘到文化均与南方各族发生相互交流、影响和变化,从而构成了一个自有性格的特定文化系统。对之,历来学者皆有所概括,大抵包括了以下特点:

一是温柔敦厚的诗书之教,表现为根深蒂固的耕读传家、崇文重教、尚礼重义传统。如客家习语有"茅寮出状元";"唔读诗书,有眼无珠";"儿孙唔肯学,老来无安乐";"有分有伸,百子千孙";"有钱莫傲气,唔钱莫低志";"交人交心,淋树淋根"。

二是刚健自立、开放进取的创业精神,这是在平川到山地的不断垦殖开发和进一步向海外拓殖的过程中形成的,表现为坚忍不拔、灵活适应和务实革新的特点。如客家习语有"好女唔贪嫁时衣,好男唔贪爷田地";"靠山山会倒,靠水水会燥,靠人人会老";"正有钱,莫买田,正有谷,莫买屋";"出门看天色,入门看面色"。客家人在东南亚创业以开金、锡矿、港口服务和商业、种植业为大宗,其中著者如18世纪在印尼加里曼丹创办兰芳公司的罗芳伯,19世纪下半叶开埠吉隆坡的叶亚莱,19世纪末20世纪初东南亚著名富商兼清廷商务大臣的张弼士和新加坡政治家李光耀等。

三是敬宗收族、兼容并蓄的家族观念和族群关系。客家人之重视姓望、祖宗及家庭、家族关系,要较明清以来的其他汉族民系更为突出,客家人与其他汉人及越、畲、壮、瑶的通婚和往来亦很密切,在生产和生活方式上早已你中有我、取长补短,表现在建筑、服饰、饮食、音乐等各个方面。如客家人聚族而居,依山起屋,夯土筑墙,多有围屋、碉楼的纵列、半圆、梯形聚居格局和院落规制,与苗、瑶等南方各族村落建筑的格局存在着相互影响。如客家菜系,即是中原饮食文化与岭南饮食文化融合的产物,形成了咸、烧、肥、香、熟五大特点。又如壮、瑶、畲等南方少数民族喜用的绑腿,亦为客家男子所仿效;客家新娘所穿的金丝绣花百褶裙,则为南方各少数民族新娘礼服广泛采用而加以变化。南方各族在语言、宗教和习俗上经常出现诸多相通之处,则多与客家文化的传播勾通相关。

四是多种思想交流融汇的观念形态。儒家思想对客家人影响最大,其耕读传家、尚礼重义的传统,基调即是儒家所重学术和伦理。如谢重光的研究表明,明正德十一年王阳明为南赣巡抚经略治理赣、闽、粤交界地带,厉行制度上王化、思想上儒化和民族关系上汉化的方略并为后人仿效,乃是这一地区的主要族群从畲族转而为客家人的主要原因。佛教、道教以及近现代基督教在客家人中也得到了广泛传播并有重要影响,各教之间基本上都是和谐相处并有不同程度的融汇。

以上四点,可以说均与河洛文化存在着历史渊源关系,均为客家人在江南生存发展和交流斗争的结果,至今已构成了客家儿女鲜明的人格底色,又典型地体现了客家文化兼有温和与刚健、守旧与革新、包容与斗争等特点的丰富性、复杂性。由此亦可看出,近代以来客家人与洋务运动、变法改良及中国革命关系特深绝非偶然。一个突出的例子,是1905年成立的"中国同盟会"会员中,有廖仲恺等48人注明为"客籍",徐辉琪则在罗香林研究的基础上补充了邹鲁、陈铭枢、姚雨平等29位客籍同盟会员。

总之,洛阳是北人南徙而渐形成客家人的重要集散地,洛阳所代表的河洛文化是客家文化的重要根基,弘扬和开掘洛阳及其所代表的历史文化资源,理清其与客家文化的多重历史联系,对团结中国和全球各地的6 000多万客家人,更好地推进地区经济社会发展具有重大意义,值得学界同仁持续予以关注和讨论。

十二、六朝建康城研究的新阶段

由于资料和考古上的一系列特殊困难,六朝建康城研究向来都是魏晋南北朝史和中国都城史上著名的难题,同时也是具有显著理论和现实意义的研究领域。尽可能弄清六朝建康城历史及其所蕴的诸多问题,对六朝史和中古都城史研究,对今天南京的经济社会发展和历史文化传统的梳理、发扬,以及市区的各项建设尤其是文化事业的规划和发展,具有确凿无疑的基础意义。

经过几代学者的努力,尤其是经江苏和南京地区历史学、考古学界多年以来锲而不舍的工作,六朝建康城的诸多历史面貌,正在从模糊逐渐变得清晰起来。无论是文献资料的收集和整理,还是考古发掘工作及相关文物、遗址的研究,都已具备了较为坚实的基础;对于建康城的基本布局,包括其四至方位、山水格局、区域划分及诸重要设施的基本面貌,已在前人讨论研究的基础上,有了更为准确和完整的认识;在建康城市发展史的各个方面,开始形成了多学科齐头并进、综合和交叉研究相结合的局面;在建康城市"公共空间"的讨论,建康"都城圈"研究与江南地区发展、建康与中外都城的比较研究等新开辟的前沿领域上,近年也涌现了不少引起国内外学界瞩目的成果。正是在此基础上,我认为六朝建康城研究目前已经进入了一个新的阶段,必须予以高度评价。

有必要特别指出的是,在六朝建康城研究的学术史上,江苏省六朝史研究会一直起到了积极推动和表率作用。即就个人管见所及,研究会这一届的会长和常务副会长:胡阿祥先生是精擅历史地理学尤其是六朝地理的史学家,张学锋先生是精擅考古学尤其是六朝考古的史学家,这种独特的因缘,使得两位先生领导下的江苏省六朝史研究会的工作，在建康城相关历史问题的研究上持续给予了极大关注，不仅取得了显著成果，更培养、推出了一批在相关问题研究上成就较大、潜力更大的年青学者，史界同仁对此皆深感钦佩。

我本人这些年来对长安、洛阳、邺城规度格局的变迁深有兴趣，在为之展开的考察和读书过程中，也在六朝建康城相关问题上有一些想法，愿借此机会抛砖引玉，以供与会同仁讨论批评：

一、关于建康城四至方位的确定，应加强对相关郊兆遗址的考古与研究。目前史界已据鸡笼、覆舟等山，清溪、潮沟、运渎、秦淮等水，石头城、新亭、朱雀桥及建春、西明等门的走势位置，提出了帮助判断建康城基本方位的若干参照系。在此基础上，我认为还有必要认真考虑六朝建康郊兆等礼制建筑的方位记载。我印象中以往研究建康礼制建筑的同仁，还未注意到以四郊、庙社等方位资料来与其他参照系比勘。这可能是建康城的这类记载相比之下的确不甚清晰之故，但也还有文章可做。如《建康实录》卷五《中宗元皇帝》太兴二年末载：

> 是岁，作南郊，在宫城南十五里，郭璞卜立之。

此条许嵩原注曰："案《图经》，在今县城东南十八里长乐桥东，篱门外三里。今县南有郊坛村，即吴南郊地。"同书卷七《显宗成皇帝》咸和八年末载：

> 是岁，作北郊于覆舟山之阳，制度一如南郊。

原注："案《地志》，今县八里潮沟后，东近青溪，其西即药圃地。义熙中，卢循反，刘裕筑药园垒即此，更西即吴时任子馆也。"

这类记载既有明确方位，又有当时的道里数据，将之综合起来加以分析很有必要。可以设想，在细致排比考证和实地调查考察这类方位资料的基础上，即可展开指向明确的遗址发掘和考古研究，建立起帮助确定建康宫、城方位的又一参照系。

二、关于建康城基本朝向的确定,还有不少问题需要进一步解决。目前考古界和史界趋于认为建康城大体呈北偏东约二十五度的看法,我认为这与文献记载多可相证。如东晋以牛首山双峰为天然双阙,是因其直对建康城南。我曾在卫星地图上比量今牛头山至中华门北侧之方位距离,深感其颇合北偏东倾斜之说。

当然在此同时,还有必要认真考虑其与古人奉行的一系列传统和习惯的关系。如南面而王的观念由来甚久,《周礼》中关于王者建国的理念极重此理,甚至专门提供了利用日晷确定正南北方向的办法。因此,建康城朝向的东偏北倾斜,是否意味其宫城、太极殿及诸重要礼制建筑等皆呈同样的方位倾斜?如《宋书》卷一四《礼志一》载东晋太元元年十一月,"祭南郊,其地今秣陵县南十余里郊中是也。晋氏南迁,立南郊于巳地,非礼所谓阳位之义也"。至刘宋孝武帝大明三年九月:

> 尚书右丞徐爰议:"郊祀之位,远古蔑闻……(东晋)郊兆之议,纷然不一。又南出道狭,未议开阐,遂于东南巳地,创立丘坛。皇宋受命,因而弗改。且居民之中,非邑外之谓。今圣图重造,旧章毕新,南驿开涂,阳路修远。谓宜移郊正午,以定天位。"博士司马兴之、傅郁、太常丞陆澄同爰议。乃移郊兆于秣陵牛头山西,正在宫之午地。世祖崩,前废帝即位,以郊旧地为吉祥,移还本处。

当时南郊丘坛从东南"巳"地到正南"午"地的反复变动,除礼制和思想文化背景上的种种考虑外,可能也是建康城朝向与具体建筑方位不尽匹配的反映。这就需要进一步考虑建康城与其中主要建筑单元之间的关系,其间还有大量未发之覆可供进一步研究。

三、关于建康城自孙吴至东晋、南朝的发展,有必要结合中国古代都城史在两汉以来出现的一个重要趋势来考虑。即从模仿天象而充宇宙中心的斗城长安,到独尊儒术以来开始向依准《易》义和有关经学理念,主要作为政教中心的隋唐长安城过渡,其重要的阶段几乎皆围绕洛阳发生。从东汉洛阳到魏晋洛阳再到北魏孝文帝洛阳,间以西汉末长安、曹魏以来邺城和北魏平城在此期的相关变化,其基本布局和规划大体皆可表明一点:四郊的设定直接决定了都城四至和北宫南城的方位,导致了秦汉以来都城和宫室建筑以西向面东为正的格局的根本性转折,在古文经学为主的儒经注疏指导下,各种礼制建筑在都城规划和体现都城精神上愈趋突出,乃是都城作为"政教中心",因而也是王朝正统地位的最为有力的体现。

  这一看法我在约十年前访问大阪市立大学时,曾与中村圭尔先生做过交流,很高兴今天他也在场。当时我曾以唐长安城规划为例,比较西汉长安城与唐长安城布局,认为其间在规划上的最大不同,一是唐长安城已主要用《易经》乾卦所示之理来体现其"宇宙中心"的地位,因而不同于汉长安城上承先秦都城,主要以星官天象为范来体现其为宇宙中心的做法。这显然接续了魏晋以来皆以"太极殿"为宫城听政主殿的趋势,反映儒典对都城规划和建筑发生了越来越大的影响。二是唐长安城四郊及庙社官署的布局,全面体现了东汉以来续被发挥阐释的礼教典则,是对上述三个洛阳城发生诸种变化的总结,也是对都城作为"政教中心"必有种种要件的集大成。质言之,从秦汉长安城和隋唐长安城,实际上完成了中国都城史上的一个重大转折,而其基本动因,在于儒家学说对都城理念和都城规划的强烈影响,具体又关联到坊市等一系列城市管理制度的发展过程。这显然是与当时历史发展大势相啮合而又有其独特态势的历史进程,值得我们对此深加思考。

  我认为六朝建康城正处于上面这个转折过渡期中,其在诸多方面的一些看似矛盾的现象,多少皆与之相关,当然也与建康地方的特点相关。对此研究,理应成为建康城相关问题讨论的又一重要方向。

十三、建康与魏晋以来的南北关系

在整部魏晋南北朝史研究中，南北关系贯穿于中，一直都是一个极为重要、至今仍嫌研究有些薄弱的论域。江南地区和江东政权对于北朝各个方面有着广泛、深入的影响，北方地区和北朝政权对南朝构成了极大压力，同样存在着极大影响。因为双方各有特点和优势，这一切又往往在南、北相关因子的不断融汇中继续发展，不同阶段的问题和成果多有叠压交叉，情形错综复杂，有时或难辨其间轻、重，这是我们经常都在面对和处理的问题。但这里我想特别强调的一点是，尽管文明和文化经常只能相对而言，不能厚此薄彼，江东地区在当时整个中国乃至于东亚精神世界、知识领域上长期居有的中心地位和主导作用，仍是南北朝历史的显著现象。

若回溯这一现象的源头，较为确切的还是要从魏晋间说起。《文选》卷二八《乐府下》录西晋太康年间陆机《吴趋行》诗：

> 楚妃且勿欢，齐娥且莫讴。四座并清听，听我歌吴趋。吴趋自有始，请从阊门起。阊门何巍峨，飞阁跨通波。重栾承游极，回轩启曲阿。蔼蔼庆云被，泠泠祥风过。山泽多藏育，土风清且嘉。泰伯导仁风，仲雍扬其波。穆穆延陵子，灼灼光诸华。王迹颓阳九，帝功与四遐。大皇自富春，矫手顿世罗。邦彦应运兴，粲若春林葩。属城咸有士，吴邑最为多。八族未足侈，四姓实名家。文德熙淳懿，武功侔山河。礼让何济济，流化自滂沱。淑美难穷纪，商榷为此歌。

其中对吴地历史文化传统的自豪和故国之情怀，皆历历可扪。也正是由此诗触发，2013年，我为《晓庄学院学报》"六朝史专栏"所写贺辞曰：

"江东的文化自信，确凿说来，当树立于东晋。其间理致，一一可寻。而追溯其源，吴灭之后，陆机、陆云兄弟入洛，与上国人士交接往还，才调绝伦足与颉颃，尤于论及故国兴亡、南北优劣之际，在在而露其维护江东文化之自觉，足与后来亡国入北之颜、庾诸人言论相证。可见孙吴时期，实为江东文化自信趋于树立之枢纽。即就学术而言，虞翻之《易》学、韦曜之史学、二陆之文学，非惟独步一地，且足擅胜天下。陆绩于学无所不窥，非惟注《易》释《玄》，且作《浑天图》阐论天学，与王蕃、姚信、陈卓、虞耸、赵郡卿等并为吴地天学名家，古来浑天之论、宣夜之说、星官之图、《周髀》之书，皆赖此六人而传。是汉来天象星占之学，精华实已萃聚于吴。再观孙权罗致'八绝'，与伎术精卓者周旋往复；以胡僧支谦为博士，使与韦曜诸人辅导东宫。凡此种种，俱足见其知识系统之渊源有自又别开生面，旧说云其学术'保守'实非笃论，其人才、成就俱已臻盛而足自傲，故二陆入洛之文藻宏丽而言论慷慨，良有以也。若再往前推溯，西周以来，江东久为蛮越之地。春秋诸霸，楚虽大国，而仍自卑；吴、越崛起，昙花一现。战国秦汉的江东，《史记》视为'东楚'，《汉书》称之'吴地'，载其文明则无非鱼盐铜金，水耕火耨，虽传楚辞，'失巧而少信'。然至东汉前期，江东文化忽极可观而有其特色，王充即其代表人物。其所撰《论衡》八十五篇'稽合于古，不类前人'，蔡邕、王朗为汉魏间第一流人，而皆从中获其助益。由此再思虞氏之《孟氏易》、贺氏之《庆氏礼》，学源虽可上溯东汉而均自成一派；汉末刘熙避乱交州，程秉、薛综俱从问学而影响及于韦曜诸人。此种本土及外来学源脉络交相汇聚于孙吴，进而影响其地学风、家风转折嬗变之况，恐亦必曾一再出现于春秋战国及两汉之际，惟惜其间曲折，论者寥寥，至今其线索仍闪烁明灭而待梳理清晰之耳。"

这篇贺辞旨在说明江东经过漫长岁月的蓄积，至于三国时期从割据自专到破天荒建立王朝，区位特点、地方势力及其物质和精神各方面发展,显然获得了加速度。再到西晋亡后,北方大族、洛下精英及其所携多重资源聚于江东,是为其发展的又一高峰,而建康作为江东政权都城自然首当其冲,又尤其以文明之灿烂辉煌著称于南北。遂当之无愧地引领了当时东亚的相关潮流,对整部魏晋南北朝思想文化史有着特殊深远的影响。

在儒学上,比之于相对保守和更多地传承了汉学特点的北朝经学,南朝经学较早在阐义述理上趋于"清通简要"。也正是东晋发展起来的这一风格,主导了隋代综合南北经学而多"以南统北"的儒经定本过程,唐初在此基础上撰定《五经正义》而进入经学发展的新阶段,这都是史籍中载明的事实。而南朝经学之所以形成具有明显革新性、主导性的"清通简要"特点,诚如唐长孺先生在"三论"中所述,是南方经学与玄学、佛教关系尤为紧密的成果之一。若对唐先生此论再加引申,那么其同时也是与建康为之提供的条件,与建康对此的引领、倡导分不开。

具体如《世说新语》卷上之下《文学第四》:"褚季野语孙安国云:'北人学问,渊综广博。'孙答曰:'南人学问,清通简要。'支道林闻之曰:'圣贤固所忘言。自中人以还,北人看书,如显处视月,南人学问,如牖中窥日。'"余嘉锡先生以为《北史·儒林传序》称"南人约简,得其英华;北学深芜,穷其枝叶"。语即本此。这一本就清谈名理而言的南北学术特点,至唐初撰定《北史》时又被进而概括为南北经学的特点,这本身已甚值深思。更何况,从褚、孙、支三人履历可以推知,褚、孙对话关于南北学术特点的高度概括,应在褚裒任司徒府从事中郎、给事黄门侍郎,孙盛任著作佐郎之时,很可能发生于东晋成帝咸和年间的建康。而身兼佛玄儒多重学养的支道林,应是同期或此后在会稽,方闻褚、孙所论而譬成其理的。也就是说,这正是在建康形成的相关观点,得以迅速传播至会稽等地,再被申论发挥的佳证。至李延寿、李大师父子所撰《北史》对此的强调,则又是建康和江东形成之说后续影响到隋唐有关观点的例子。

类此的例证还可以举出不少,如萧齐刘瓛曾在建康中寺,与高僧释法安及张融等清谈之士"共为法友";萧梁吴郡人皇侃则师事贺玚,成名后任教于建康国学,释经多略名物制度而用老、庄之旨。这都是对南北经学影响巨大,在汉唐间经学风格转折中具有重要地位的著名经师,而均与建康因缘深厚,凭借建康在知识和精神领域的优越位势和儒释道交流之盛,方成其学、成其名、成就其作用。要治南北朝史,对于大量这类事例及其背后所蕴的历史脉络,又岂可忽诸?

在佛学上,建康佛寺之多,尤其在佛教传播和发展中居于中心地位的重要佛寺的数量,实为南北各地之最。这方面已有大量研究,对其盛况及其在南北佛教中的重大作用加以刻画和揭示。在此我想强调的一个重要事件,是晋宋间高僧道生大师对于"一阐提人皆可成佛"之义的坚持和发挥。

据《出三藏记集》卷一五《道生法师传》,道生家世士子,少从竺法汰出家,曾在建康覆舟山麓龙光寺精研佛学。后赴庐山精舍幽栖七年,又与慧叡、慧严、慧观同往长安师从鸠摩罗什,其学大成后还至龙光寺:

> 乃说阿阐提人皆得成佛。于是《大涅槃经》未至此土,孤明先发,独见迕众。于是旧学僧党,以为背经邪说,讥忿滋甚,遂显于大众,摈而遣之。生于四众之中,正容誓曰:"若我所说反于经义者,请于现身即表疠疾;若与实相不相违背者,愿舍寿之时,据师子座。"言竟,拂衣而逝,星行命舟,以元嘉七年投迹庐岳,销影岩阿,怡然自得,山中僧众,咸共敬服。俄而《大涅槃经》至于京都,果称阐提皆有佛性,与前所说,若合符契。

其后文载道生至元嘉十一年十月庚子卒于庐山精舍讲阐《大涅槃经》精义的座上,"于是京邑诸僧内惭自疚,追而信服"。对道生大师的这段事迹,其他一些文献也有所述,可以参证。道生在佛教中国化进程中的地位,在于其"孤明独发"地在《大涅槃经》流行之前,即揭出和阐明了"一阐提人皆可成佛"说。而所谓"一阐提人皆可成佛",亦即人人皆有佛性,人人皆可成佛。在魏晋以来门阀等级盛行、种族关系复杂的时代中,道生当时独排众议,虽遭坎坷而始终坚持的这一见解,除在佛教史上极为重要外,更具有极大的社会冲击力和影响。今人研究南北朝门阀制度逐渐衰落,民族融合不断推进时,均会注意到门阀制度衰落至于齐梁而尤为明显,民族融合则至孝文帝以来骤然加速。在寻究其因的时候,佛教在精神领域的独特作用,道生大师所揭此义与后来流行的《大涅槃经》义的汇合、传播,加之僧俗各色人等一体参与各种活动的影响等,恐怕均是有助于揭开这一谜案,亟待我们进一步研究的重大问题。

而道生之学,正是始于建康龙光寺,又成于龙光寺。其虽游学南北博取众家,却毕竟是在建康形成"人人皆可成佛"的认识的。其所以能获得这一独特的佛义创见和认识,显然与庄子说道在万物之中的义理相通。《广弘明集》卷二三收录的刘宋释慧琳《龙光寺竺道生法师诔》,即述道生所论,"聃、周之伸名教,秀、弼之领玄心,于此为易矣"。同时又与中国佛教特重大乘,每每强调"众生平等""是法平等"等倾向内在相关。由此亦可推见当时建康汇聚南北佛学精华,与诸玄学、儒义交流争锋的状态。而道生此说的影响,也是由其门人弟子在建康弘扬而渐扩大的。其中如道猷据以注释《胜鬘经》,并为宋文帝讲解"顿悟"之义;另一弟子宝林则在龙光寺著《涅槃记》等,皆可为证。但在此同时,《龙光寺竺道生法师诔》对道生所揭之义却不像齐梁至唐的极尽褒扬,而是语多保留,惟述其披经释义,遂使"释迦之旨,淡然可寻,珍怪之辞,皆成通论"。可见道生首揭的"一阐提人皆可成佛"说,最终虽随《涅槃经》盛行而成不可阻遏而愈趋愈盛的潮流,却也经历了曲折的历程。这又可见当时建康在精神文明领域居于高位的上流持重之势,轻易不为新说所动,一旦风靡则天下响应。

上面所举固然是一些平常的例子,但仍足见建康在南北朝时期精神世界和知识领域无可置疑的主导地位,有助于理解建康对整部六朝史和魏晋南北朝史以至于隋唐史的重大影响。若再由此回观此期的南北关系，那么今天的研究者尤其应当意识到，北朝和南朝史均是在彼此之间的多重关系中发展变化的，如果不能深入认识南朝史，如果不能深入理解六朝建康的种种事态，那就无法准确认识北朝史和整部魏晋南北朝史，反之亦然。

十四、《中国魏晋南北朝史学会会刊》复刊感言

中国魏晋南北朝史学会自 1984 年 11 月成立起，即决定编印《魏晋南北朝史研究通讯》（以下简称《通讯》）。1984 年 11 月 9 日举行的学会首届理事会第一次会议，明确了《通讯》由时任副秘书长的童超先生负责，会议《纪要》上还专门说明其"暂为打印。不定期。今后有条件时改为铅印定期出版"。直至 2004 年，《通讯》共刊行了 18 期，从 1986 年第 3 期开始，改油印为铅印，大体上每年 1 期（1999—2000 年空缺），但仍非正规出版物。1990 年第 6 期至 1992 年第 8 期《通讯》的封面页下，标有"准印证"号：Z1541—900541，应是其获准成批印刷内部发行的凭据。2001 年第 16 期至 2004 年第 18 期署有本期责编单位名称，这表明进入新世纪后，《通讯》已不再由学会秘书处一力编辑，而是由其协调相关单位轮流负责其编务。

1984 年至 2004 年刊行的《通讯》总共 18 期，包括了各年度研究讨论的热点、重要专题的学术综述、海内外学术动态与交流、书讯书评、重要研究团队的介绍与已故前辈纪念、学会工作及学术会议纪要等栏目和内容。这些都为海内外同仁的魏晋南北朝史研究提供了丰富信息，构成了这 20 年相关学术史的重要一笔。作为中国魏晋南北朝史学会的窗口刊物，《通讯》在学会发展史上自然具有值得永远铭记的意义，并为我们今天继其统绪，弘其精神，实现其开创之际明确的定期出版之志垂示了范则。自去年诸位同仁筹划《通讯》复刊、定名、编辑、出版等各项事宜，到现在呈于读者面前的《中国魏晋南北朝史学会会刊》（以下简称《会刊》）第一卷，既是遵循、落实《通讯》所示轨辙成式的成果，

更是一年多来相关编辑人员,尤其是本卷主编魏斌先生续此创拓而辛勤工作的结晶(写下这些文字时,魏斌及本卷有些作者正为抗击新冠病毒疫情被困武汉城中),并始终得到了广西师范大学出版社莫久愚、乔祥飞、肖爱景先生的支持、指导,在此谨向他们表示崇高的敬意和衷心感谢!

《通讯》从刊行至第18期止,到现在的《会刊》第1卷出版,这十五六年的魏晋南北朝史研究和学会状态均在随时代演进而日新月异。研究队伍新锐辈出,新资料、新领域陆续涌现和开拓,网络、数据库等工具、技术不断翻新,新的研究方法和观点丛至迭出,学会工作亦明显变化发展。这种状态或易引人联想上个世纪中国史学呈现的一波又一波新潮,但稍作比较即可明白,上世纪发生的那几波大潮均在时代社会巨变之时掀起,在众制锋起而源流间出的新思新见中有其关注焦点,也在很大程度上解决了各家论说共同面对的核心问题。当然在此层面之下作为其余波流绪而存在的,也有外来思潮逐次影响,治学为文后出转精,前贤老去而中坚轮兴等进程导致的新旧更替。以此衡之,近年以来包括魏晋南北朝史研究领域在内的学术新现象和新趋势,似应归为上述后一层面的事态,其主要还是上世纪八十年代成长起来的学者逐渐退出研究一线的更新换代,而又有其特定背景。

对于这些新现象和新趋势,在改革开放四十年和新中国成立七十年相关领域发展状态的总结瞻望中多有涉及。当前所未有的学术条件与同样前所未有的学术管理交相聚合,又值世风所煽人心浮动,知识分子品性退化而年轻学者处境艰窘亟思求变,这都势必会使学界的更新换代出现特定态势,更不必说上一代学者的优长和局限均极为突出,一代新人亦自有其成长过程所染色调,遂使诸多新名新相尤其显得异彩纷呈。也正因为起于学界代际更替而又方兴未艾,目前出现的新局面,虽不像二十世纪历次史学大潮那样,具有响应时代巨变的核心问题和截断众流的里程碑意义,而是承上一波大潮之余,各擅其长地在感兴趣的领域展开更为细密和合乎规范的探讨,却仍可肯定其必将产生长远影响。当此之时,同仁之间既甚期待其在学海滩头留下更多足供后人拾撷磨洗的可珍之宝,也就切忌取法乎下,自小其局,而须破除藩篱,秉持大道,开阔心胸,以君子之风共相策励,以有助于学术共同体的健康发展。

近年我曾多次申论创新求异蔚为风气之际,学界同仁深思继承与发展之道的空前重要。这一方面是考虑到现代中国不能不在不断变革中前行的特定历程,使得史学等人文社科领域经常处于批判过去而鄙弃保守的激进状态,学术的新陈代谢也就呈现了讨论主题屡经变换、研究方法反复更替、重点领域大幅转移、重起炉灶过多而沉潜积累偏少、面上的开拓探索远远超过逐层深入研究等态势。但前人业已揭示、触及的长时段历史问题,却只能在持续接力的研究讨论中方可逐渐廓清和推进认识。另一方面,这也是深感中古史界同样身处以往历次大潮相继形成的惯性之下,对其得失、局限和所存问题却迄今尚乏反思总结。尤其是经几十年来的风云际会和讨论积累,当今学者实已可在新的基础上进一步阐发清末以来几代学人在中古史上先后揭櫫的不少历史头绪,解决其在文化、种族、经济、政治等多个方向上成果累累,却因学派相异、脉绪断续而彼此常有滞碍难通,又大体皆属同一层面的草创初拓而待深入展开、验证等一系列问题。也正有鉴于此,我觉得当前及今后一段时间的中古史界,尤其需要总结中国现代史学发展的经验教训,深思以往几代学者筚路蓝缕的轨辙,珍惜其各阶段中人同此心的问题聚焦和所获成果,清理其对古代史学传统的爱恨交集和断续节点,从而把当下改弦更张、另辟蹊径的创新求异过程,真正建立在综诸前人研究之积累、拓展既往讨论之前沿、增进衔接旧识之新知、培扶古今相通之学脉的起点上。如果说这一事业在以往常因形格势禁而凤毛麟角,难以成为众人之识,那么其现在所具继往开来的种种可能、必要和条件,应当说涓流成河,适其时也。

因此,我不仅希望承《通讯》而兴的《会刊》能够秉持及时全面、足供参考、无可替代的标准,以翔实准确超越网上信息,以专业视野胜于一般刊物，以特色专题开拓研究前沿，以学术批评推进学风建设；更期待从事有关综论述评的各位《会刊》作者，在观察思考各领域发展态势之时，尤当纵览中国现代学术史和海内外中古史研究的脉绪流衍、成败得失，充分意识到当下我们已再次处于明辨慎择、知所归向的重要路口，使《会刊》诸文足以匡济同仁，引领风气，见证时代，非惟有益一时，且为不朽之业。

中编 专题缀拾

一、魏晋时期的"革命"话题

在中古"革命论"演变历程中,汉魏与魏晋之际是一个重要的过渡期。重要性主要表现为两端:一是其反映了两汉以来革命论适应新的形势和任务继续演化的某些特点,二是其体现了革命论与禅让易代活动的紧密结合及相应的实践、调整。以下所述,即是这一时期"革命"话题的一般状态,其所涉及的不只是革命论进一步变迁发展的一幕,更是中古史上政治思想、理论与政治实际关联发展的全景活剧。

1. 汉魏与魏晋间所说的"革命"

汉魏和魏晋禅代之际,"革命"这个话题很是流行了起来。《太平御览》卷二三五《职官部三十三·太史令》引张璠《汉纪》曰:

> 初,王师败于曹阳,欲浮河东下,侍中、太史令王立曰……又谓宗正刘艾曰:"前太白守天关,与荧惑会,金火交会,革命之象也。汉祚终矣,晋、魏必有兴者。"后立数言于帝曰:"天命有去就,五行不常盛,代火者土也,承汉者魏也,能安天下者曹姓,唯委任曹氏而已。"曹公闻之,使人语立曰:"知公忠于朝廷,天道深远,幸勿多言。"①

汉室东依曹操后,太史令王立先称"金火交会,革命之象";继言"代火者

---

① 李昉等:《太平御览》,北京:中华书局,1960年,第1114页。

土,承汉者魏";显然是把汉、魏易代比作"革命",王立可称是曹魏代汉舆论的倡导者之一①。《艺文类聚》卷一〇《符命部·符命》引傅遐《皇初颂》有云:

> 寻盛德以降应,著显符于方臻,积嘉祚以待期,储鸿施于真人。昔九代之革命,咸受天之休祥,匪至德其焉昭,匪至仁其焉章。懿大魏之圣后,固上天之所兴,应灵运(劲案:此处脱"以"字)承统,排阊阖以龙升,摅皇象以阐化,顺帝则以播音,遵阳春以行施,揆四时以立信……②

遐作此《颂》讴歌曹魏代汉,称"昔九代之革命,咸受天之休祥……懿大魏之圣后,固上天之所兴";说明王立那里"革命"的预言,到曹丕禅汉而终成"革命"的现实,且已成为新朝合法性的重要理据。《隶释》卷一九《魏受禅表》不仅把曹魏代汉上比尧舜,亦与汤、武革命相提并论③。《三国志》卷四七《吴书·吴主传》载曹丕禅汉而孙权称藩,次年十一月丕遣使策命权为吴王,自称"朕以不德,承运革命,君临万国,秉统天机"④。《曹植集》有《庆文帝受禅表》,述"陛下以圣德龙飞,顺天革命,

---

① 袁宏:《后汉纪》卷二六《孝献皇帝纪》初平元年四月,"尚书令王允奏曰:'大史王立说《孝经》六隐事,令朝廷行之,消却灾邪,有益圣躬。'诏曰:'闻王者当修德尔,不闻孔子制《孝经》有此而却邪者也。'允固奏请曰:'立学深厚,此圣人秘奥,行之无损。'帝乃从之"。张烈点校:《两汉纪》下册,北京:中华书局,2017年,第505页。上引文载王立以《孝经纬》说"灾邪"而欲朝廷禳解,当亦与其"革命"之说相关。
② 欧阳询撰、汪绍楹校:《艺文类聚》,上海:上海古籍出版社,1999年,第188—189页。
③ 其文有曰:"陛下圣德,懿侔两仪,皇符照晰,受命咸宜。且有熊之兴,地出大螾;夏后承统,木荣冬敷,殷汤革命,白狼衔鈎;周武观□,□□□□。方之今日,未足以喻。"洪适:《隶释隶续》,北京:中华书局,1985年,第189页。
④ 陈寿:《三国志》,北京:中华书局,1982年,第1122页。

允答神符,诞作民主"云云①。《艺文类聚》卷二六《人部十·言志》引魏韦诞《叙志赋》曰:"遭大魏之革命,罔群士于行职,虽固陋之无用,犹收录而序饰。"②凡此种种,表明曹魏代汉之为"革命",乃是当时众口一词的官方口径,由此足以想见王立以来,许下洛上,"革命"之说风靡之况。

魏、晋之际的情况与之相类。《晋书》卷一九《礼志上》载太康初,挚虞评议荀顗等编撰的《新礼》,上表言损益之宜,称"革命以垂统,帝王之美事也;隆礼以率教,邦国之大务也。是以臣前表礼事稽留,求速讫施行"云云③。即以晋代魏禅为"革命"。元康初杨骏辅政滥行封赏,石崇与何攀等上疏非议其事,其一即说惠帝以太子登位,"至于班赏行爵,优于泰始革命之初,不安一也"④。所谓"泰始革命",即指晋武帝禅魏之事。东晋初年戴邈疏请立学,提及西晋兴学之事,亦称"圣朝以神武之德,值革命之运,荡近世之流弊,继千载之绝轨,笃道崇儒,创立大业"云云⑤。可见魏、晋易代之时,众口纷称"革命",舆情颇类于曹魏代汉之时。

2. 围绕"革命"的质疑与辩护

值得注意的是,当"革命"作为易代舆论一再兴起时,对此的质疑也随之而生。《文选》卷四九《史论上》干宝《晋武帝革命论》:

史臣曰:帝王之兴,必俟天命,苟有代谢,非人事也。文质异

---

① 张溥辑:《汉魏六朝百三家集》卷二六,台北:商务印书馆,1982年影印《文渊阁四库全书》,第1412册,第660页。
② 《艺文类聚》,第471页。
③ 房玄龄等:《晋书》,北京:中华书局,1974年,第581页。
④ 《晋书》卷三三《石苞传》附《石崇传》,第1006页。《资治通鉴》卷八二《晋纪四》系其事在惠帝永熙元年。上海:上海古籍出版社,1987年,第549页。
⑤ 《晋书》卷六九《戴若思传》附《戴邈传》。第1849页。

时,兴建不同。故古之有天下者,柏皇、栗陆以前,为而不有,应而不求,执大象也;鸿黄世及,以一民也;尧舜内禅,体文德也;汉魏外禅,顺大名也;汤武革命,应天人也;高、光争伐,定功业也。各因其运而天下随时,随时之义大矣哉!古者敬其事则命以始,今帝王受命而用其终,岂人事乎? 其天意乎?①

这应当是干宝《晋纪》述及魏、晋易代之事所发的一段议论,其要大抵是,时移世迁之后的晋武帝"革命",在天命和人事两个方面都已有别于汤、武革命。故无论其标题是否为干宝自编文集时所加②,此文对晋武帝"革命"究竟是顺乎天意还是应乎人事的发问③,可以说有代表性地体现了魏、晋之际人们对"革命"内涵的再思考。而当时这种思考的一个重要的方向,便是在"革命"沦为易代舆论的触动下,直接把怀疑指向了汤、武革命本身。

《三国志》卷二一《魏书·王粲传》附述嵇康事迹,裴松之《注》引《魏氏春秋》述康拒不与司马氏合作,山涛"举康自代,康答书拒绝,因自说不堪流俗,而非薄汤、武。大将军闻而怒焉"④。裴氏又多方考证,力辨

---

① 萧统编、李善注:《文选》,北京:中华书局,1977年,第687页。
② 《晋书》卷八二《干宝传》载其著《晋纪》二十卷,撰集《搜神记》三十卷,"又为《春秋左氏义外传》,注《周易》《周官》凡数十篇,及杂文集,皆行于世"。第2150—2151页。《文选》卷四九收录的《晋纪总论》和《晋武帝革命论》,或皆收入其自编之杂文集。
③ 与干宝的《晋纪总论》相参,《晋武帝革命论》内里的意思,似乎也是在指责晋武帝革魏之命,既不顺天,也不应人,而与汤、武革命大异其趣。干宝在西晋时已为佐著作郎,过江后又被王导举荐而修西晋国史,自然难以直斥本朝开国之主,其辞之闪烁,语之隐约,盖不得已耳。
④ 《三国志》,第606页。又,戴明扬校注:《嵇康集》卷二《与山巨源绝交书》自陈有"必不堪者七,甚不可者二",其一不可即为"每非汤、武而薄周、孔,在人间不止此事,会显世教所不容"。书中且警告说:"若趣欲共登王途,期于相致,共为欢益;一旦迫之,必发其狂疾。"北京:中华书局,2014年,第197—198页。裴氏略书其"薄周、孔",是要表明司马昭于"非汤、武"为尤怒也。又嵇康"非汤、武而薄周、孔"的基本立场,可于其《管蔡论》誉管、蔡忠贤而窥知一斑,其要与下(转下页)

司马昭诛嵇康,断不因康预于毌丘俭之谋反。是嵇康之死,症结正在于其"非薄汤、武"。盖因当时非薄汤、武即反对"革命",也即旗帜鲜明地站到了维护曹魏的立场上。从嵇康下狱而三千太学生徒为之请命的事实看,当司马氏已行放、杀之实,自比汤、武之时,持此立场"非薄汤、武"者正恐不少,则其所以要诛嵇康的象征意义,也就昭然若揭了①。可与印证的,如葛洪《抱朴子外篇》的《自叙》,明述其要旨为"言人间得失,世事臧否",故其各篇常评骘魏、晋世事而持论甚切②。其中《良规》篇指斥"俗儒沈沦鲍肆,囿于诡辩,方论汤、武,为食马肝"。即披露了当时那种竞说汤、武以献媚当朝的风气,从而交代了嵇康何以"非薄汤、武"的历史背景,也呼应了干宝对"晋武帝革命"的质疑。而其下列论述,又以严守君臣纲常的套路发挥了嵇康和干宝所论的未尽之义:

> 夫君,天也,父也。君而可废,则天亦可改,父亦可易也……世人诚谓汤、武为是,而伊、霍为贤,此乃相劝为逆者也。又见废之君,未必悉非也。或辅翼少主,作威作福,罪大恶积,虑于为后患,及尚持势,因而易之,以延近局之祸,规定策之功,计有自利,未必

(接上页)文所引《抱朴子外篇·良规》之旨相类。见《嵇康集校注》卷六,第420—422页。另《文选》卷一六向秀《思旧赋》悼嵇康而称"叹《黍离》之愍周兮,悲《麦秀》于殷墟"。《黍离》乃《诗·王风》之篇,《诗序》称其为周大夫"愍周室颠复"之作;"麦秀"典出《尚书大传》及《史记·宋微子世家》,谓箕子过殷墟见麦秀蕲蕲而悲故国。故《思旧赋》此句盖悲叹汤、武之业何在,以此呼应了嵇康"非汤、武"的立场。《文选》,第229—230页。

① 据《三国志》卷二八《魏书·钟会传》,其时会典知密事,诛康等亦会所谋。第787页。关于嵇康之死与其非薄汤、武的关系及太学生为之请愿的政治意涵,徐高阮《山涛论》论之甚确,文载《"中央研究院"历史语言研究所集刊》第四十一本一分,台北:中华书局,1969年。

② 杨明照:《抱朴子外篇校笺·自叙卷五十》,北京:中华书局,1991年,第698页。

为国也。取威既重,杀生决口,见废之主,神器去矣,下流之罪,莫不归焉。虽知其然,孰敢形言?无东牟、朱虚以致其计,无南史、董狐以证其罪,将来今日,谁又理之?独见者乃能追觉:桀、纣之恶,不若是其恶;汤、武之事,不若是其美也。方策所载,莫不尊君卑臣,强干弱枝。《春秋》之义,天不可雠;大圣著经,资父事君;民生在三,奉之如一。而许废立之事,开不道之端,下陵上替,难以训矣。①

据上所述,魏、晋皆借"革命"之名而行禅代之实,对"革命"连带对"汤、武放、杀"的态度,实际已是人们在政治上拥汉、拥魏还是拥魏、拥晋的试金石,两派非此即彼,决无调和可能。但在理论上,拥护和反对派却有一个根本的共同点:他们眼中的"革命",很大程度上都只是改朝换代的别名,又可以通过"禅让"来实现。这两点皆与"汤武革命"的原义大相径庭,其所继承的实际上是历经战国秦汉蜕变后的革命论遗产。②

3. "革命"的传统及其流衍

作为一个政治命题,"革命"的较为原始和为人熟知的概括,出于

---

① 杨明照:《抱朴子外篇校笺·良规卷七》,第285—291页。其后文述"或谏余以此言为伤圣人,必见讥贬。余答曰:舜、禹历试内外,然后受终文祖,虽有好伤,圣人岂能伤哉!昔严延年奏霍光为不道,于时上下肃然,无以折也。况吾为世之诫,无所指斥,何虑乎常言哉"!此为葛洪深知其论触犯忌讳的自辩之语。

② 《文苑英华》卷五一一《判九·教授文书门二十一道》之"持论汤武判",其事由为"乙开筵讲汤武事,弟子丁曰'无食马肝',乙挞之不伏,折师麈尾事"。下录无名氏判辞一道:"君子为儒,学以致道,圣人立教,言无非法。乙惟广业,义取精严。函丈席间,未述唐虞之际;开筵讲肆,遽言汤武之非。符彼黄生之谈,爰有青襟之刺。不能伏义,故为挞人,喻以马肝,足为知味,折之麈尾,喷有烦言。一秩何伤,将子无怨。"北京:中华书局,1966年,第2615页。足见其至唐尤为教学时的常见问题,判辞之和稀泥而颇偏向于弟子,又可见其事仍敏感。

《易·革》卦的《彖辞》："天地革而四时成,汤、武革命,顺乎天而应乎人。"①此处"命"指天命,乃是古人公认为统治合法与否的标志,而可人为革除和转移。所谓"汤、武革命顺乎天而应乎人",实际是通过对商汤放桀代夏、周武伐殷诛纣的肯定,确认了天怒人怨之际,被统治者奋起推翻暴政、夺取政权的正当性和必要性。其包括的理论内涵,似与西周以来国民观念的抬头和春秋以来民本思潮的活跃有关②,且与师旷说"困民之主,弗去何为"、史墨说"社稷无常奉,君臣无常位"之类的言论,构成了一脉相承的关系③。这些理念显然都表达了统治合法性取决于民心向背的认识,确凿无疑地包含了民主成分,也反映了旧式等级秩序离析崩溃而新型统治模式正在探索形成之时,人们对被统治者权利和要求的集中思考。因而《易·革》卦《彖辞》所代表的革命论,堪称人类历史上第一次确认"人民有权推翻暴政"的命题,其中包含的理念,切关

---

① 阮元校刻:《十三经注疏》,北京:中华书局,1980年,第60页。较早之时,如《尚书·牧誓》和《多士》载武王牧野誓师和周公告诫殷人,都说伐纣代殷是"恭行天罚";《多士》及晚书《泰誓》都提到当年夏帝淫佚流毒而上天降罚,乃命"成汤革夏""降黜夏命"。分见《十三经注疏》,第183页、第219—221页、第181页。据此可以推知,以周革殷命比于"殷革夏命"的"革命"说,很可能是周人伐殷的一种舆论准备和自我辩护方式,所谓"恭行天罚",实际已经揭示了统治合法性来自天命而落实于人事的观念,也就初步包含了革命抗暴应天顺人的内涵。

② 《国语·周语上》载厉王弭谤而国人道路以目,召公以为"防民之口,甚于防川","三年,乃流王于彘"。徐元诰撰、王树民等点校:《国语集解》,北京:中华书局,2002年,第11—13页。这是足与《易·革卦》彖辞的"汤武革命"说相印证的实例。

③ 如《管子·形势解第六十四》:"古者三王五伯,皆人主之利天下者也,故身贵显而子孙被其泽。桀、纣、幽、厉,皆人主之害天下者也,故身困伤而子孙蒙其祸……汤、武征伐无道,诛杀暴乱,以致民利,故明主之动作虽异,其利民同也。"房玄龄注:《管子》,上海:上海古籍出版社,1989年,第184页。《左传》襄公十四年载师旷与晋侯论卫人出君之事有曰:"良君将赏善而刑淫,养民如子,盖之如天,容之如地,民奉其君,爱之如父母,仰之如日月,敬之如神明,畏之如雷霆,其可出乎?夫君,神之主而民之望也。若困民之主,匮神乏祀,百姓绝望,社稷无主,将安用之?弗去何为?"《左传》昭公三十二年赵简子与史墨论季氏出君之事,史墨有曰:"鲁君世从其失,季氏世修其勤,民忘君矣,虽死于外,其谁矜之?社稷无常奉,君臣无常位,自古以然……"分见《十三经注疏》,第1958、2128页。这类言论发展到孟子那里,就是"民为重,社稷次之,君为轻"的论断。

乎整套政治秩序的建构基点,足以视为我国古代最为伟大的思想成果,值得今人竭诚体认和反复吟味。

但思想和历史的实际进程却未循此轨迹直线前行,汤、武革命这面激进的举义抗暴旗帜,并未随汤、武圣王地位的确立而迎风招展。在朝的统治者,包括那些因革命成功而取得了政权的统治者,自不能不看到尊奉汤、武和赞美汤、武革命之间的矛盾①;在野的仁人志士,实际也很难将之一概承受下来②。其原因无他:处于原始形态而以汤、武放杀为特征的革命论,对于任何一个力图维护君臣上下秩序的集团或政权来说,都显得太过危险了。因而战国秦汉时期,有关"革命"的理论,已不断遭到修正,并在西汉完成了关键的转折。其基本方向则是抽去了"革命"的抗暴内核,将之等同于王朝的更替,进而又把"禅让""改制"等本来无关于革命而伴随着易代的内容,相继演成了"革命"的组成部分③。

---

① 《易·系辞下》:"《易》之兴也,其于中古乎?作《易》者,其有忧患乎?"又曰:"《易》之兴也,其当殷之末世、周之盛德邪?当文王与纣之时邪?是故其辞危。"《十三经注疏》,第89—90页。《彖》辞说汤、武革命顺天应人,切合于《系辞》的这些推测,可释为忧患意识下的"危言",即以汤、武放杀的正当性来警告人主,意与《尚书·召诰》谓"不可不监于有夏,亦不可不监于有殷"、《诗·大雅·荡》谓"殷鉴不远,在夏后之世"相类。若《易传》是孔子所作,则其不仅为革命抗暴设立了"顺天应人"等诸多条件,且以维护现有统治为基本着眼点,并与《尚书·多士》述周公说"非我小国敢弋殷命,惟天不畀允罔固乱"之论一脉相承。

② 《孟子·梁惠王下》:"齐宣王问曰:'汤放桀,武王伐纣,有诸?'孟子对曰:'于《传》有之。'曰:'臣弑其君,可乎?'曰:'贼仁者谓之贼,贼义者谓之残,残贼之人,谓之一夫,闻诛一夫纣矣,未闻弑君也。'"《孟子·尽心下》:"尽信《书》则不如无《书》。吾于《武成》,取二三策而已矣。仁人无敌于天下,以至仁伐至不仁,而何其血之流杵也"。分见《十三经注疏》,第2679—2680页、第2773页。可见以激进而著称的孟子,也只是通过极力渲染桀、纣之"非君"和汤、武之仁德,甚至不惜抹杀文献中"血流漂杵"的史实,才得以辩护了汤、武放、杀其君取而代之的合理性;其代价则是把革命抗暴之所以正当的条件,限制到了几乎不可能在现实中存在的地步。

③ 关于战国至西汉革命论演化历程,参见拙文《西汉时期革命论之退化与政治思想之转折变迁》,《中国社会科学院历史研究所学刊》第七集,北京:商务印书馆,2010年。

因此,魏晋时人之所以会把"革命"等同于王朝的更替,"大魏革命"和"泰始革命"之所以可通过"禅让"来实现,都不过是汉代以来"革命"理论的继续展示和实践。事情很清楚,革命本来寓有的抗暴举义内涵一旦流失,这个被压迫者的根本权利和"人民群众的盛大节日",也就不能不变成了一家一姓是坐庄还是下庄的庸碌游戏,至于接下来是否要通过禅让或别的什么方式来完成这个游戏,那虽非无关宏旨,却尽可以商量了。

不过问题到此远未完结,魏晋以来的革命论,一方面继承了其在以往政治斗争和思想交锋中不断蜕变的历史遗产,另一方面也揭开了革命论随特定形势和需要而进一步变迁递嬗的新阶段。每当改朝换代或其他一些重要的政治转折关头,"革命"命题的讨论及其所蕴内涵的重演和发挥,不仅仍是当时各派政治立场和统治理念的一个相对集中的展示舞台,更以在此指导下易代模式和政治实践的推陈出新,不断丰富了"革命"的内容和形式,并从独特的角度反映了中古时期有关政治思想和民主观念的演化轨迹。

二、古代东北亚民族关系的若干问题

当代东北亚区位特点和族群状态的形成，大致应从公元六七世纪说起。公元七世纪新罗统一朝鲜半岛，此后无论其是否向中国称藩，均为据于朝鲜半岛并向辽东扩展的一个稳定强大的势力，这就使朝鲜半岛不再是东北民族迁徙压力经辽东—朝鲜半岛向日本列岛抒解的出口。在此之前，六世纪末日本建立统一王朝，东北亚大陆向日本列岛抒解的迁徙压力出口先行关闭，其影响不容忽视。这两个事态，永久地改变了东北亚地区东南部的政治和民族关系格局。再到世界近代史上的沙俄东扩，十七世纪中叶已抵达黑龙江流域，至1689年中俄尼布楚条约签订，长期以来形形色色的草原部族经由贝加尔湖一带纷纷南下之势结束。相关族群活动受限而趋土著化，东北亚北部地区的民族关系格局随之固化。再到二十世纪二十至四十年代，蒙古独立之势在苏联催动下成为现实，西部草原各族不断南下和东来之势终告停歇，东北以西蒙古高原的民族关系格局亦迅速固化。这些势头加上中华人民共和国的成立，共同奠定了今天东北亚的地缘政治格局，而其历史背景和基础，以及相当一部分现实问题，仍须从古代东北亚民族关系格局出发来认识，才能得其纵深，得其要者。

在认识中国发展与东北亚各地发展的关联，讨论这种关联形成和发展的历史过程时，应该意识到其中有一些现象，向来都受到了史学界尤其是东北史和民族史研究者的重视。这里谨就个人管见所及，对其中的若干问题略加阐释，以求正于学界同仁。

1. 古代东北亚的民族关系格局

大兴安岭北部及东西两侧,从贝加尔湖东南至黑龙江下游的广阔地区,一直都是中国史和世界史上最为重要的民族策源地之一。源出于此的各族自然会向其南各地发展,又必不可免受到南部华夏——汉人和西部草原部族的制约和影响,其态势直接决定了东北亚民族关系格局。这一格局的框架轮廓经先秦至汉唐演化已渐清晰起来,其影响及于近现代,大致可概括为下列几点:

其一,上述地区偏东的黑龙江、乌苏里江一带,最早出现的是被称名为肃慎的族系,这个名称在史籍中从西周一直沿用到了西汉,东汉以来同一地区的族系渐称挹娄,北朝时勿吉代此崛起,与豆莫娄、沃沮等族并存,至隋唐代兴的是靺鞨各部,其构成已相当复杂,势力则明显南伸。这些事实表明该地区的族群状态在汉代发生了较大变化,且其至隋唐仍在加速变更而部族丛生,其中原因很值得研究。

其二,大兴安岭北部及以西,是先秦东胡(狭义,指匈奴东)族系的发源地,汉唐间承此崛起的有乌桓、鲜卑及契丹、室韦等族。其基本动向是一波一波南下,有的是沿黑龙江沿岸地带东南而下,更多的是从大兴安岭西麓南下,沿途向西朝漠北或漠南草原发展,再南则受阻于中原王朝或融入其间;若其西向之势受阻于草原霸主,则退入大兴安岭或转东发展。这些趋向都牵动着整个东亚北民族关系的大局。

其三,以上两个族系的偏东、偏西分布,是因为中间隔着古代难以交通和垦殖的松嫩平原。此外,在尚宜发展的大兴安岭南部东至辽河流域,战国以来分布于此的有山戎、秽貊及稍晚的扶余、高句丽等族群。这些族群多从蒙古高原及东胡、肃慎等族系的种落陆续迁徙聚集和分化组合而来,并且受到了华夏——汉人的影响。汉代至北朝其基本动向是夫余等族名逐渐消失,室韦等族群兴起,而秽貊、高句丽之名又继而出现于朝鲜半岛一带,这说明该地区的族群始终面临着来自西、北、南三方的较大压力。

从上面的概括可以看出，古代东北亚民族关系的基本格局，经常表现为一大一小两个倒"品"字形结构。南部是文明繁荣而势力强大的华夏—汉人，西部是为数众多、往往出现强盛霸主的蒙古草原各族，东部则是由东胡、肃慎两大族系及秽貊以来各族群构成的倒"品"字形小结构。大体可以认为，古代东北亚民族关系上的众多现象和问题，包括大兴安岭中部一带的重要战略地位，都需要从这两个倒"品"字形结构出发，结合相关地缘和历史因素来加以认识。

2. 东胡族系与西拉木伦河、老哈河一带的地位

在这两个倒"品"字形结构中，南部的华夏—汉人和西部的蒙古高原各族，构成了影响东部各族的两大要素，三者的互动联系常以东胡及其后续族群为中介，在地域上则隐隐以大兴安岭南部东西两侧地区为其枢纽。理由如下：

其一，蒙古高原各草原部族，数量庞大而成分复杂，经常出现强有力的草原霸主或帝国。但其向东发展受阻于大兴安岭和分布于其东西麓的东胡系诸多部族，而东胡系各部族也常向西迁徙发展，为蒙古高原各部族的重要来源。其西向通道主要有三，一是在大兴安岭以北向西的小规模种落迁徙，二是在大兴安岭中部偏北的呼伦贝尔草原循克鲁伦河进入漠北腹地，三是在大兴安岭中部向西南进入漠南草原。后两个通道历史上均曾有大规模的东西向迁徙，由于其间隔着难以通行的瀚海戈壁，呼伦贝尔草原至大兴安岭以东又密布森林湿地难以发展，因而地位更为突出的是可以继续向西或南下、并可向东进入西拉木伦河和老哈河地区的漠南通道。后者不仅在东胡以来诸族群与蒙古高原各部族的相互沟通上具有重要地位，更对东北地区的中南部族群乃至整部中国史有重大影响。

因此，蒙古高原各族在倒"品"字形结构中的影响，经常都与东胡以

来诸族群密切相关,其相互间沟通交流最为集中的地带,则在呼伦贝尔草原至大兴安岭南部的东西两侧。围绕这一地区,相关族群无论是东西向的迁徙发展,还是进据漠南后继续南下,都足以影响中国东北和华北形势,并且往往构成中国和世界史上的重大事件。

其二,南部的华夏—汉人文明繁荣而势力强大,且不说周秦汉唐这样的统一王朝,即便是春秋战国的晋、赵、燕等区域性强权,或者统一王朝直辖的军政大区,其实力往往也非相邻的其他势力可抗。故华夏—汉人的统治体系和声教影响向北伸展实属必然。但其基本生产和生活方式对自然条件依赖较大,这又制约了其统治体系的北扩,长期以来大都限于阴山—燕山南侧前伸至辽西、辽东,也包括朝鲜半岛北部,当然某些军政设置有时也会伸至更北的地区,像唐代的单于都护府及室韦、黑水等都督府等建制。

因此,南部要素对东北亚民族关系的作用,从积极方面表现为其影响可深入至西北和东北各族,消极方面则表现为抑制蒙古高原和东北各族的南下。而保障这两个方面的主要措施,则是沿阴山、燕山至辽东一线布防,同时尽可能控制自大兴安岭中部向西南方向延伸的漠南草原至河西走廊地带,又常以辽西和辽东地区为控制东北的重心。

其三,这个大兴安岭中部向西南延伸的草原地带,可以称为"漠南民族走廊",其特有的自然条件和区位优势,使之不仅是蒙古高原各部族和东胡以来族群南下必据之地,也是其进而向东、向西发展的主要通道,又是西域、中亚各族与之并与东北各地族群沟通联系的主要通道。自古以来各族在这里的迁徙往来和沟通交流即十分频繁,尤其是漠南走廊的北段,大兴安岭南部一带,更是东北亚地区南北和东西往来最为重要的十字路口,无论是东胡等族群南下,还是蒙古高原部族的东进,中亚、西域人与之沟通或进入东北,这都是首当其冲之地。

因此,漠南民族走廊的存在及其在沟通大兴安岭南北地区,沟通中亚、西域、蒙古高原和东北地区各族往来交流时特殊重要的地位,可以说是大兴安岭南部一带所以成为东北亚民族关系的重要枢纽,成为相关各族往来交通十字路口的基本背景。

其四，大兴安岭中部地区东南的西拉木伦河、老哈河一带，即清以来所称的科尔沁草原，自然条件宜农宜牧，文明发展历史悠久，长期以来都是蒙古高原及东胡一系乌桓、鲜卑等族从漠南走廊进入东北中南部的要地。在此以北的松花江支流洮儿河呈西北—东南走向，循岸上溯沟通了南松花江流域和漠南走廊北端的阿尔山地区。介于其间的，则是辽河流域与松花江流域之间，亦呈西北—东南走向至于辽东的分水岭隆起地带。这几个地带不仅集中了漠南走廊北段向东南穿过东北平原的传统交通线，而且可以视为肃慎一系与东胡一系族群发生交流的几条重要通道。战国至汉唐秽貊、扶余、高句丽、室韦、契丹等族相继在此兴衰起伏和迁徙流动的态势及其在文化、语言上兼有周围各族尤其是蒙古高原和东胡族系文化特征的状态，很大程度上都与此相关。

因此，西拉木伦河、老哈河一带北至洮儿河一线，也就是今内蒙古兴安盟、锡林郭勒盟和通辽市的交界地区，实际上是漠南走廊进入东北中南部地区的入口地带，由此东南向至于辽东的各条交通线所经，即今长春—伊尔施及通辽—乌兰察布铁路之间的地带，乃是古代东北各族往来交流的要冲之地和纽结所在。其中最为显著的是西拉木伦河、老哈河流域及其东南地区，由于其自身的文明发展条件和区位优势，更可视为东北亚民族关系格局在变动中发展演变的关键地区。

综上四点可见，正是东北亚民族关系呈现的两个倒"品"字形结构，正是大兴安岭及其周围的山川形势和各族分布、迁徙、发展的基本态势，尤其是围绕于此展开的众多历史过程，决定了漠南民族走廊北段至西拉木伦河、老哈河一带特殊重要的地位，从而使大兴安岭南部的东西两侧地区成了东北亚南、北和东、西各族各地区沟通交流的十字路口，使之成了影响东北亚民族关系格局的重要枢纽。由此再考虑汉唐以来东北各地的开发随生产力进步而逐渐加速的过程；那就可以推断：当东北开发从辽河流域不断北伸至松嫩平原后，东北亚各族各地区沟通交流的关键地区和枢纽，也在随之逐渐向北移动。

3. 东北各族的发展与中国历史

东北地区各族与中国历史关系重大,其中突出的如东胡族群一批批南下,或西向影响漠北、漠南局势,或屡屡建立辽东向西至于河西地区的强大联盟,或入主中原统治整个北方地区甚至进而统一全国,这都是中国史上的大事,对世界史也有一定影响。更为引人注目的是,秦汉至隋唐时期东北各族的上述活动,似乎都只是为唐宋以来其进一步扮演更为重要的历史角色准备了条件,而上面所述的辽东问题此后也一直都在再现和不断放大。像辽、金相继与宋并峙和西辽立国中亚,元朝重建大一统局面,明初以后先与北元和战不绝,末年又困于女真以至灭亡,再到清朝一统而至近代。这都堪称是中国史以至世界史上的头等大事,参与其中的固然是各族成员,但其要角或导演却皆源出东北各族。

由此可以认为,整部中国古代史后半段,都是在东北各族的主导或影响下渡过的,都与东北亚民族关系的发展存在着深切关联。这样的事实,已经再清楚不过地说明了研究古代东北亚民族关系格局对把握中国历史的重要性。以下就此再述两端,希望能有助于学界对此进一步讨论。

其一,东北各族迁徙互动的压力往往汇聚于辽东一带。

东北各族之间存在着多种连动关系,其中一个显著的现象,是由西而东、由北而南的族群迁徙动力远大于逆向的运动。如偏东一带族群被称肃慎长达上千年,汉以来改称挹娄而进入了加速向南延伸的态势。原因除其经济社会有所发展外,恐怕也是大兴安岭北部各族循黑龙江沿岸陆续东南向迁徙所致,后来豆莫娄、勿吉、沃沮分立而向南扩展的势头,亦当与之相关。又如东胡族群汉初被匈奴灭国,退保乌桓山和鲜卑山者即称乌桓、鲜卑,与之相随的是汉以来扶余、高句丽等族在大兴安岭东麓的兴起,秽貊之名见于朝鲜半岛而山戎消失,其间关联亦值得深思。再如鲜卑势力入主中原以至建立北魏统一北方,大兴安岭东麓又有乌洛侯、地豆于及室韦、契丹等族兴起,相应发生的是扶余之名逐渐消失而高句丽亦明显向朝鲜半岛发展。这些事态无不表明,东北各族由西而东、由北而南的压力,是向垦殖条件相对更好、文明程度相对较高的辽东地区和朝鲜半岛汇聚的;而其压力疏解的出口仍是向南,不是指向华夏—汉人地区,就是从半岛南部进入日本列岛。这个过程的历史拉得很长,相关动态应当就是今天朝鲜、韩国和日本各大博物馆中,其早期文物不少都富于草原民族特征的由来。

到隋及唐初,在东北地区北部,室韦各部居西而靺鞨各部居东,再南则有奚、契丹等族,这一状态仍是前面所述东北地区那个小型的倒"品"字形结构的再现。但北朝以来出现的一个影响深远的新事态是高句丽成为辽东地区和朝鲜半岛北部的区域强权,自此东北地区南部的民族关系格局趋于定型。其结果一方面是使南下压力不断导向汉人聚居区,隋及唐初持续发动战争以图解决这一问题;另一方面是自唐高宗时新罗统一朝鲜半岛,自此其虽政权更替却持续立国发展,东北各族南下压力和辽东问题也就一直存在了下来。这个过程大体上可以解释隋唐以来辽东问题的由来,东北亚民族关系格局和中国历史受其影响甚大。

其二,关于古代东北东部和西部族系间的沟通交流。

金毓黻先生提出的肃慎一系与东胡一系的区分,今天再从多个方面的证据来看,还是有其合理性的。直至唐代统诸东北羁縻州府的都督府仍常一东一西两两而设,如室韦都督府与黑水都督府、松漠都督府与粟末都督府之类,其中肯定有着族群族系和地缘政治上的依据。而至今对此提出的质疑,主要还是因为两者间仍存在着多种沟通交流和文化重叠现象,对此当然可以继续从考古、文献及民族学角度不断深化研究和认识。这里要强调的是东北东、西部两大族系之间的联系及其对中国历史的影响。以下谨举数例以见其要:

如北魏被公认为源出东胡一系,其祭祀制度中有创新,也有因袭。

太武帝时期因乌洛侯部来告拓跋祖居之地,即今称嘎仙洞,其祭祀办法是斩木为杆,上挂肉块等物,告祖而讫。这种祭祀方式与近现代民族志记录的鄂伦春、满族等祭祀方式基本相同,而这些被公认为肃慎一系之裔。这个事实表明东北东部族系与西部族系之间存在着相当的共性,至于其究竟是出于共同的族源,还是后来的习俗交流或融合,对此的研究无疑都有助于对东北这两个基本族系的认识。

又如北魏曾有帝系八姓,有八部大人制度,北魏建立后又有八国常侍、八部大夫之制;到契丹各族群仍有"古八部""大贺氏八部""遥辇氏八部"之类的名目,其后来的可汗及皇帝推举之法亦与北魏相当接近;直至清朝则有满、蒙、汉八旗制度,并有八部王大臣议政和推举继位者之制。这种以"八"为单位的部民编制组织,早期常与酋首推举、军政合一等军事民主制形式联系在一起,后来则为其所建王朝体制的有机部分。这显然也是源出东北各族的一种传统,无论这是由东胡族系传至西部肃慎裔系,还是一种早已共有的组织方式,这还是可以说明东北东部族群与西部族群之间的多种联系和交流。

再如北魏设南、北部大人分治胡汉,到辽朝有系统的南、北面官制度,再到清朝的满汉分治及其对蒙、藏等各地采用的不同统治体制,对此又有了进一步发展。不难看出这种以一国两制或多制来适应不同地区和民族特点,以此巩固多民族统一局面的做法,仍是源出东北各族半耕半牧(或渔猎)经济生活的一种组织习惯或行政传统,唐代盛行的羁縻州府和后来的土司制度,就其源头而言都有这一背景在起作用。

这些例子,不仅对理解东北东部和西部族系的沟通交流具有重要价值,有的更对整部中国历史有着重要影响,而前面所述东北东、西部交通干线和交流地带的格局,则应起着框架舞台的作用。上述习俗和制度的形成,对当时相关族群的发展和社会过渡显然有着积极影响,同时又证明了东北各族在行政—统治体系上一直具有容纳多种制度的更大包容性,这又构成了中华民族制度遗产的重要组成部分。

三、汉唐间的"丝绸之路"与河东

河东地区的地理条件，决定了其南北有通衢而东西多阻隔，在古代从未形成过东西向穿越其地的交通干线。顾祖禹《读史方舆纪要》把河东比喻为"天下之肩脊"，理由是其"左顾范阳，右顾咸阳"。这里不妨对之略加引申和发挥，以明确河东地区的重要性，不仅因为其自古即以"表里山河"著称，为华夏文化的重镇；而且也集中表现为其南向直通长安和洛阳中原腹心一线，北向又直通河西至燕云北边要塞一线，构成了中国北方这个"工"字形地理、人文和交通格局中那至关重要的"1"竖。可以认为，这个格局在很大程度上决定了河东在整个北方的区位优势，决定了其对中国历史的重大影响，同时也决定了河东地区在丝绸之路及其沿线地带发展史上的重要地位。

这样一篇大文章，自然需要各个方面的学者来共同探讨。这里仅就汉唐间丝绸之路与河东地区的关系问题略抒己见，以抛砖引玉。

1. 汉唐间丝绸之路的基本格局与河东地区的重要地位

在上面所说这个大格局中，由河东南向的长安、洛阳一线，这是汉唐间全国交通干线的总枢轴。此线向东西延伸，西经陇右河湟至河西走廊通往西域，即是一般所说陆上丝绸之路的干线；由此继续向南，则与西南丝绸之路及东南海上丝绸之路相连。整个西北、西南、华北、东南地区均曾与之发生密切关系。

而河东北向至河西、燕云一线，则连接了我国东北至西北及青藏几大民族策源地和聚集地，大同北至呼和浩特一带是其总枢纽。由此东至东北,西接西域,即为我国历史上北族东西向迁徙的漠南通道;向北穿过阴山诸碛口可抵今蒙古色楞格河流域,这是匈奴以来历代北方强族的王帐所在,其南部山间地带又是丝绸之路漠北草原道各线所经。

在北方草原东西向民族迁徙和交通往来的通道上,有不少可以与长安,洛阳东、西一线相连的南北向路线。如穿过阴山与燕山连接地带及其以东山地,间行至华北平原,或沿河套至宁陕甘而至关中,通河西走廊亦有若干南下之路。但相比之下最为重要的,仍是从呼和浩特、大同以南,由勾注或楼烦至太原,既与全国交通干线网络相连,又尤其可以向南直达长安和洛阳。这是综合比较汉唐间连接丝绸之路北方草原道各线与长安、洛阳东西各线最为便捷的干线,也是此期沟通中原文明核心区与北方草原民族区最为重要的通道。

因此,如果仅就丝绸之路长安、洛阳东西各线,或仅就其北方草原道各线来看,河东地区似无特殊性可言。但若不是仅就一隅,而是从丝绸之路南北各线相互关联的全局出发,从沟通和连接丝绸之路南北各线所经地带来看,河东地区就顿显其巨大而无可取代的作用。若能围绕于此来探求相关问题,包括河东地区为何形成了这种地位的内外部原因,其与以东、以西其他南北通道相比的特殊性等,相信学界尤其是山西学界的同仁会有许多文章可做,并且可以在以往研究的基础上开出新生面来。

2. 汉唐间河东地区与丝绸之路地带的相互影响

汉唐间丝绸之路的上述格局,对当时河东地区经济社会的发展显然具有重要影响;反过来,河东地区对此期丝绸之路南北各线所经地带的发展同样具有重要影响。在考虑相关问题时,对这种相向互动的状态,亦须予以充分重视和估价。

人是古代文明传播和交流最为重要的载体,汉唐间河东地区的人口构成,一直都受到丝绸之路南北各线的重要影响。如魏晋之际灭蜀后，曾把蜀地薛姓等诸多豪族经由关中、洛阳强制迁至汾阴等地，即是一个把西南丝绸之路通道地带的居民，途经长安、洛阳一线合族徙至河东地区的典型。汾阴薛氏西晋尚称"蜀薛"，连同蜀地迁来的陈、丁、韩、郭、黄氏等族，皆被视为外来而合称"河东蜀"。但北朝至唐他们已完全融入河东地区，薛氏更与本土裴、柳等氏并为三大河东著姓之一。另一个典型是东汉以来自河套一带逐渐南徙至晋阳汾水之滨的南匈奴各部，其中代表人物如后来建立刘汉政权的刘渊、刘聪父子，至西晋已精通经史子学而文武兼备，与当朝一流士人王浑、张华等人相过从。诸如此类南、北徙来的人口，对汉唐间河东地区的人口结构及相应的生产、生活方式必定会有深远影响。

汉唐间河东地区文化辉映着大量西域、草原文化因子，现代考古发掘证明了这一点。其典型如 1999 年于太原附近发现的隋代虞弘墓，即综合体现了西域粟特人在宗教、艺术、生活等方面的特色及其定居于当地的状态。近年山西考古界发掘了不少北朝墓葬的壁画，如 1987 年发掘的磁县湾漳北朝壁画墓、2013 年发掘的忻州九原岗北朝壁画墓等，均着力表现了骏马、大车、射猎、穹庐等草原民族的生活。这些墓葬同时也体现了西域及北族各国各部络绎前来中土，深受华夏文化影响及其不同文化在杂糅融合中不断创造、不断开出新篇的趋势。我本人曾在《关于北魏开国时期的文明程度》一文中，以大同沙岭北魏太武帝时破多罗太夫人墓葬壁画为例，据其所示车辕之下多有十字形框架为其底盘，联想《隋书·天文志》等处所载魏初设计制作浑天仪时，创立的十字形水平底盘，认为其自此奠定了直至明清浑仪底盘的基本形制。这个例子，也可说是草原文明与华夏文明交融于平城而催出创造发明的重要个案。

由河东通道南北连接的丝绸之路长安、洛阳一线及草原道东西各线，其各自代表的文明的相互影响亦甚明显。如前赵刘曜从离石南下建都长安，除有破坏也有不少重要的建设和崇儒尚文之举。又如隋唐间著名画家阎立德、阎立本兄弟二人，"其先自马邑徙关中"，皆"尤善图画,工于写真",立德有"步辇图"及"历代帝王像",立本有"秦府十八学士图"及"凌烟阁功臣图"。其人物画风在"其势稠叠,衣服紧窄"的北齐曹仲达和"其势圆转,衣带飘逸"的唐代画圣吴道子之间承上启下,背后则是从贴身合体的胡服至褒衣博带的汉服,自西域等外来画风而愈趋于中原本土化的过渡。故阎氏兄弟堪称是河东通道融汇的文明因子,南至长安、洛阳一线进而影响我国人物画传统的显例。

至于长安、洛阳一线华夏文明经由河东通道而在北方草原地区的传播,则如内蒙古和林格尔东汉墓葬壁画表现的护乌桓校尉幕府活动中,即有不少乌桓、鲜卑人行礼的形象;内蒙古凉城地区发现的古代窖藏中,则有晋鲜卑归义侯、乌桓归义侯金印、鲜卑率善中郎将银印和镌有"猗㐌金"字样的饰牌;这都是北族酋长接受朝廷封赠又深受长安、洛阳一线文明影响的表现。此外,自河东北入漠南、北地区的传统交通线所经地区,墓葬中不时发现有汉晋以来铜镜、陶器及器物制作、加工工艺等遗物遗迹,亦可说明同样的问题。《水经注》佚文(《太平御览》卷四五引)说北魏后期以来五台山已"多佛寺,四方僧徒善信之士多往礼焉"。显然也是河东与南、北丝绸之路各线所经地带相互影响的例子。

更为典型地体现了河东通道在连接丝绸之路南北各线时的地位的,当然还是位于其南北两端的大同云冈石窟和洛阳龙门石窟,两者在艺术风格上的特色和变化,显示了西域、草原文明和中原文明在平城一带的初步融合,再到北魏后期至唐洛阳一带的进一步交融。这在美术史上又均可联系上面所说阎氏兄弟画风在曹、吴之间承上启下的地位来加以考虑,足以视为丝绸之路各线所经地带的文明因子,经由河东通道汇聚和交融于南北两端的缩影。如果再由此考虑其他一系列相关石窟的分布、扩散之况,则更有助于勾勒云冈石窟和龙门石窟的来龙去脉及其与丝绸之路南北各线关联的线索。

从发展的趋势来看,汉唐以后西北和北边形势发生变化,全国政治、经济重心东移,长安、洛阳一线地位下降,陆上丝绸之路传统干线因阿拉伯势力崛起西域而格局有变,海上丝绸之路则日渐兴盛,河东地区在沟通丝绸之路南北各线时的原有地位,自亦与以往有所不同。但总体说来,汉唐间河东地区既长期充当其南北相连的主要通道,在上面所说人口结构及生产、生活方式上形成的基础,显然仍在继续发生影响。如河东地区商业传统虽经一变再变而仍强劲,其与草原道各线的关系已明显突出起来,其南下各地经营扩展的足迹也仍相当活跃,这些对元明清日渐清晰起来的"晋商"传统具有何种意义,也是一个甚有兴味的问题。

3. 东胡、北狄南下路线与汉唐间的河东

在解释河东地区何以成为丝绸之路北方草原各线与长安、洛阳东西各线最为直接、便捷的通道时,汉唐间北狄、东胡南下路线往往首先汇聚于河套一带,可能是一个值得加以重视的现象。

东胡和北狄是阿尔泰语系各族最为重要的两支,也是我国古代北族最大的两个族系,都对中国历史发生过重大影响。东胡即通古斯语支的乌桓、鲜卑、契丹、女真、蒙古等,其策源地皆在大兴安岭北至贝加尔湖地区,其南下路线因山河形势和边塞布局常自东北而向西南,在汉唐间多从前面所说的漠南民族迁徙通道抵达河套一带。北狄一般认为属于蒙古语支,包括匈奴、丁零、柔然、突厥、回纥等,虽族源复杂多端而崛起兴盛皆在漠北,其南下漠南的路径因受瀚海阻隔,多循水草分布趋向阴山西北,穿过从高阙至白道的若干山间通道东南抵于河套一带。就是说,汉唐间北狄和东胡南下的干线地带,一从西北向东南,一从东北向西南,呈"V"字形而交叉汇聚于河套一带,每到小冰期到来,其规模、频次则尤甚。

北族这两条大的南下路线走向及其交汇于河套一带的情况,在历史上有过不少记载。其典型如唐太宗以来的"参天可汗道"直至回纥时期仍盛不衰,其在阴山内外的基本走向即从乌兰泊东南至鹈鹕泉,穿越"高阙"及附近陉口而抵河套北侧。这条道路如此命名及相关设施的续

有修葺,固然是在唐太宗被北族奉为"天可汗"以来,但其作为漠北族群南下的干线和商旅要道,渊源可溯至秦汉以来,并且长期都在漠北与中原交通史上具有重要地位。东胡族群由东北而西南的迁徙路线,著名的事例如源出东北大鲜卑山的吐谷浑、秃发等部,即在汉魏间由漠南迁徙通道经河套而西下,最终分布于河西及青海一带;而拓跋部则自河套东向云中地区又南下大同,再由河东出华北灭后燕,建立北魏而统一了北方。

河套一带素来水草丰美,农牧皆宜,尤其东向呼和浩特左近地区,历代既是北族南下交汇之地,又是中原政权与之互市交往、设官控驭的重镇。汉唐间汇聚或往来于此的北方各族,由此继续南下的干线主要有二:一是沿黄河前套、后套南至西套(今银川一带)可至陕甘、河西,一是从呼和浩特、大同进入河东,只要到了太原即可四通八达。前一路多有荒漠、峻岭而通向中原西北,后一路则沿途富庶而通中原腹地,这应当就是北族由河套南下经常取道河东的重要原因,且因其地理、人文条件,每为战时之险阻和平时之坦途。河东地区这种充当南北沟通主要通道的地位,在五代沙陀等族多自此入主华北的态势仍有体现。至于燕山以东进入华北之路,则因渤海湾海岸线变化,近海平原地带形成较晚,险阻关隘不下勾注雁门,秦汉至唐宋间非为北族南下要途。在东北地区形势变化和东胡立基辽东以前,其地位并不突出。

由上可见,河东地区与北方草原道各线及相关地带的关系,在汉唐间一直占有一个特殊重要的地位,这对唐以后河东地区与草原各族的关系,与明清时山西商业传统的形成,可能具有奠定基础的意义。

四、汉唐间"武川与白道"研究的几个问题

在古代沟通阴山南北的诸多道路中,穿越大青山至于河套以东地区的白道,经常具有特殊重要的地位。而雄踞白道北口的武川,则因地当要冲,纵深辽阔,一直都是捍蔽和控驭河套以东呼和浩特至大同一带的上流重镇①,不仅向南据扼要险,且足向北经略各地,长期皆为中原地区北上草原丝绸之路的要冲。正由于此,其地曾发生过一系列波澜壮阔的历史事件,汇聚了东西南北各族多种文化因子,积累了丰厚的历史文化,对中古史尤其是北朝后期至隋唐历史具有重大而深远的影响。

以下即拟在学界以往讨论的基础上,就汉唐间武川与白道研究的若干问题提供个人的一得之见,还请各位同仁批评指正。

1. 呼和浩特—大同一带与武川、白道的地位

在讨论武川与白道的相关问题,探究、梳理历史上武川地区经济社会的发展过程和区位特点时,必须结合河套以东今呼和浩特至大同一带在中国历史上的重大地位来加以考虑。这是因为,围绕武川与白道发生的大量历史事件,多与呼和浩特至大同一带在古代中国北部农牧交错地带和边塞体系中特殊重要的地位相连。武川与白道的重要性,

---

① 今呼和浩特市区是在明隆庆至万历年间阿勒坦汗筑城的基础上扩展而来的,此前历代据扼白道南口的军政中心皆在其西南及东南一带,而大略不出今呼市辖区范围。今大同市区则在北魏平城的基础上发展而来,大同市今辖四区六县,包括汉以来雁门郡和代郡的部分地区。

经常是由呼和浩特至大同一带的重要性决定的。

　　古代中国北方的农牧交错地带和边塞体系，大抵是沿阴山至燕山一线展开，西汉称"缘边九郡"。即西起河套一带的朔方、五原郡，东至右北平、上谷、渔阳郡，居中的则是河套以东的云中、定襄、雁门、代郡，大致相当于今呼和浩特至大同一带，长期以来均为牵动整个北边安危治乱的枢纽重地。

　　与之相连的历史事件，如战国时期赵武灵王为抵御匈奴，经略北边，始设云中、雁门、代郡，即相当于今呼和浩特到大同一带。其中云中郡治所在今呼和浩特所辖托克托县，汉初又在云中郡东增置定襄郡，治所成乐在今呼和浩特所辖和林格尔县，汉武帝元朔六年（公元前123年）和元狩四年（公元前115年），卫青两次率汉军主力北征匈奴，皆从定襄出发穿越阴山①。唐太宗时李靖讨平突厥颉利可汗，即为定襄道行军大总管由白道袭之；后设单于都护府（曾称瀚海都护府、云中都护府）统漠南而御漠北，治所亦在今和林格尔。辽、金、元皆设丰州，既为控驭漠南西部的重镇，又以商旅繁炽而著称，治所在今呼市东南约二十公里处。这都表明呼和浩特地区自战国以来即为据扼大青山南出要塞，经略北边和抵御漠北南下各族的战略要地。

　　在由此进而南下各线中，东南方向最称坦途，至于大同盆地而农牧条件更为优越，加之其位于阴山、燕山、吕梁与太行山交接地带，不仅足以据守发展，且可进而南下河东，东出河北。故战国赵武灵王即在云中郡以东设雁门、代郡加以经营，秦汉以来其地得失每为北方安危所系。汉初刘邦被匈奴大军围困于白登山，即在今大同城东；汉武帝元光二年（公元前133年）筹划对匈奴开战的马邑之围，则在大同西南一带设伏

---

①　《史记》卷一一〇《匈奴列传》载卫青六次出征匈奴：元朔元年出上谷，小有斩获；元朔二年春出雁门，斩获数千；此年夏出云中以西至陇西，取河南地；元朔五年出高阙，击溃匈奴右贤王部；元朔六年出定襄，有胜有负；元狩四年出定襄，击溃伊稚斜单于主力。后二次皆具决战性质，先后与之策应之军，多出云中、雁门、代郡等地。北京：中华书局，1982年，第2906—2911页。

截其归路；元狩四年卫青率主力从定襄北出击溃匈奴单于之军，同时由霍去病率精骑五万由大同以东出军，击溃其左贤王部。东汉时鲜卑首领檀石槐建王庭于高柳以北的弹汗山，其南的大同地区已首当其冲。至拓跋鲜卑自盛乐（今和林格尔）迁都平城（今大同市区）建立北魏，进又据以统一中国北方，即应视为汉晋以来呼和浩特至大同一带民族关系等诸多事态错综演进的结果，是当时这一地带战略地位不断上升的集中体现。①

进而论之，呼和浩特至大同一带的战略地位之所以极为重要，不仅是因其背山凭河又广袤丰沃，素为农牧皆宜，战守俱长的用武之地，而且是因其作为漠南民族走廊与阴山南北诸孔道的枢纽地带，经常都是漠北、中原及西域和东北各族交流、冲突的中心地区。这就决定了其地往往汇聚四方动态而切关全局，决定了汉晋以来其战略地位不断上升的态势。

所谓漠南民族走廊，即自大兴安岭南部起，西南向至今内蒙古阿拉善地区的地带。这一地带的温、湿条件远较漠北优越，农牧皆宜而文明发展极为悠久。其东部向北的大兴安岭至贝加尔湖一带，向为东胡族系各部的策源地；东部向南经西拉木伦河、老哈河流域的科尔沁草原，可直抵辽东、朝鲜半岛以至日本列岛；中部则北邻漠北，南对华北、河东，密近华夏文明腹心地区；西部循黄河及以西的若干河谷通道，可南至河西地区而入青藏、通西域。因而自古以来，漠南地区均为东胡族系各部、北狄族系各部和西域诸国族群东西往来、迁徙交流的重要通道，也是所谓丝绸之路草原道与经由河西走廊的绿洲传统干道的交界地带。其族群迁徙的典型事例，如发源于东北地区的鲜卑族群至魏晋以来已循漠南走廊徙至河西，史称"河西鲜卑"②。其中秃发部约在曹魏

---

① 北魏孝文帝太和十七年（494年）迁都洛阳后，平城地位虽已下降而仍为重镇。至晚唐置大同防御使、节度使，为"大同"一名之始，其后大同常为整个北方边塞体系的主要支撑点，辽金元皆为西京，至明九边体系仍以大同为最要。

② 《三国志》卷二六《魏书·牵招传》。北京：中华书局，1982年，第732页。

时从居于塞北的拓跋部中分化出来,沿黄河南徙至于河西地区;吐谷浑部约西晋时从辽西一带的慕容部中分化出来,逐站迁徙至今青海一带①。此外,漠南地区考古发掘普遍出现较多的内亚草原文化、西域文化和华夏文化因子,亦皆证明了这一地带作为北方主要民族迁徙和交流走廊的事实。

所谓阴山南北孔道,是指漠北各族穿越大碛、阴山抵达漠南的若干盆谷通道,这当然也是中原王朝北向交流和征伐的要道。秦汉以来自河套一带由西向东,依次有鸡鹿塞、高阙塞、稒阳道、白道及正对大同盆地的今乌兰察布地区,再向东则为阴山与燕山相接的今张北一带,皆因其天然形成的关隘形胜和水草条件相对较好,为古今漠南、北交通干线所经。需要注意的是,由于西北地区生态的演化,中原王朝政治经济重心的东移,也由于北狄族系与东胡族系历史地位的变迁,上述孔道在各时期发挥的作用是不同的。秦汉以来其重心大抵在偏西的高阙塞、稒阳道至白道,秦朝修筑的"直道"北端在今包头西南即可为证。至拓跋代从盛乐徙都平城建立北魏以来,两地所在的朔州至恒州为其根本重地,穿越阴山诸道的重心已明显东移,至于隋唐则白道至今张北一带地位愈重。唐以后大同地区长期成为"北方锁钥",即由于此。

由此可见,汉唐以来连接漠南、北各条交通干线的实际作用和地位,大体上是以正对今呼和浩特—大同地区的白道至今集二线为中心,呈现先是偏西,而后偏东的变化趋势。究其原因,一是如前所述,呼和浩特—大同一带实为漠南民族走廊的居中枢纽,不仅漠北各族至此向南、向东、向西均更便捷,东北和西域各族至此南下北上亦然。二是由此向南的河东、河北向为华夏文明的腹心地区,无论边贸、交流,还是迁徙、战争,由此南下最为直接,吸引力也最大。三是由此向北至今乌兰

---

① 崔鸿撰、汤球辑补、聂溦萌等点校:《十六国春秋辑补》卷三〇《前燕录八·吐谷浑》、卷八九《南凉录一·秃发乌孤》。北京:中华书局,2020年,第371—372页、第991页。

巴托以西的鄂尔浑河谷盆地，自匈奴以来多为漠北草原帝国的王庭所在，长期都是草原丝绸之路四通八达的重要枢纽。这一点对白道以西的稒阳道、高阙塞来说同样适用，但前两点则为其所不备。

　　要之，呼和浩特—大同一带之所以成为古代中国北方农牧交错地带和边塞体系的重心所在，除其他种种条件之外，关键在于其乃漠南民族走廊与阴山南北诸孔道两个中心叠合的枢纽。故在讨论武川与白道的历史地位及与之相关的问题时，也就不能不意识到：正对这个枢纽地带的白道，正是穿越阴山南北各道相对最为便捷的干线；处于白道北口一带的武川，又是一个原野辽阔、河流纵横、农牧传统和镇驻经略的条件要较其他各线北部更为优越的地区。也正是与呼和浩特—大同一带紧密关联的这种区位特点，构成了魏晋以来武川与白道的战略地位愈趋于重要，武川与白道及相关历史事件也愈多地见诸史载的基本背景。

2. 北朝至隋唐白道与武川的名与实

　　穿越大青山的"白道"和位于其北的"武川"①，从北魏直至隋唐一直都是切关北方边塞体系和族群关系的重要关键词。在当时这两个专称流行的现象背后，有一些问题和史实是需要注意和予以明确的。

　　"白道"与"武川"作为专称皆始于北魏，代表性文献即是《水经注》和《魏书》。《水经注》约撰于北魏孝昌元年（525年）以前，作者郦道元曾在太和十八年（495年）随从孝文帝北巡怀朔、武川、抚冥、柔玄诸镇，结合文献按考其山水，孝明帝时又协同李崇详筹北镇改州备边诸事，故

---

① 汉以来史籍或以大同附近的武州水为"武川"，如荀悦《汉纪》卷一一《孝武皇帝纪二》元光二年马邑之围，"单于乃将十万骑入武川塞"。张烈点校：《两汉纪》，北京：中华书局，2017年，第179页。而《汉书》卷二六《天文志》载元光二年十一月，"单于将十万骑入武州"。第1305页。同书卷九四上《匈奴传上》载其时单于"以十万骑入武州塞"。第3765页。《魏书》卷一〇二下《地形志二下》载魏末荆州北清郡领武川、北雉二县。北京：中华书局，1974年，第2635页。皆为同名异指。

其对"白道"和"武川"的记载相当翔实,足为今人确定其方位时的依据①。魏收《魏书》撰成于北齐,所据则为北魏官修的国史,最早可追溯至魏初以来修撰的《国记》。《魏书》载明元帝泰常四年(420年)十二月癸亥,"西巡,至云中,踰白道,北猎野马于辱孤山";又载献文帝皇兴四年(470年)八月在女水之滨大破柔然,"改女水曰武川"②。这两条记载的原始依据必为当年北魏《国记》所存,乃是今人所知以"白道"及"武川"指称穿越大青山之路和其北之地的最早记录。

关于"白道"一称的由来,一说是因其路面色白得名。其说虽或可从,但无助于解释为什么此路早已有之且甚重要,"白道"之称却要到北魏才见于史载的问题。在长期以来当地和外来族群对此路的可能名称中,上引明元帝自云中"踰白道"的记载,应可标志此前北魏的兵要道里文档及史官记录,已以"白道"为穿越大青山之路的正称,这才是其得以统一取代民间对此的杂称而频见于史籍的关键,同时也是上承北魏有关传统的齐周隋唐沿用"白道"之称的直接原因。由此就必须考虑拓跋鲜卑抵达匈奴故地,进而又以盛乐为其统治中心后,经常出入于大青山南北的历史。尤其是拓跋珪迁都平城建立北魏以前的登国年间,曾屡率大军讨击库莫奚、高车、柔然各部,北抵于弱洛水、女水、南床山等地,其虏获动辄数十百万。而盛乐时期从云中穿越大青山实为敌我双方往来最要之道,其路也就必因车马牛羊所践及军士修葺而颇具规模③。

---

① 《水经注》对白道、武川的记载,集中于卷三《河水》注芒干水流经诸处。但其书至北宋开始残缺,又因转辗传抄而经、注相淆,错讹甚多,虽累经清人和现代学者整理,但仍存在不少问题。如其述白道中溪水"南流迳武川镇城"数语,长期以来为判断武川镇城位置的疑难所聚。参见松下宪一:《白道考——北朝隋唐时期的草原之道》,收入楼劲主编:《魏晋南北朝史的新探索:中国魏晋南北朝史学会第十一届年会暨国际学术研讨会论文集》,北京:中国社会科学出版社,2015年,第489—499页。

② 《魏书》卷三《太宗纪》、卷一○三《蠕蠕传》。第60页、第2295—2296页。

③ 《魏书》卷二《太祖纪》载天兴二年正月至二月北讨高车,卫王仪追击其余部虏获甚众,其中包括"马五万余匹,牛羊二十余万头,高车二十余万乘"。第34页。可见白道的形成必定也与长期以来南下北族牛马所践和车辙所经相关。

这些上距明元帝"蹦白道"仅三十多年的事态,实际上已为北魏建立以后有关文档和史官记录之所以用"白道"为此路正称提供了背景。

需要注意的是,见于北朝及隋唐文献的"白道",经常都是从云中一带穿越大青山若干大小道路的总称。如北魏太武帝时的大将来大千曾"镇云中,兼统白道军事"①;北齐文宣帝时,"以蠕蠕为突厥破散,虑其犯塞",遂诏大将斛律金"屯兵白道以备之,多所俘获"②;隋文帝时,突厥启民可汗上表陈谢,称其种落归投于隋,"或南入长城,或住白道,人民羊马遍满山谷"③。这些记载中的"白道",都很难解释为一条单独道路。《太平寰宇记》卷四九《河东道十·云州》云中县阴山道条引《冀州图》,述白道川"南北远处三百里,近处百里,东西五百里",从原阳镇北上大青山,"当路有千余步地,土白如石灰色,遥去百里即见之,即是阴山路也。从此以西及紫河以东,当阴山北者,惟此道通方轨,自外道皆小而失次者多"④。由此可见宋人已把白道归为所指较泛的"阴山道",且可见白道干线的东西两侧,还有多条相对狭小而失于记载的道路。由于大青山区多石灰岩地,穿过其地的大小路面殆无不偏白而可总称"白道"⑤,况且从军事角度来看,所谓"统白道军事"或"屯兵白道"之类,也只能释为总扼其大小各条道路方合情理。在看待其他各种记载中的"白道"时,恐怕都应注意这个问题。

---

① 《魏书》卷三〇《来大千传》。第725页。
② 《北史》卷五四《斛律金传》。北京:中华书局,1974年,第1966页。赵超《汉魏南北朝墓志汇编》收录的北齐《郑子尚墓志》称其祖父北魏熙平时为"白道镇将"。天津:天津古籍出版社,2008年,第468页。《金石萃编》卷一〇〇《唐六十·王忠嗣碑》称其六世祖在北齐曾任"白道镇将"。上海:扫叶山房,1912年石印。
③ 《隋书》卷八四《突厥传》。北京:中华书局,1973年,第1873页。
④ 宋乐史撰、王文楚等点校:《太平寰宇记》,北京:中华书局,2007年,1035—1036页。
⑤ 《北史》卷六《齐本纪上·神武纪》述高欢祖父高谧徙居怀朔镇,其父高树"住居白道南",高欢即生于此地。第209页。此"白道"当然不可能在武川镇,而是其西邻怀朔镇境内大青山中的另一条灰白色道路。

四、汉唐间"武川与白道"研究的几个问题　93

关于"武川"之名及其所指,北魏献文帝大破柔然后改女水名为"武川"①,前已指出其为今见白道以北地区称"武川"的最早记录。紧接着,《魏书》即载献文帝"还至武川镇",从驾文臣高允奏上了《北伐颂》,这是今知"武川镇"名出现最早者②。由此就产生了作为女水改名的"武川"与"武川镇"名究竟是何关系的问题。考虑到"武川"意即用武之川,先以此为军镇名,再以此改女水之名,的确不合常理。较大的可能是女水改名武川后,驻统白道及以北地区的军镇再随之改称。从献文帝这次北征麾下大将源贺的任职来看,本传载北魏此役班师后,即以贺"都督诸军,屯漠南"。"漠南"是指大碛以南之地,亦当包括白道以北的武川一带。到源贺之子源怀在宣武帝时上奏,则称当年其父"都督诸将,屯于武川"③。这似乎也可表明献文帝北伐柔然班师之时,源贺屯驻地尚不称武川,故本传唯载其"屯于漠南",不久以后统属其地的军镇

---

① 这条"女水",一说在漠北今蒙古国西南。《资治通鉴》卷一三二《宋纪十四》明帝泰始六年记北魏此役,胡三省注:"按《魏纪》,女水当在长川之西,赤城之西北。后魏置武川镇,《隋书》:宇文述代郡武川人,代郡指代都平城也。魏都平城,谓之代都,代都以北,列置镇将。其后罢镇置州,则武川属代郡。"是以女水在北魏武川镇境内。上海:上海古籍出版社,1987年,第884页。据《魏书·显祖纪》载皇兴四年"九月丙寅,舆驾北伐,诸将俱会于女水,大破虏众……壬申,车驾至自北伐"(第130页);《蠕蠕传》则载此役"旬有九日,往返六千余里"(第2295页)。今案19天内大军往返6 000余里绝无可能,丙寅至壬申则仅7天,至甲申方为19天。今大同至武川公路里程不到300公里,至武川以北加返程,举其大数约合当时1 600余里,亦仅精骑可19天往返。况献文帝当时甚忌太后,方思禅位,实无意旷日持久追歼柔然,故因此役改名的"女水",恐怕只能在武川以北至碛口一带,不可能深处于漠北。

② 《魏书》卷四八《高允传》。第1085页。需要指出的是,高允正是当时北魏《国纪》的主修者,其行状家传必是在孝文帝初高允死后形成的,北魏国史从编年体《国纪》改为纪传表志之体则在太和十三年,因而《高允传》这条"武川镇"名的记载时期应当较晚。

③ 《魏书》卷四一《源贺传》、附子《源怀传》。第921页、第925页。

既已改名①，源怀上奏遂称其父当年"屯于武川"。

北魏北边建镇甚早，六镇并置至晚是在太武帝时。由于云中和白道地位至要，当时必定已有控制白道并经略其北地区的军镇，只是史籍未载其称。参加本次会议的自治区考古所张文平先生认为，此镇本名云中，献文帝时才随女水改名武川。这一看法值得重视，也合乎上引太武帝时来大千"镇云中，兼统白道军事"等记载②，却也意味其镇城在早先可能位于白道南口一带，其必要的城戍设施则可前出至白道以北。到献文帝伐柔然得胜，此镇随女水改名武川前后，其镇城当已北移至上述源贺所屯驻的漠南"武川"，即碛口以南、白道以北某个开阔易守的河川地区③。再到《水经注》载宣武帝景明中所筑的武川镇城，其方位又退至白道北口附近，即白道岭北阜魏帝行宫阿计头殿的东北一带。

考虑到这些情况，北魏的武川镇辖区，自然就会在不同时期出现伸

---

① 《魏书》卷七上《高祖纪上》延兴四年十二月，"诏西征吐谷浑兵，在句律城初叛者斩，次分配柔玄、武川二镇。斩者千余人"。第141页。同书卷一一二下《灵徵志下》载太和元年三月，"武川镇献玉印，青质素文，其文曰'太昌'"。第2957页。这两条"武川镇"的记载上距献文帝改女水之名仅五六年，其性质也要比列传所载更近实录。北魏国史从编年体改为纪传体在太和十三年后，其列传所本主要是入传诸人死后的家传和请谥行状，也就难免出现《魏书·源贺传》与《高允传》所记"屯于漠南"与"还至武川镇"的出入。

② 《魏书》卷三〇《安同传》附《安原传》载明元帝先以其"出监云中军事"，继"任以为将，镇守云中"，屡破犯塞之柔然。第714页。同书卷三七《司马楚之传》载其太武帝时至文成帝末为"云中镇大将"二十余年，其子司马金龙继任，至其弟司马宝龙孝文帝时继为"云中镇将"前（第857—859页），所辖或限于白道以南，而武川已别为一镇。赵超《汉魏南北朝墓志汇编》收录的北魏《奚智墓志》述其本属达奚氏，祖父内亦干曾为"云中镇大将"，推其时期当在太武帝时或其前。第50页。《周书》卷一六《独孤信传》载其云中人，其先为部落大人与魏并起，"祖俟尼，和平中以良家子自云中镇武川，因家焉"。北京：中华书局，1971年，第263页。

③ 《魏书》卷一〇三《蠕蠕传》载此役北魏分东、中、西三路进兵，中路以元赐、罗乌拔督军为前锋，"源贺督诸军为后继"，再会师于女水之滨而战之。第2295—2296页。因而贺源在战后之所以督诸军而屯于武川，盖因其为大军之"后继"时屯驻于此，其地既须屯驻、转运兵马粮草辎重，自必开阔易守取水方便，极有可能即镇城所在。

缩,至于"武川"之名所指之地,则更不免前后变化。如《水经注》述白道中溪水"发源武川北塞中,其水南流迳武川镇城"。若其文字不误的话,这里的"武川"显然是指景明中所筑武川镇城,应是当时整个武川镇辖区的南端。又如北周至隋唐文献记载的那些祖先徙居武川的帝王及其文武大臣,大量均是经过孝明帝改镇为州和六镇之乱以来的族群流动、政权易手和政区调整,最终在北周认籍、著籍于代郡武川县之人,而此县的范围,当然要小于北魏的武川镇和魏末以来设置过的武川郡①。这些人物对自家先人在魏初以来迁徙定居于此的追溯,多是用后起的"武川"之名指称其祖当年的戍守、为官之地,不能作为魏初这一带已称"武川"的证据,只能说明白道以北地区在魏初以来确有安置的部落和戍守的官兵。由于魏末至北周白道南北的区划改易和名称变动十分频繁,其地所属甚至连史官也已含糊不清②,而时人在认籍之时,又不免会以北周皇室、贵臣的乡里故旧为荣,也就易发生家于北魏武川镇者皆欲落籍北周帝乡武川县的倾向。这种从北魏前期的武川镇到魏末改镇为州后的武川郡、武川县,再到隋唐撤销其建制而"武川"之名仅存于人

---

① 庾信撰、倪璠注、许逸民校点:《庾子山集注》卷一三《周上柱国齐王宪神道碑》述其"恒州武川人",宇文泰之子。北京:中华书局,1980年,第732页。同书卷一五《周骠骑大将军开府侯莫陈道生墓志铭》述其"朔州武川人",与宇文泰同乡里。第946页。可以看出两处提到的"武川",大约都是魏末以来的武川郡,而时属恒州,时属朔州。而《魏书》卷一〇六上《地形志上》朔州条载其孝昌中改怀朔镇而来,下属有神武郡。第2498—2499页。神武郡即应由武川镇改来,武川郡或是北周人对此郡的改称。

② 《北史》卷九《周纪上·太祖纪》述宇文泰为"代郡武川人"。第311页。《周书》卷一六《侯莫陈崇传》(第268页)、卷一七《若干惠传》(第280页)、《王德传》(第285页)及《隋书》卷六一《宇文述传》载诸人籍贯亦为"代郡武川人"(第1463页)。但《周书·太祖纪》及《北史》诸人本传皆记作"代武川人"。这应当反映了不同史官记述诸人籍贯的不同笔法,"代武川"作为较泛的指称,可免诸多纠葛。

们传说记忆的历程①,也是我们今天看待有关武川的传记、碑志时一个必须注意的问题。

3. 北魏六镇中的武川镇及其特殊性

武川为什么成为北朝后期至隋唐的"帝王之乡"? 这首先是由于武川镇人宇文泰在魏末六镇乱中势力崛起,据有关中建立了西魏,并以一系列举措为北周代魏和统一北方奠定了基础,也就为追随宇文氏的大批武川人提供了建功立业的机会。其典型如后来杨坚代周建立隋朝,李渊代隋建立唐朝,其原初就是因为其祖作为宇文氏武川故旧,在西魏以来都已成了权势最盛的八柱国之家。当然除后来诸多风云际会的机缘外,无论宇文氏还是杨氏、李氏,其势力的不断壮大也是因为其人确有卓绝过人之处。这就需要从北魏武川镇的诸多特殊之处和武川镇人成长的特定环境条件说起了。

北边"六镇"在北魏太武帝时已经并置,当时其构成和名称今已难知其详。若按一般所说孝文帝前后之况,六镇自西向东依次为:沃野镇,经略五原,扼阴山鸡鹿塞、高阙塞南下之路;怀朔镇,扼穿越阴山南下的梱阳道,与沃野镇共同捍蔽河套;武川镇,扼阴山白道,与怀朔镇共同捍蔽河套东出的白道川及其以南地区;抚冥镇,扼阴山北麓武要北原(今卓资县北)及其西北今锡拉木林河谷地带,与武川镇共同经略白道以北地区;柔玄镇,扼阴山牛川(今集宁以北山地)一带,与抚冥镇共同经略殷繁水上游(今察右后旗白音淖一带)至察汗淖(今阿巴嘎旗南查

---

① 独孤及:《毗陵集》卷一《癸卯岁赴南丰道中闻京师失守寄权士繇韩幼深》:"……诘屈白道转,缭绕清溪随。荒谷啸山鬼,深林啼子规。长叹指故山,三奏归来词……白云失帝乡,远水限天涯。昂藏双威凤,曷月还两枝。努力爱华发,盛年振羽仪。但令迍难康,不负沧洲期。莫作新亭泣,徒使夷吾嗤。"此诗所述及"白道""帝乡",即是唐代独孤氏对武川一带记忆的文学意象。《四部丛刊》影印清乾隆五十六年赵怀玉亦有生斋校刊本,上海:商务印书馆,1929年,第8页。

干淖尔)以北地区而捍蔽平城;怀荒镇,扼阴山与燕山相接地带诸隘口,与柔玄镇共同经略今张北以北地区。因此,六镇的设置各有重点控扼的阴山南北孔道,同时基本上都两两为对,共同镇抚大碛以南至于阴山的一片较大地区①。在这个布局相当严整的边镇体系中,武川镇不仅位置居中,其形势足以策应和牵动两侧各镇,其所控扼的白道及以北地区,又是北朝至隋唐相继崛起的漠北霸主柔然至突厥各部南下的主要通道,而其捍蔽的白道以南盛乐至平城,更是北魏龙兴之地和都城所在。这都使之备受北魏朝廷和各方关注,也就往往易使四方人员、物资和相应的交流、冲突更多地汇聚于此,从而对武川镇人的成长产生深远影响。

北朝后期崛起的武川镇人,不少都把家世追溯至魏初以来戍守、安置于此的军人或部落"豪杰"。但道武帝以来白道以南仍活跃着高车、丁零等各部族众,其时河曲内外北魏用兵之举史不绝书,柔然可汗也不时"犯塞",直至太武帝时,柔然仍一度攻陷盛乐,亦曾进抵朔州,威胁平城。因而早先北魏戍守或安置于白道以北的军事单位和部落,作为越过阴山的前出据点,只能在频繁的战事和复杂的族群关系中不断开拓才能立足,恐亦难免败军失陷之厄。尽管这也是六镇前沿不同程度皆有的状况,但武川镇的特殊性在于:其所镇抚的白道以北地区既是柔然等族犯塞的主要通道,也常是北魏征讨大军屯驻兵马辎重的集散之地②,因而其不仅承担着更大的战争压力和后勤等多种事务负担,且须经常策应其两侧各镇的行动。这就使武川镇人在面临尤为严酷的生存

---

① 上述六镇以外,太武帝以来又在沃野镇西南设薄骨律镇(治今灵武南)镇抚西套,其南则设高平镇(治今固原)经略陇山以北,二镇控扼了漠南循河南下抵于陇右、关中的交通线,共同捍蔽了关陇地区;另在怀荒镇以东设御夷镇(治今沽源东北),控扼太行北端与燕山一带孔道,与怀荒镇共同捍蔽河北,又向北经略辽西及其西北地区。这些设置也同样体现了六镇各有重点,两两为对经略一地的战略布局。

② 《魏书》卷三七《司马楚之传》载太武帝亲征柔然,"诏楚之与济阴公卢中山等督运以继大军",因其节度有方,拜云中镇大将、朔州刺史。第857页。这是太平真君四年九、十月之事,综合《魏书·世祖纪下》及《蠕蠕传》所载,当时司马楚之等亦当在白道以北督运,其事与后来献文帝北伐时源贺任职相类。

斗争的同时，也身处更为复杂多样的竞争环境，使之除有六镇共有的尚武传统外，还得以更多地历练有关全局的军政调度、粮草转运等事。如此耳濡目染，自然有助于武川镇人形成雄健果决而又善于权衡、善于协同的特点。

六镇不是单纯的军事设置，而是一种适应北魏北边特定形势的军政建制。在六镇建立以来面临的军事压力中，除柔然等族发起的明确战争行动外，绝大部分都是漠北草原部族在气候、交换、族群分化等多重压力下的纷纷南徙，拓跋鲜卑统治中原一事对之吸引和激励也不可低估。对这些散漫不定又不免到处掳掠求生的南徙族群，六镇的主要功能不是军事打击，而是从阻遏、镇抚到吸收安置和编组消化，使之得以化害为利，成为北魏的兵力、人力资源。随着太武帝以来柔然南侵威胁逐渐消除[①]，六镇作为军政建制在这方面的功能就日渐突出了起来。这对武川镇来说尤其如此，因为武川及以东抚冥、柔玄镇正对的云中至平城，即是前面所述阴山南北通道与漠南走廊叠合的枢纽，是北方各族迁徙往来至为重要的集散地带。相比之下，武川以西的沃野、怀朔镇和柔玄以东的怀荒镇则距此较远，其北部皆传统牧业地区，安置消化南徙北族的功能随之亦弱。由此再考虑武川镇境东西长而南北狭，主要包括了白道以北大青山北麓地域较宽、河川较多、农牧条件较为优越的地带，而武川镇北今锡拉木林河谷地带，则是归抚冥镇经略的。这样的布局，意味着阻遏正对云中至平城一带南徙各族的实际上主要是抚冥、柔玄二镇，而武川镇必更多地负责对之安置，将之消化为镇民并策应二镇[②]。这又使

---

① 《魏书·世祖纪》载太武帝后期几乎每夏必巡阴山，既为避暑，亦随宜讨击，镇摄柔然。这标志了阴山北麓一线的形势自此趋于巩固，六镇作为北边军政设置的政治功能开始凸显。

② 《周书》卷一《文帝纪上》载宇文泰祖上世为部落酋首，高祖宇文陵魏初率部来归，"天兴初，徙豪杰于代郡，陵随例迁武川焉"。第1页。《旧唐书》卷一《高祖纪》载其祖李熙为魏金门镇将"领豪杰镇武川，因家焉"。北京：中华书局，1975年，第1页。这些徙居武川或被武川镇所统的"豪杰"，多可理解为安置消化为镇兵的部落成员。

四、汉唐间"武川与白道"研究的几个问题　99

其地更多地汇聚了东西南北各族成员,并有更为深入广泛的各族交流,从而有助于武川镇人形成心态开放包容而擅于整合胡汉各族的特点。

　　关于北魏六镇体系的状态及武川镇人的处境,还有更多的问题有待学界今后探索。从整部北魏历史来看,六镇建制曾经历过三次大的调整:一是太武帝延和年间(432—434年)来大千奉诏"巡抚六镇,以防寇虏,经略布置,甚得事宜"①。这大概是六镇并置以后的一次通盘布局,为各镇战守屯驻等事奠定了基本规模。二是宣武帝景明年间(500—503)源怀"巡行北边六镇及恒、燕、朔三州",其间表奏诸镇将吏、城人处置诸事四十余条及北镇诸戍东西九城之驻军与粮储武库等事五十八条,多见采纳②。此举上距孝文帝迁都洛阳不到十年③,为因应迁都后北边的局势变化而对六镇事宜的又一次大调整,其要是镇官、城人的处置和相应的军事布局,《水经注》所述景明中新筑武川镇城就在此基础上发生。三是孝明帝正光五年(524年)改镇为州、军籍改民之举④。这是适应六镇之乱初起的形势,为改善各镇下层兵将处境的弭乱之举,其贯彻过程则因战乱愈甚而参差不一,或有未果,具体情况史载不明⑤。不难看出,六镇发展的大方向是从重在军事转向重在行政,而六镇之乱的要因,正在于景明年间对诸镇将吏、城人的处置,未能真

---

①　《魏书》卷三〇《来大千传》。第725页。
②　《魏书》卷四一《源贺传》附子《源怀传》。第926—927页。
③　《魏书》卷七下《高祖纪下》载太和十八年七月北巡诸镇,所至皆优抚贫窭孤老,又"诏六镇及御夷城人,年八十以上而无子孙兄弟,终身给其廪粟;七十以上家贫者,各赐粟十斛。又诏诸北城人,年满七十以上及废疾之徒,校其元犯,以准新律,事当从坐者,听一身还乡,又令一子扶养,终命之后,乃遣归边,自余之处,如此之犯,年八十以上,皆听还"。第174—175页。这是在迁都以后的次年,其要针对高年镇人,并非通盘调整。
④　《魏书》卷九《肃宗纪》正光五年八月丙申诏。第236—237页。《北史》卷二七《郦范传》附子《郦道元传》、卷五六《魏兰根传》,第995、第2046页。《魏书》卷六六《李崇传》,第1473—1474页
⑤　参见王仲荦:《北周地理志》附录一《北魏延昌地形志北边州镇考证》,北京:中华书局,1980年,第1031—1129页。

正解决其身受军法管制而实同私人奴役的处境。这背后不可忽略的基本事实，则是六镇经济社会到思想文化发展已达相当程度，胡汉各族镇人的自主、平等意识已在不断抬头，其应有的权利却无保障反被践踏。孝文帝迁都以后的北魏朝廷正是由于对此趋势认识不足，才会使北镇存在的一系列矛盾持续放大而酿成了大乱。

以往学界在北魏六镇的相关问题上，偏于强调其崇武少文的"胡化"色彩，对其发展过程中更多"汉化"的一面，对这两个进程本身的交流互补内涵则揭示不够，也就未能深入研究不断迁戍北边，不断被安置编组的胡汉各族镇人从经济生活到意识形态的成长发展问题。也正是在这个方面，武川特有的区位特点同样有一定优势。除前已提到的外，武川镇在六镇中相对较高的地位①，白道作为漠南北主要商道发挥的巨大作用，白道以北地区河流较多又相对辽阔的宜农条件，都意味着这里汇聚了更多的人流、物流和思想文化资源，使之具有更好的发展基础，展开更为丰富多样的经济和社会活动。这些无疑都是造就北朝后期叱咤风云的大批武川镇人的重要前提，也是今后有关研究尤其需要加强的一个方向。

---

① 《魏书》卷三一《于栗䃅传》附《于昕传》载其孝明帝时历官"扬烈将军怀朔、武川镇将、中散大夫"（第747页）；卷四四《苟颓传》附子《苟恺传》载其"累迁冠军将军柔玄、怀荒、武川镇大将"（第994页）。这些迁转之例大体可说明武川镇将地位高于怀朔、柔玄、怀荒等镇。

五、汉魏以来凉州所出的若干符谶

符谶之"符"指符命,为天命所归的象征①;"谶"指征象、预言,即以天地表征、图纹物象、谣谚文记等显示出来的预兆②。故所谓"符谶",也就是象征、体现了天命的星谶、图谶、谣谶、纬谶之类。这是中国古代政治文化的特定组成部分,是在确认王朝建立必须"顺乎天而应乎人"的前提下,证明其统治者确为天命所归的必需论据。在天听自我民听、天意自我民意的政治逻辑中,经过多重无意识构拟传播和有意识解释放大的符谶,常被解作人心向背的象征,无妨看成是朝野舆论互动的重要风向标。中国古代不少地方都曾出现过符谶,其中绝大部分都与割据于当地的政权相关,凉州一带亦不例外,如西晋以后五凉政权更替到唐末至宋的归义军政权时期,均有多种符谶见于文献。但若不是各地皆有,而是独有某地出现了预兆全国性政权更替或皇位变动的特定符谶,且此地在较长时段内一再出现这类符谶,那么其背后一定存在着此地已牵动全局的某种独特性,可以视之为揭示其区位特点或优势的重要线索。汉魏以来的凉州,正是一个屡屡出现这类符谶的地区。

---

① 陈槃:《秦汉间之所谓"符应"论略》,载《中央研究院历史语言研究所集刊》第 16 本,1948 年。
② 陈槃:《谶纬释名》《谶纬溯原(上)》,俱载《中央研究院历史语言研究所集刊》第 11 本,1944 年。

1. 汉晋间凉州一带所出的符谶

自汉武帝击匈奴,开河西,设郡县,至元封五年(前106年)划定凉州刺史部,自此凉州皆领河西诸郡而及于陇西,治所多在河西走廊东部即石羊河绿洲中部的姑臧。其地山川雄伟,平畴广阔,水草丰美而族群繁炽,既为沟通西域的丝路都会,又是漠南走廊西南向至于河湟、河西的枢纽地带,故足以经略周围,控驭西域,隔断羌狄,捍蔽关陇[1],不仅常为河西重心和西北重镇,且亦关乎举国治乱,此即凉州地区屡出全局性符谶的基本背景。

从文献明确记载的情况来看,凉州地区出现预示全国政权更替或皇位变动的符谶,是从汉魏之际开始的。《艺文类聚》卷六二《居处部二·阙》引王隐《晋书》曰:

> 汉末,博士敦煌侯瑾善内学,语弟子曰:"凉州城西有泉水当竭,当有双阙起其上。"魏嘉平中,武威太守起学舍,筑阙于此。[2]

侯瑾所善之"内学",是指天文图谶之类[3],故其在东汉末年预言凉州治

---

[1] 《盐铁论·西域第四十六》载大夫曰:"胡西役大宛、康居之属,南与群羌通。先帝推让斥夺广饶之地,建张掖以西,隔绝羌胡,瓜分其援。是以西域之国,皆内拒匈奴,断其右臂,曳剑而走,故募人田畜以广用,长城以南,滨塞之郡,马牛放纵,蓄积布野,未睹其计之所过也。"即道出了汉武帝经略河西的重大战略意义。王利器校注:《盐铁论校注》卷八《西域第四十六》,北京:中华书局,1992年,第499页。

[2] 《水经注》卷四〇《禹贡山水泽地所在》"都野泽"条引王隐《晋书》述侯瑾预言及曹魏武威太守筑学舍双阙之事较详,可参。郦道元著、陈桥驿校证:《水经注校证》,北京:中华书局,2007年,第952页。

[3] 汉魏以来"内学"大略指谶纬天占运历之学,《三国志》卷二三《魏书·常林传》裴注引《魏略·清介吉茂传》述建安时"科禁内学及兵书"。北京:中华书局,1982年,第660页。《太平御览》卷六四二《刑法部八·徒作年数》引《晋律注》谓"有挟天文图谶之属,并为二岁刑"。这条晋律即从曹魏科禁内学而来,内学指天文图谶之类。北京:中华书局,1960年,第2877页。

所姑臧城西"当有双阙起其上"亦为符谶。双阙是指矗立于通衢两侧之高柱或楼阁,侯瑾所语显然与当时流行魏当代汉的"当涂高"之谶相关。此谶早已出现于两汉之际,东汉末年则被广泛视为魏将代汉的符谶①。《三国志》卷二《魏书·文帝纪》载其即位之事,裴注引《献帝传》述禅位之前,"太史丞许芝条魏代汉见于谶纬于魏王",其中即有:"当涂高者,魏也;象魏者,两观阙是也;当道而高大者魏"②。由此即可明白,汉末侯瑾语凉州城西"当有双阙起其上",是在应谶而言魏将代汉,同时也可视为凉州有王气蕴积的预告③。这是因为寓有"王者再出"之义的"当涂高"之谶在曹魏代汉后仍在流行④,加之禅汉之事并非人同此心,魏晋之际的政局又诡谲多变,而两汉以来凉州常为牵动举国政局的重镇,为诸方人士和政见风潮所荟萃,在这方面确有潜流涌动。故到齐王芳嘉平年间,武威太守仍须特意在城西兴筑学舍双阙,以厌此谶。

关于当时凉州一带的政治潜流,建安至曹魏青龙年间张掖柳谷石谶的不断显现即可为证。《宋书》卷二七《符瑞志上》:

> 汉元、成之世,先识之士有言曰:"魏年有和,当有开石于西三

---

① 《后汉书》卷一三《公孙述传》及李贤注引《东观书》载当时流行"代汉者当涂高"之谶,称帝于蜀地的公孙述即以己名"述",字形乃"当途立木",合应此谶。北京:中华书局,1965年,第538页。同书卷七五《袁术传》载其东汉末亦曾用当涂高之谶,理由也是其字公路,而其名"术"之字形亦为当途立木。第2439页。

② 《三国志》,第64页。

③ 王隐《晋书》记此事或为前凉张本,其书约成于东晋成帝时,后续有修订,故前凉自奉晋正朔至改元自立、增筑姑臧城等举措,皆王隐身知之事。又《晋书》卷六〇《索靖传》载其"有先识远量",知阴阳气运,约晋武帝时即预言姑臧城南石地后当起宫殿。"至张骏,于其地立南城,起宗庙,建宫殿焉"。靖亦擅内学而预言凉州王业者。北京:中华书局,1974年,第1650页。

④ 《晋书》卷三九《王沈传》附子《王浚传》载其八王乱后据有幽冀,永嘉以来遂承制置公卿官,以至设坛告类,立皇太子。又载"浚以父字处道,为'当涂高',应王者之谶,谋将僭号"(第1149页)。以此联系前引公孙述、袁术之例,足见当涂高之谶非必与魏相连,而可泛泛预言王者将出。

千余里,系五马,文曰'讨曹'"。及魏之初兴也,张掖删丹县金山柳谷有石生焉,周围七寻,中高一仞,苍质素章,有五马、麟、鹿、凤皇、仙人之象。始见于建安,形成于黄初,文备于太和。至青龙三年,柳谷之玄川溢涌,石形改易,状似云龟……当时称为祥瑞,班下天下。处士张臶曰:"夫神兆未然,不追往事,此盖将来之休征,当今之怪异也。"既而晋以司马氏受禅。①

此事亦载于东晋干宝《搜神记》、孙盛《魏氏春秋》、习凿齿《汉晋春秋》等处②。综合诸书所述的柳谷石谶之文,其中可注意者,一是皆有"讨曹"字样,此可代表河西一带至于各地对曹魏代汉的不满情绪;二是石文居中为白色群马,并有"水""金"等字,可释为司马代魏、晋为金行之谶;三是青龙三年石形改易后,群马图北又显牛纹,后人解作"牛继马后",并传说东晋元帝实为牛姓将吏与琅邪王司马觐之妃私通所生,以石文为司马氏易为牛氏政权之谶。③

由此再据上引文所述石文出现前后及其显露、变化的时期,可见西汉以来长安一带似有凉州将出石文谶兆之说,至建安末年及曹魏代汉

---

① 《宋书》,北京:中华书局,1974年,第781页。

② 俱见《三国志》卷三《魏书·明帝纪》青龙三年十一月丁酉裴注所引(第106页),诸处载石文内容大同小异。顾祖禹撰、贺次君等点校:《读史方舆纪要》卷六三《陕西十二·甘肃镇》"川岩"条述"大柳谷,在镇东南百里,与山丹卫接境"。北京:中华书局,2005年,第2978页。

③ 《宋书》卷二七《符瑞志上》载司马懿因柳谷石文马后有牛,遂酖杀宠将牛金,又载"元帝母夏侯妃与琅邪国小史姓牛私通,而生元帝"。第783页。《建康实录》卷五《中宗元皇帝》亦载此事而记小史名牛钦。北京:中华书局,1986年,第128页。《晋书》卷三一《后妃传上·武悼杨皇后传》载东晋成帝时议复其配享,虞潭议称"太宁二年,臣忝宗正,帝谱泯弃,罔所循按"(第956页)。是西晋末帝谱毁于乱中,宗室世系失其所据,遂使司马睿生父牛氏说得以流播。《魏书》卷九六《僭晋司马叡传》则载叡为牛金与夏侯妃私通所生而"冒姓司马"。北京:中华书局,1974年,第2091页。至唐元行冲作《后魏国典》,又以拓跋昭成帝什翼犍"继晋受命"为"牛继马后"石谶所指。见《旧唐书》卷一〇二《元行冲传》,北京:中华书局,1975年,第3177页。

以后,果有柳谷石文明示汉魏、魏晋易代,魏明帝以来又有石文变化及两晋更替的谶释出现。这种预兆中原王朝易代的符谶接踵在柳谷石文显现的过程,正应视为汉武帝以来开河西、通西域、立州部、抚羌胡,再历经隗嚣起事、董卓入洛而凉州地位已举足轻重,各族豪杰和中原人士多往来汇聚于此而纵横捭阖,遂使其地舆情渐得与举国政局密切互动的写照。

2. "胡运将终"之谶的西凉文本

西晋灭亡后,北方血火弥漫而五胡驰骋,得以相对安定者,惟守境保土的凉州张氏政权与自承正朔的江东司马氏政权遥相呼应。当此之时,中原士大夫不为五胡所屈者,若非南渡即多西附张氏,长期以来汇聚于此的各族豪杰亦有不甘蛰伏而谋王图霸业。这就使凉州成了两汉魏晋文化传统存亡继绝的要地[①],同时也奠定了河西五凉政权相继称王称霸的基础。前述汉晋间凉州符谶所反映的各种政治潜流和舆情风云,自此又进入了一个新的时期。

此期流传于河西而又关系到整个北方政局的符谶,是见于西凉及此前一段时期的"胡运将终"之谶。《晋书》卷八七《凉武昭王李玄盛传》载其义熙元年(405年)改元建初,遣舍人黄始、梁兴间行奉表诣阙曰:

> 昔汉运将终,三国鼎峙,钧天之历,数钟皇晋……臣闻历数相推,归余于终,帝王之兴,必有闰位。是以共工乱象于黄农之间,秦项篡窃于周汉之际,皆机不转踵,覆悚成凶。自戎狄乱华,已涉百龄,五胡僭袭,期运将杪,四海颙颙,悬心象魏。故师次东关,赵魏

---

① 陈寅恪《隋唐制度渊源略论稿》一《叙论》,上海:上海古籍出版社,1982年。

莫不企踵；淮南大捷，三方欣然引领……①

　　表文所述"历数相推，归余于终"及"五胡僭袭，期运将杪"云云，概括了西凉所认同、期望的北方政治气候及其风向，其表明西凉治下流传着一个五胡相继僭袭而正统终归华夏的谶记，也是今存文献所见"胡运将终"之谶历经演化以后内涵相对完整、天命复归华夏的指向十分明确的文本。

　　此谶较早出现是在攻占洛阳灭亡西晋的石赵治下，其演化过程则真切地体现了五胡时期中原战乱已极而渴盼太平的民心所向。《晋书》卷一○七《石虎载记下》述其建武十二年（347年）以来大兴土木之事：

　　　　沙门吴进言于季龙曰："胡运将衰，晋当复兴。宜苦役晋人，以厌其气。"季龙于是使尚书张群发近郡男女十六万，车十万乘，运土筑华林苑及长墙于邺北，广长数十里。②

　　所谓"胡运将衰，晋当复兴"，应是当时流行关于胡汉气运兴替的谣谶③，所体现的是晋人辗转挣扎于劫难之中的一丝希望。但无良僧人吴进的解释，却反而迎合了胡主对此谶的反应。这也可见劫难一时还未有尽头，及至石虎末年大乱而群雄相争，战火愈甚，人们对结束大乱

---

① 《晋书》，第2259—2260页。
② 《晋书》，第2782页。
③ 东汉至晋皆有胡乱之谶，《续汉书·五行志一》："灵帝好胡服、胡帐、胡床、胡坐、胡饭、胡空侯、胡笛、胡舞，京都贵戚皆竞为之。此服妖也。其后董卓多拥胡兵，填塞街衢，房掠宫掖，发掘园陵。"（《后汉书》，第3272页）《宋书》卷三○《五行志一》："晋武帝泰始后，中国相尚用胡床、貊盘，及为羌煮、貊炙。贵人富室，必置其器，吉享嘉会，皆此为先。太康中，天下又以毡为絈头及络带、衿口。百姓相戏曰，中国必为胡所破也。"（第887页）这是表明戎狄乱华为天运气数注定的服谶与谣谶，至晋末五胡相继而兴，便形成了胡酋为王亦应谶合箓的舆论。

的向往自然也更趋强烈。汤球《十六国春秋辑补》卷三一《前秦录一》载石赵末年大乱,苻洪拥众十余万争夺关中:

> 于是安定梁楞等并关西民望说洪曰:"今胡运已终,中原丧乱,明公神武自天,必继踪周、汉,宜称尊号,以副四海之望。"①

从沙门吴进所说的"胡运将衰",到梁楞等连同"关西民望"着眼于"继踪周汉"而进言"胡运已终",即可体会驱动此谶演化的人心所向,这应当也影响了冉闵杀胡这一惊世之举。②

《晋书》卷一一四《苻坚载记下》载其永兴元年(357年)即位时,曾有术士王彫为之陈说图谶:

> 谨案谶云:"古月之末乱中州,洪水大起健西流,惟有雄子定八州。"此即三祖、陛下之圣讳也。又曰:"当有草付臣又土,灭东燕,破白虏,氐在中,华在表。"案图谶之文,陛下当灭燕,平六州。愿徙汧陇诸氐于京师,三秦大户置之于边地,以应图谶之言。③

上引文中包括了二谶,一是苻氏当崛起于"胡乱之末",至苻坚略定八州之地;二是苻坚当灭燕而兴,且其时的天运气数为氐族各部据有中原,

---

① 崔鸿撰、汤球辑补、聂溦萌等点校:《十六国春秋辑补》卷七六《蜀录一·李特》,北京:商务印书馆,2020年,第382—383页。《晋书》卷一一二《苻洪载记》未载此事。

② 《晋书》卷一〇七《石虎载记下》载冉闵攻石祇时,"道士法饶进曰:'太白经昴,当杀胡王,一战百克,不可失也。'"后文又载自季龙末年以来,冉闵与羌胡相攻,无月不战,"诸夏纷乱,无复农者。闵悔之,诛法饶父子"。第2794—2795页。是冉闵尽诛胡人,似有"太白经昴"之象为征,且有"道士"法饶为说,其时恐必引及"胡运将衰"之谶。"道士"在当时亦指沙门,可见佛教人士在当时这些谣谶传播中的作用。

③ 《晋书》,第2910页。

华夏之人则在周围。前者显然是"胡运将终"之谶的又一文本,后者可注意的是王彤建议徙汧陇诸氏于京师,以应谶言"氐在中"之义;则其移置三秦大户于边地,正可说明"华在表"亦当兼指汧陇以西的前凉治下,并非仅指江东而已。这就透露了前凉自张祚以来虽已不再奉晋正朔,而仍被公认为华夏要域的事实,对于理解前面所述西凉流传的五胡运终之谶来说,这是相当重要的背景。

《晋书·苻坚载记下》后文又载建元之末(385 年)坚被姚苌俘至新平缢死以前之事:

> 苌求传国玺于坚曰:"苌次膺符历,可以为惠。"坚瞋目叱之曰:"小羌乃敢干逼天子,岂以传国玺授汝羌也!图纬符命,何所依据?五胡次序,无汝羌名。违天不祥,其能久乎!玺已送晋,不可得也。"①

这说明陆续流传、变化的胡运将终之谶,至前秦确已出现了五胡依次应运而兴的文本②。从姚苌自以为"次膺符历",苻坚则斥"五胡次序,无汝羌名",可见此谶在"五胡"的构成和次序上存在着不同文本③。苻坚"玺已送晋"之说虽未明言其所据图纬符命的内容④,却还是隐隐表明

---

① 《晋书》,第 2928 页。
② 万绳楠整理:《陈寅恪魏晋南北朝史讲演录》第六篇《五胡种族问题》(一)《五胡次序》。合肥:黄山书社,1987 年,第 83—84 页。
③ 相关研究可参王树民《"五胡"小议》,《文史》第 22 辑,北京:中华书局,1984 年;孙仲汇《五胡考释》,《社会科学战线》1985 年第 1 期;雷家骥《试论"五胡"及其立国情势与汉化思考——兼考"五胡"一名最初之指涉》,收入汪荣祖等主编《胡人汉化与汉人胡化》,中正大学台湾人文研究中心,2006 年;陈勇《从五主到五族:"五胡"称谓探源》,《历史研究》2014 年第 4 期。
④ 《晋书》卷八《穆帝纪》永和八年八月、卷七九《谢尚传》皆载冉魏亡时,传国玺经其督护戴施、大将蒋干等人转辗送晋。第 198 页、2071 页。《太平御览》卷 682《仪式部三·玺》引《燕书》则载蒋干携传国玺诣晋求救,因"黄雾四塞,不得进,易取行玺始得去"。北京:中华书局,1960 年,第 3045 页。可见西晋末以传国玺之下落扑朔迷离,故苻坚"玺已送晋"之语,当可表明其视东晋为正朔所在,而(转下页)

了五胡依次膺运以后,天命将重归华夏①。不难看出,前引李玄盛上表所示胡运将终之谶的西凉文本,正是在姚苌、苻坚所知"五胡次序"之谶的基础上,因凉州一带华夏文化传统的深刻影响而进一步明确了其闰位内涵和最终指向的产物。

就这样,从石赵时期出现"胡运将衰,晋当复兴"之谶;到苻秦建立前后变为"胡运已终""胡乱之末"而氐族当"继踪周汉"为中原之主,进又出现"五胡"概念及其相继应运兴衰的"次序",并且约略指明了五胡运终而华夏复兴的方向;再到其西凉文本所说的"历数相推,归余于终,帝王之兴,必有闰位""戎狄乱华,已涉百龄,五胡僭袭,期运将杪"。可见这五十多年中胡运将终之谶的流传、演化,是在凉州一带形成了其顺应整个北方的政治趋势,兼括北族各部和区分正统、闰位的内涵,最终则明确形成了"五胡依次膺运"而"天命终归华夏"的完整内涵。而其要则是据历代王朝的兴衰来验证历数期运,以闰位不敌正统的规律来说明天意人心,用近世的治乱兴替来解释其预言五胡运终而华夏复兴的归宿。由此即可体会当时凉州一带与江东、中原政局和舆论因应互动的密切关联,而这当然是与凉州既是时人公认的华夏文化要域,又足牵动整个北方形势,且为西北各地各族往来重要枢纽的区位优势分不开的。

3. 北魏再现的张掖柳谷石谶

北魏太武帝太延五年(439年)亲征北凉,攻克姑臧,平定了河西,

(接上页)非魏晋以来传国玺之真实下落。参见田中一辉:《玉玺的行踪——正统性的冲突》,收入《第九届中国中古史青年学者国际会议论文集》,武汉大学,2015年。

① 北魏的建国历程亦受胡运将终之谶影响,道武帝天兴元年(398年)前后取据汉魏之制和儒经典制的各项举措,略可表明此谶流传于代北的形态包括了华夏复兴的内涵。参见拙文《谶纬与北魏建国》,《历史研究》2016年第1期。

结束了西晋末年以来的十六国时期,自此开始偃武修文,力图巩固北方的统一局面和北魏的统治体制。在此过程中,张掖柳谷石谶又出现了新的变种。

《魏书》卷一一二下《灵徵志下》载太平真君五年(444年)二月张掖郡奏称曹魏时柳谷山石所示纹样,忽又呈现了"国家祖宗讳,著受命之符":

> 其文记昭成皇帝讳,"继世四六,天法平,天下大安",凡十四字;次记太祖道武皇帝讳,"应王,载记千岁",凡七字;次记太宗明元皇帝讳,"长子二百二十年",凡八字;次记"太平天王继世主治",凡八字;次记皇太子讳,"昌封太山",凡五字。①

于是朝廷遣使图写其文,宣告于四海,俾"方外僭窃知天命有归",且被史官记录存档。据此可知当时出现的柳谷石谶,是强调拓跋帝位由昭成、道武、明元、太武直系相嗣的天授之统,而其落脚点显然是配合此年元月皇太子拓跋晃"始总百揆"这件大事。

《魏书》卷四上《世祖纪上》载延和元年正月立拓跋晃为太子,卷四下《世祖纪下》载太平真君四年十一月令太子副理万机,总统百揆;五年正月起皇太子开始实际主持国务,执掌政柄;与之相伴的则有政教、人事、仪制等方面的一系列举措和调整。考虑到道武帝以来帝位传子制并未巩固,围绕帝位传承仍多血腥的争攘变乱②,所谓"太子",其地位经常不为诸部大人和帝室各支认可而遭挑战,故不仅须以特命其摄政等方式确定、维护其嗣君地位,且有必要借重诸符谶、祥瑞以为助力,这

---

① 《魏书》,第 2954—2955 页。
② 赵翼《廿二史劄记》卷一五《后魏多家庭之变》条,北京:北京市中国书店,1987年,第 196 页。

都是易于理解的。问题在于,其时北魏既以平城为中心划定了王畿千里①,至于关中、河东、伊洛、中山、邺城等地,皆为天下公认人杰地灵的重镇,有关北魏帝系嫡绪及大位传承的符谶,又为什么要由偏在河西的张掖郡奏上呢?

这与西汉元、成以来张掖柳谷将出石谶的传说,与汉魏之际及魏晋之际柳谷果然叠出石谶,且其皆甚灵验的传统,应当存在着某种联系。但若结合当时政局和凉州一带的区位特点来考虑,其事显然又与太武帝平定河西,凉州士人大批徙至平城,传承于河西地区的华夏文化包括两汉魏晋相关故事得以影响北魏中枢决策相关。《魏书》卷五二《张湛传》载其敦煌人,弱冠即知名凉土,太武帝平河西而入国:

> 司徒崔浩识而礼之。浩注《易》,叙曰:"国家西平河右,敦煌张湛、金城宗钦、武威段承根三人,皆儒者,并有□才,见称于西州。每与余论《易》,余以《左氏传》卦解之,遂相劝为注。故因退朝之余暇,而为之解焉。"其见称如此……每岁赠浩诗颂,浩常报答。②

崔浩既博学通经又深谙内学,并与徙至平城的河西士人共论《易》及《左传》卦象,自亦不免论及阴阳图谶之类。况太武帝及其下显贵多好此道③,而

---

① 《魏书》卷一一〇《食货志》载"天兴初,制定京邑,东至代郡,西及善无,南极阴馆,北尽参合,为畿内之田,其外四方四维置八部帅以监之,劝课农耕,量校收入,以为殿最"。第2850页。李吉甫撰、贺次君点校:《元和郡县图志》卷一四《河东道三·云州》条:"后魏道武帝又于此建都,东至上谷军都关,西至河,南至中山隘门塞,北至五原,地方千里,以为甸服。"北京:中华书局,1983年,第409页。所述皆天兴所定王畿千里的范围。

② 《魏书》,第1154页。

③ 如《魏书》卷四八《高允传》载其精于历数推步,太武帝曾命其"集天文灾异,使事类相从,约而可观"。允撰其事要八篇奏上,帝"览而善之,曰:'高允之明灾异,亦岂减崔浩乎?'"同书卷一七《明元六王传·乐平王丕传》载其与日者董道秀亲近,有觊觎大位之心,后坐刘洁事忧死。同书卷二八《刘洁传》载其出身卜筮世家,太武帝时位居势要,从征柔然,私谓"若军出无功,车驾不返者,吾当立乐平王丕",又妄言图谶,事发并同党皆诛三族。其例甚多,不赘举。分见第1072—1073页、第414页、第689页。

当时河西人士被其所知所用者还有不少①,其奏对议事之时恐必语及河西掌故及五凉兴衰气运,汉魏以来张掖柳谷屡出石谶及其颇为灵验的传统②,或正由此进入了北魏决策层视野,也就构成了此时柳谷所以再出石谶,其上则有"国家祖宗讳,著受命之符"的因缘。倘进而再论北魏此时柳谷再出石谶一事,则至少还须考虑牵涉面更为广阔的以下事态:

太武帝筹划亲征北凉之役时,曾与群臣反复讨论河西诸况③,且因源贺归国而得了解姑臧周围族群及其倾向④。攻克姑臧后,魏军除追击北凉及西凉余部外,旋即开始征伐吐谷浑而经略西域。由此足见太武帝的战略部署是先定河西,以为控制西域、北制柔然而南定吐谷浑的关键,因而当时的河西一带,实为相关各方风云所聚,更是北魏高层关

---

① 《魏书》卷五二为太武帝相继平定赫连夏及北凉后归附入国的陇右、河西士人集传,其中赵逸为天水人,平夏后归国,才学为太武帝及崔浩所知。宋繇出于敦煌世家,北凉时送兴平公主至平城,太武帝拜为河西王右丞相,赐爵清水公,加安远将军,凉州平后入国。阚骃亦敦煌世家子而博通经传,官至北凉尚书,"姑臧平,乐平王丕镇凉州,引为从事中郎"。敦煌人刘昞为凉州大儒,曾为西凉儒林祭酒和北凉国师,太武帝夙闻其名,河西平后"拜乐平王从事中郎";阴仲达为姑臧人,凉州世家子,"世袭平凉州,内徙代都。司徒崔浩启仲达与段承根云,二人俱凉土才华,同修国史"。皆其例。至于同卷索敞及《魏书》卷八四《儒林传》载常爽等河西人入国后教授诸多显贵子弟,亦得在一定程度上影响平城风气。分见第1145—1164页、第1848—1849页。

② 《晋书》卷八六《张轨传》载其西晋末据有凉州为一方之主后,"张掖临松山石有'金马'字,磨灭粗可识,而'张'字分明;又有文曰'初祚天下,西方安万年'。姑臧又有玄石,白点成二十八宿"。第2223页。此临松即今马蹄寺所在山谷一带,朱蕴章《临松薤谷:河西文化的渊薮之一》一文认为其即所谓"张掖柳谷",载《河西学院学报》2016年第6期。张轨时柳谷再出石谶之事若随河西人士传至平城,柳谷的神迹屡出又增其例。

③ 《魏书》卷三五《崔浩传》载太武帝与浩及群臣议征讨北凉之事。第822—825页。

④ 《魏书》卷四一《源贺传》载其为秃发傉檀之子,傉檀为乞伏所灭,"贺自乐都来奔",太武帝谓贺曰:"卿与朕源同,因事分姓,今可为源氏。"后遂以为亲征河西之向导,贺则为帝详述姑臧周围多其鲜卑旧部等政情,为北魏平定河西建有殊功。第919页。

注的焦点所在,位于河西走廊穿越祁连山隘口附近的张掖柳谷再现石谶,在此背景下自然易为举国瞩目。况且太武帝立其子拓跋晃为嗣君,阻力主要是来自留恋拓跋君位推举制传统的诸部大人和帝室旁支,故其要点之一在于北族各部的理解和支持。正其如此,凉州地当西北各族东西南北往来的枢纽之地,在向内亚各部传播相关信息时可以说处于中心地位,这应当也是关于北魏帝系嫡绪和大位传承的符谶特别出现于河西的又一重因缘。

无论如何,旧时张掖柳谷屡出灵验石谶的传统,还须与北魏平定河西前后的政局和相关事态,与凉州的区位特点结合到一起,才会导致太平真君五年柳谷再出为太武帝传位嗣子拓跋晃服务的石谶,这一点应该没有什么问题。故其归根到底仍是当时凉州在全国地位甚重的反映,并须联系凉州在自然、社会、思想文化、民族关系等方面的综合条件来解释。特别是上面所述凉州相对于黄河流域西处一隅,而在内亚东部则有某种中心地位的格局地位,应是一个今后值得继续讨论的重要问题。

凉州一带自两汉之际隗嚣起事,至汉魏之际董卓入洛而举足轻重,再到魏晋时期成为北方地区华夏文化延续发展的重镇,遂有晋末以来的五凉之局和隋唐之际的李轨大凉政权出现。这都说明汉魏以来凉州一带经济社会发展已具相当高度而足以支撑其自立,又每每关系到全国政局并为举国瞩目的地位。故其地出现全国性符谶基本上皆在汉唐之间[①]。唐以后政治重心东移尤其是东胡各族纷纷崛起以后,凉州在整个华夏统治地区的地位逐渐下降,其地也就基本上不再出现全国性符谶了。

---

① 《新唐书》卷三五《五行志》:"贞观十七年八月,凉州昌松县鸿池谷有石五,青质白文,成字曰……其事初不可晓,而后人因推已事以验之,盖武氏革命,自以为金德王,其佛菩萨者,慈氏金轮之号也。乐太国主,则镇国太平公主、安乐公主,皆以女乱国。其五王、六王、七王者,唐世十八之数。"是为凉州再现全国性符谶的尾声。北京:中华书局,1975年,第913页。

以上所述符谶在凉州一带的接踵出现及其内涵，典型地体现了当时凉州影响不限于河西、西北，凉州舆情与中枢政局不时存在密切互动的状态，也从一个独特的侧面反映了其在汉唐间所具的重大战略地位。若加概括，一是凉州在汉唐建都长安而尤重西北之时，确为捍蔽关中、隔绝羌胡、经略西域和包抄北狄的重镇要地。二是凉州为沟通中土、西域及漠南、河湟的重要交通和传播枢纽，这一点在汉武帝以前直至唐代相当突出，但其在唐以后包括辽、金、元、清等内亚色彩较浓的王朝治下的状态，学界关注还很不够而待加强。三是凉州人士和凉州所存中土文化在魏晋南北朝时期的全国性影响，如陈寅恪先生论河西文化为隋唐制度三源之一，又如佛教史上的后凉鸠摩罗什、北凉昙无谶等译经传教而使大乘、涅槃、禅法等宗义流行，这类事态均为史界耳熟能详。但其在唐代以后似乎失去了这种地位，此后凉州一带文化形态的演化及其区位特点，包括其对西北各族乃至于整个内亚东部地区发展的影响，应是有待结合上述两点深入研究的重大课题。

六、诸葛亮经营南中及相关问题

"南中"即今云南及周围地区,《读史方舆纪要》卷一一三《云南一》述其建制沿革:汉武帝元封二年(前109年)置益州郡,蜀建兴三年(225年)改建宁郡,晋与益州郡并置,永嘉至南朝为晋宁郡,至梁陈废,隋唐时置昆州,唐属姚州、戎州都督府。大抵自汉武帝以来至唐天宝时,在此皆置郡县而多羁縻,天宝以后为南诏。至于元朝复入版图,明置云南府①。这是云南政区设置的梗概,而诸葛亮经营南中,既是其巩固蜀汉战略后方,以利其北向抗魏,东向抗吴的国策,同时也是云南一带各族发展史上具有里程碑意义的大事。

南中一带早有滇王,秦灭楚后庄蹻王滇,治昆明一带。汉武帝时,命唐蒙经略夜郎,开僰门,通南中,司马相如开越巂,韩说开益州,置牂柯、越巂、朱提、益州四郡,后又置永昌郡治今大理,与治今昆明的益州郡并立。武帝以后,南中诸郡屡有叛服和战之事。如昭帝时益州等处二十四县民反,水衡都尉吕破奴击之先胜后败,大鸿胪田广明大破之,封其渠帅亡波为钩町王;成帝时夜郎王与钩町王相攻,以金城司马陈立为牂柯太守,斩夜郎王,讨平余逆,威震南裔;王莽时四夷多叛,至东汉明帝时郑纯治益州而渐定;安帝时益州、永昌、越巂诸夷又反,益州刺史张乔讨平之;灵帝时复反,以李颙为益州太守讨平之。故汉以来滇地治

---

① 顾祖禹撰、贺次君、施和金点校:《读史方舆纪要》,北京:中华书局,2005年,第5029—5032页。

理,大略已采封藩羁縻与郡县统治相结合的体制①,其要大抵守长得人则治,不得其人则乱,善与蛮处者治,不善者乱。这是诸葛亮经营南中以攻城为下,攻心为上为基本战略,平定叛乱后又进一步发展了羁縻与郡县相结合的统治体制,主要依赖当地大姓、酋豪维系统治的重要背景。

以下谨就诸葛亮经营南中及相关研究需要注意的若干问题略作阐释,不妥之处,还请各位同仁批评指正。

1. 吴蜀相争与诸葛亮经营南中

诸葛亮经营南中的直接起因,是吴、蜀相争之势与高定元、雍闿、朱褒作乱,使南中问题有了及时解决的急迫性。

《三国志》卷四三《蜀书·李恢传》载其建宁人,为蜀汉主管南中诸郡的庲降都督并领交州刺史。"先主薨,高定恣睢于越巂,雍闿跋扈于建宁,朱褒反叛于牂柯。丞相亮南征,先由越巂,而恢案道向建宁"②。《华阳国志》卷四《南中志》载刘备死后,越巂叟帅高定元杀太守焦璜,"举郡称王以叛。益州大姓雍闿亦杀太守正昂,更以蜀郡张裔为太守,闿假鬼教曰:'张府君,如瓠壶,外虽泽,内实粗,杀不可,缚于吴。'于是执送裔于吴。吴主孙权遥用闿为永昌太守,遣故刘璋子阐为益州刺史,处交、益州际。牂柯郡丞朱提朱褒领太守,恣睢。丞相诸葛亮以初遭大丧,未便加兵,遣越巂太守巴西龚禄住安上县,遥领郡,从事蜀郡常颀行

---

① 《史记》卷一一六《西南夷列传》载武帝经略西南夷,其"君长以百数,独夜郎、滇受王印。滇小邑,最宠焉"。北京:中华书局,1982 年,第 2997 页。云南晋宁石寨山古墓群发掘出土有金质"滇王之印",或以为即汉朝所颁。另有"汉叟邑长印"及"汉益州太守章""汉蜻蛉长印""汉朱提长印"等多种汉代官印,皆为武帝以来在南中所建统治体系之证。参方国瑜主编:《云南史料丛刊》第 1 卷《滇王之印概说》及《附说"汉叟邑长印"》《孙太初〈云南古官印集释〉所收汉晋时期云南官印数种》,昆明:云南人民出版社,1990 年,第 148—153 页、第 388—391 页

② 《三国志》,北京:中华书局,1982 年,第 1046 页。

部南入,以都护李严书晓喻闿。闿答曰:'愚闻天无二日,土无二王。今天下派分,正朔有三,远人惶惑,不知所归。'其傲慢如此……建兴三年春,亮南征。"①

由此可见,刘备死后的南中之乱,仍是汉以来南中治乱格局的延续,是在三国相争的基本格局之下,孙吴与刘蜀围绕荆州展开争夺的继续。故其总体性质并不是南中大姓和少数民族对抗中央政权或欲脱离中国的活动,而是南中大姓和少数民族效忠蜀汉还是孙吴,反抗暴政和黑暗统治的活动。因而所谓"南征",不是民族战争或扩张战争,而是三国相争诸战的一部分,是蜀汉力欲在南中恢复和重建统治秩序的战争。

建兴三年(225年)三月至十二月诸葛亮南征及七擒七纵孟获之事,见诸《汉晋春秋》及《华阳国志》(称"七虏七赦")等处,体现的是收服南中大姓,重建统治体系的基本战略。至于其具体措施,《华阳国志》卷四《南中志》载南征自春自秋,"遂平四郡。改益州为建宁,以李恢为太守,加安汉将军,领交州刺史,移治味县。分建宁、越巂置云南郡,以吕凯为太守。又分建宁、牂柯置兴古郡,以马忠为牂柯太守。移南中劲卒、青羌万余家于蜀,为五部,所当无前,号为飞军。分其羸弱配大姓焦、雍、娄、爨、孟、量(劲案:或作董)、毛、李为部曲,置五部都尉,号五子。故南人言四姓五子也。以夷多刚很,不宾大姓富豪,乃劝令出金帛,聘策恶夷为家部曲,得多者奕世袭官。于是夷人贪货物,以渐服属于汉,成夷汉部曲。亮收其俊杰建宁爨习,朱提孟琰及获为官属,习官至领军,琰辅汉将军,获御史中丞。出其金银丹漆、耕牛战马给军国之用,都督常用重人"。其后文又载夷"论议好譬喻物,谓之《夷经》",其俗好诅盟,信巫鬼,"诸葛亮乃为夷作图谱,先画天地、日月、君长、城府,次画神龙,龙生夷及牛马羊,后画部主吏,乘马幡盖,巡行安恤,又画牵牛负酒、赍金宝诣之之象,以赐夷。夷甚重之,许致生口直,又与瑞锦、铁

---

① 常璩著、任乃强校注:《华阳国志校补图注》,上海,上海古籍出版社,1987年,第240—241页。

券,今皆存。每刺史、校尉至,齎以呈诣。动亦如之"。①

这是记载诸葛亮经营南中最为基本的史料,任乃强先生以为"常璩撰此书时,上距南征,不过百年。故老口谈,时人文记,多所收辑,应可成为一代信史,谓为南征最原始的资料亦可也",充分肯定了其史料价值。从中可见诸葛亮为贯彻"攻心为上"和不留军兵、委政南中大姓豪酋的统治方略,所采取的基本措施有四:

一是遣建宁人李恢为建宁太守治味县兼交州刺史,遣巴西阆中人马忠为牂柯太守,辅以兴古郡之设,扼其要冲而以御吴为重心。另在益州(建宁)、永昌郡之间设置云南郡,以乱时尤显忠汉之心的永昌不韦人吕凯为太守,治大理地区加强南中核心区之控制,"云南"之名始此。又重都督人选,督监南中军政要务。二是除以这些经过考验忠于蜀汉的南中大姓豪酋为郡县长官外,又选择和迁徙其劲卒万余家于蜀,编为军伍,使之成为蜀汉战斗力较强之一部,此为强干弱枝之策。三是定"四姓五子"②,确立大姓豪族各领部曲,承担规定义务而可世袭其官的基层统治体制;同时重用其中代表性之"俊杰",担任蜀汉朝廷要职,以笼络和与之共享统治权。四是从夷俗为治,赐其酋豪瑞锦、铁券为信物,并作图谱,明确了各从其俗的少数民族政策,从文化上规范和影响其习俗。这套举措结合郡县制与豪族蛮酋的部曲、种落统领系统,平衡了各方势力,将之完全纳入蜀汉的统治体系,基本上达成了御吴和安定南中,使之成为蜀汉战略后方的目标。常志后文载李恢、张翼、马忠、张表、阎宇、霍弋相继督、监南中,而以马忠为最;至晋虽小有曲折而大局

---

① 《华阳国志校补图注》,第241页、第247—248页。
② 任乃强先生释"四姓五子"有曰:"'大姓'是各地区氏族集团之强大者,全属汉民,或少数民族之已从汉俗,有汉姓者。此八姓,盖皆协同李恢城守,与出击有功者,雍闿、孟获诸族,亦有顺逆不同可知。其中发展最大者为爨姓……'四姓',是指氏族之掌握地方实权者,解在《汉中志》梓潼县。又见于《蜀志》成都、新都、南安、江阳、汉安各县,习久遂成为掌权大姓之代称。'五子',谓南中五都尉,亦皆由大姓部曲多者为之,故合称掌地方实权者为'四姓五子'。"《华阳国志校补图注》,第246页。

安定。直至晋末乱起,李氏氐汉据蜀,南中仍为蜀之后方,后又归东晋①,足见诸葛亮经营南中成就卓著,影响深远。

需要指出的是,南中地区自秦汉以来久被王化,文明发展和华夏化程度至于东汉已相当可观。即以四姓五子中的孟姓为例,清光绪年间出土于昭通城东,大约属于东汉中叶的《孟孝琚碑》,已提到孟氏十二岁"受《韩诗》,兼通《孝经》,博览"群书,又述"仁人积德若滋,孔子大圣,抱道系施,尚困于世"云云,以喻孝琚早卒之憾。其通篇浸透的士人之习和儒学流风,实为刘宋《爨龙颜碑》以家世自矜,又文史兼茂而辞藻绚烂提供了前源②。因而诸葛亮经营南中的方略,主要是立足于这些南中大姓,远不仅是针对少数民族酋豪。东晋史家习凿齿《汉晋春秋》建兴三年条,载诸葛亮七擒七纵孟获而定南中:"遂至滇池,南中平,皆即其渠率而用之。或以谏亮,亮曰:'若留外人,则当留兵,兵留则无所食,一不易也。加夷新伤破,父兄死丧,留外人而无兵者,必成祸患,二不易也。又吏累有废杀之罪,自嫌衅重,若留外人,终不相信,三不易也。今吾欲使不留兵,不运粮,而纲纪初定,夷汉粗安故耳。'"③这段记载突出了诸葛亮"羁縻"南中而使"夷汉粗安"的战略方针,但与上引《华阳国志》所载有所不同。常志显然更为全面,且反映了建宁三年以来一段时期内相继推出的一系列举措。

---

① 1963年昭通发现的东晋霍承嗣墓室壁画,墓主霍承嗣为东晋使持节都督江南交宁二州诸军事,建宁、越巂、兴古三郡太守、南夷校尉、交宁二州刺史,墓室北壁正中绘墓主右衽长袍,执麈尾,设仪仗及左右随从;东壁绘有执幡行列十三人、骑马执矛行列五人,西壁绘执环首长刀行列十三人,披毡赤足发结突出一角于顶者两列各十三人,骑马行列四人。壁画虽技法粗略,仍反映了东晋南中地方长官兼治华夷的状态,墓主右旁墨书题记述霍承嗣荆州南郡枝江人,六十六岁薨,先葬蜀郡,后改葬于此。是其与当地关系甚密的反映。《云南省昭通后海子东晋壁画清理简报》,《文物》1963年第12期。

② 方国瑜主编:《云南史料丛刊》第1卷,第163—164页、第406—410页。

③ 习凿齿原著,汤球、黄奭、王仁俊辑录,余鹏飞校补:《校补汉晋春秋》,武汉:湖北人民出版社,2011年,第44—45页。

2. 由蜀入滇之东、西线及弄栋之要

南中向以洱海至滇池一带为枢轴,向南除抵交州外,更可自身毒道通向东南亚和南亚,即所谓丝绸之路南夷道;向北则入蜀而与全国交通干线衔接。此即《史记》载南越见蜀之枸酱,大夏见蜀之邛竹杖及蜀布所反映的南中对外交通之概要。

诸葛亮经营南中,大军往返自须依仗由蜀入滇的交通线,汉以来大抵分为东、西两线。西线称滇越道(旄牛道),其开辟约在战国时期,汉武帝时又命唐蒙主持大加修治,自越嶲南界渡金沙江(泸水)入泸津关,经今永仁、大姚(循蜻蛉河古称青蛉水)南下而经弄栋,即今云南姚安县,姚安向南即为今云南昆明至大理这条东西向的交通枢轴。东线五尺道自秦始皇经营云南地区时,由蜀郡太守李冰主持修筑,由今宜宾(僰道)向南至滇东北,经今昭通、会泽(汉以来为朱提郡曲靖)至昆明滇池一带。东、西线之间仍有若干交通线相通,如唐代东线的眉州、嘉州皆可经沐州至西线的望星关,即为北段相通之线,二十世纪八十年代以来,有若干汉魏间墓葬建筑等发掘资料可以为证。尤其是公认的西线金沙江泸津关北渡口下游,亦有一渡口名为"泸津",由此向东可通往东线的竹子岭,向西可至西线泸津关北的俄准岭以南。这些交通线的存在及其地名,因资料缺乏难以准确定位,是学界对诸葛亮南征路线至今存在着东、西线之争的主要原因。

姚安一带自古皆为入滇、治滇的要冲之地。《元和郡县志》卷三二《姚州》称其为"泸南之巨屏"[1]。《蛮书》卷六《云南城镇》称"弄栋城在故姚州川中,南北百余里,东西三十余里,废城在东岩山上。当川中有

---

[1] 李吉甫撰、贺次君点校:《元和郡县图志》卷三二《剑南道中·姚州》,北京:中华书局,1983年,第825页。

平岩,周回五六顷,新筑弄栋城在其上"①。其南近二百里在求赠驿(佉龙驿)接今大理至昆明的云南东西驿道。可见姚安一带因有险有原,一直被视为治滇入滇的必据之地,不仅雄踞南北枢纽而攻守两便,且可控扼大理—昆明的南中东西交通干线。这是理解诸葛亮是否亲抵或屯兵姚安的基本背景。

《读史方舆纪要》卷一一六《姚安军民府》:"古滇国地,汉属益州郡,后汉因之。蜀汉属云南郡,晋初因之。东晋咸康初析置兴宁郡,宋齐因之,梁末没于群蛮。唐武德中置姚州,天宝初曰云南郡。既而蒙氏据其地,改置弄栋府。宋时段氏改为统矢逻,又改为姚州,亦曰姚府。元宪宗三年内附,七年立统矢千户所。至元改置姚州,属大理路,天历初升为姚安路。明初改路为府,寻又改姚安军民府。府通道越嶲,络绎滇洱,为南北之要会。诸葛武侯平南中,渡泸水而南。隋史万岁略西洱,亦自青蛉、弄栋而入。唐永徽三年赵孝祖平青蛉、弄栋西白水蛮,遂请略定西裔(原注:孝祖上言:'贞观中讨昆州乌蛮,始开青蛉、弄栋为州县。弄栋之西有小勃弄、大勃弄二州,勃弄以西与黄瓜、叶榆、西洱河相接,人众殷富,多于蜀川。请因破白水蛮之兵,随使西讨。'从之,遂略定大、小勃弄之地)。麟德初武陵县主簿石子仁建言:'姚州在永昌之北,赵嶲之南。此地有崇山修谷,平畴广川,东有金江之利,西接云南州之胜,距威楚,瞰点苍,最为险要。请置都督府于昆明之弄栋川,屯兵镇守,以治叶榆、□河诸蛮,则群蛮不敢横,而中国长有盐贝之利矣。'从之,因置府于弄栋川。咸亨以后,南中渐多事,姚州废置不恒……自姚安而北则度金沙入越嶲,自姚安而西则指叶榆趋大理,自姚安而南则出威楚向昆明。郡为全滇之要会,西南有事争于滇蜀间者,自古恒在姚州也。"②所说最为透彻。

---

① 樊绰撰、向达校注:《蛮书校注》,北京:中华书局,2018年,第132—135页。

② 《读史方舆纪要》,第5136—5138页。

史界关于诸葛亮南征是东路南下西路北还，还是西路南下东路北还尚有争议，像云南大学前辈学者方国瑜等先生，即据《三国志》卷四三《蜀书·张嶷传》述旄牛道阻绝—开通之事①，认为是从东路僰道南下折至越嶲，而大量纷争集中在"五月渡泸"以前的路线问题。我认为渡泸以前诸线之争，虽关系到高定元叛乱的平定及雍闿被高定元部曲所杀之事，却只是南征的前期战役，还不是平定南中的决定性战役，南征军与孟获所部展开的主要战役应发生在渡泸以后。

　　关于渡泸以后的进军路线，我的看法有三：一是唐以前各种记载表明"五月渡泸"应在今永仁一带的泸津关，故诸葛亮所部主力继续南下，很有可能走的是西路，即经姚安直指南中腹地，而以李恢、马忠由东路包抄之。方国瑜先生述渡泸后南征军主力南下之路即持此说。二是前引《汉晋春秋》载诸葛亮"遂至滇池，南中平"，若其所部主力由东路南下，前期战役包括平定作乱于牂柯的朱褒和作乱于益州（建宁）的雍闿、孟获部，其战场皆当在昆明东北一带。雍闿被高定部曲所杀后孟获率其部，屡败之后自应向西或南撤退，诸葛亮抵达滇池还难说南中已定；只有由西路平定越嶲高定元，并斩来援之雍闿，渡泸后进至姚安以南向东，途中与忠于蜀汉的永昌吕凯所部合军而取滇池，南中要地全部为蜀汉占领，才能逼降孟获、朱褒，从而标志南中的平定。故其决战应发生在滇池以西地区，《资治通鉴》即述诸葛亮自西路自越嶲入，斩雍闿及高

―――――――――

　　①　《张嶷传》载其延熙三年（240年）为越嶲郡守之事："初，越嶲郡自丞相亮讨高定之后，叟夷数反，杀太守龚禄、焦璜。是后太守不敢之郡，只住安上县，去郡八百余里，其郡徒有名而已。时论欲复旧郡，除嶷为越㑺太守，嶷将所领往之郡，诱以恩信，蛮夷皆服，颇来降附……郡有旧道，经旄牛中至成都，既平且近；自旄牛绝道，已百余年，更由安上，既险且远。嶷遣左右齎倾向赐路，重令路姑喻意，路乃率兄弟妻子悉诣嶷，嶷与盟誓，开通旧道，千里肃清，复古亭驿"云云。《三国志》，第1052—1053页。从文意看，所述"旄牛绝道"似为十余年前诸葛亮南征以后之事，而谓"已百余年"，则东汉顺帝以来已不通，甚为可疑，"百余年"或为"十有余年"之讹，则文意无碍。

定元而至南中,命李恢由益州、马忠由牂柯入南中,击破诸县而会师滇池①,即是充分取鉴了唐以前记载的结论。三是南征诸役包括平定西路的高定元和东路的雍闿、朱褒及七擒七纵等役,显然当围绕诸战略要地的争夺展开,故南征军抵南中后,无论合兵还是分兵逐步推进,也无论南征军后来是否进至滇西保山、腾冲以至于缅甸中部的普坎一带,诸葛亮自然不可能皆在前线而当居中调度。而只要由西线南下,姚安(弄栋)实为必争之地,南征军进据姚安亦属必然,惟诸葛亮是否亲至姚安尚可讨论。

当然对这类问题,学术界尚须进一步梳理各种记载,在讨论中求得共识,尤其需要注意加强考古与文献资料的综合研究和分析。如《太平寰宇记》卷七四《嘉州犍为县》"石人"条引《蜀记》云:"昔孔明南征蛮中,十里刻一石人。今黎、嶲之路尚有存者。"②这类石人至宋尚有存者,为亟值注意之史实。

3. 诸葛亮南征传说与武侯祠之分布

相传位于姚安的诸葛亮有关史迹,至于明清大抵有三处。《读史方舆纪要》卷一一六《姚安军民府》:"东山"目载其在"府东十里,一名饱烟萝山,其西有武侯塔,相传诸葛武侯南征驻兵于此,后人建塔其上"。"三窠关"目(在府南三窠山上,为南面之险,有巡司戍守)下载"诸葛垒,在府东十五里。又府北十二里有孔明遗垒,盖武侯渡泸南征,道出于此"③。姚安府东十五里的诸葛垒,明代建有武侯祠,后被毁坏,今已

---

① 《资治通鉴》卷七〇《魏纪二》黄初六年七月条,上海:上海古籍出版社,1987年,第469页。
② 乐史撰、王文楚等点校:《太平寰宇记》,北京:中华书局,2007年,第1509页。王象之:《舆地记胜》卷一四六《嘉定府》景物目所载略同,北京:中华书局,1992年,第3931页。
③ 《读史方舆纪要》,第5139—5141页。

重修。

贵州和四川苗族、云南彝族、傈僳族、景颇、卡拉、德昂、基诺、佤族、傣族和羌族均有诸葛亮南征传说。苏联科学院院士、著名汉学家李福清专门对此做过研究，认为这些传说的特征：一是与《三国演义》多有交叉之处；二是诸葛亮成为南中不少部族或器物制度的创始人，是智慧甚至爱情的化身；三是既有七擒七纵，也有彝族那样的孟获五擒诸葛亮传说；四是各族的诸葛亮传说均佘入了各族原有传说的相关母题和成分。从这些特征来看，这主要不是史实描述，而是民族关系及战争与和平的心理寄托或观念体现。一些其他相关传说的研究者，则提出这类传说多发生于滇东、滇中地区，逐渐向滇西南传播；另有一些学者把这些传说分为魏晋南北朝、唐宋以来及元明清时期三期，分析各期状态之发展和特点，这都是值得进一步深入的研究方向。

武侯祠亦广泛分布于西南地区，最南至缅甸中部地区，明代《滇志》卷一六《祠祀志》载云南各地共有十九座，顺宁府有三座，云南府和大理府、临安府各二座，其余十府各有一座。至于其他与诸葛亮及孟获相关的遗迹遗址更不胜数，有人统计云南各地这类遗迹多达八十八处。二十世纪三十年代著名人类学和民族史家江应梁和原云南民族学院院长马曜先生等认为，这些武侯祠及遗址未必均能反映史实，分布于滇西南地区的武侯祠或与南中乱时忠于蜀汉的吕凯后人相关，或与滇东北向西南的移民有关。[①]

总体看来，诸葛亮南征相关传说及武侯祠等遗迹，仍可反映"三国文化""三国演义文化"和"诸葛亮文化"在民间持续旺盛的生命力，体现了一种独特的观念寄托、现象诠释和思想、价值倾向。但其与实际史事的关系，仍需要对这些传说和遗迹的发生、发展演变做更为系统、细致、准确的讨论，才能帮助今人做出判断。

---

① 傅光宇：《诸葛亮南征传说及其在缅甸的流播》，《民族艺术研究》1995年第5期；苍铭：《滇黔诸葛孔明遗迹传说之探析》，《民族史研究》2003年第1期。

七、罗含研究与评价四题

罗含,字君章,耒阳人,是东晋至晋宋之际的历史文化名人,秦汉以来湖湘文化发育期涌现的重要代表人物。对其生平事迹、家世交友、创作活动及留存于后世的相关遗迹,包括历代对其德业的记述、传颂展开研讨,不仅有助于魏晋南北朝史尤其是此期思想文化史的深入研究,也对进一步理清湖湘文化的源流脉络,充分开掘耒阳一带丰厚的历史文化资源,促进地方经济社会发展具有重要意义。在查考有关资料和研究现状时,我注意到不少专家学者已对罗含其人、其事及相关记载做了广泛探讨,取得了丰硕成果,这就为今后研究奠定了较好基础。以下谨就个人管见所及,主要就罗含研究和评价的史实依据谈几点不成熟的意见,以供学界同仁批评、参考。

1.《晋书·文苑罗含传》所示其生平要节

从现存有关罗含的早期资料可以看出,唐初所编《晋书》列罗含于《文苑传》,其文综合采据了此前关于罗含的各种记载,因而是今人研究和评价罗含其人最为重要的依据。其中概要约有下列几端:

以罗含入《文苑传》,本身就表明其为一代著名文士,以才思文藻擅胜,而非长于政事干才。这在本传开头述罗含"文鸟入梦"之事,末尾述其"文章行于世"已经点明①。中间述其与谢尚为"方外之好",尚乃称

---

① 《隋书》卷三五《经籍志四》著录"《晋中散大夫罗含集》三卷"。北京:中华书局,1973年,第1068页。明焦竑《国史经籍志》卷三《史类·地理》郡邑(转下页)

曰:"罗君章可谓湘中之琳琅。"其淡泊名利、自远喧扰,莅诸官职而不记其功绩等事,也无不表明了这一点。①

罗含弱冠三辞州辟,乃是魏晋以来累世官宦的家族子弟有才者的常态,足以表明其家为当地望族,其人亦才行早著而自视甚高。至于其后来屡事杨羡、庾亮,先后为州主簿、郡功曹、州从事、主簿,应是其仕进无他途的自立进身之举,故其这一阶段显无其他因缘或强援,仍只是"湘中之琳琅"。至桓温莅州,补之为征西府参军②,罗含方得由吏为官,自此其宦途颇顺,一路升迁至中台清要文翰之职和地方守相,这都是桓温誉之不仅是"荆楚之材",也是"江左之秀"的体现③。故桓温对之实有知遇定评之恩,其政治生涯大体亦当与桓氏相始终。《晋书》卷九八《桓温传》载海西公太和四年(369年)桓温北伐前燕失利,"帝遣侍中罗含以牛酒犒温于山阳,使会稽王昱会温于涂中"④。这是其唯一见诸史载自中台出遣任使之事,亦表明罗含与桓温的关系之近。

(接上页)目下犹著录罗含《湘川记》一卷、卷五《集类·别集》著录《罗含集》三卷。《丛书集成初编》本,上海:商务印书馆,1939年,第104、253页。至清已佚。姚振宗《隋书经籍志考证》卷三九之五《别集类五》述唯《弘明集》收录其《答孙安国书》《更生论》二篇,另有唐宋类书所引罗含的《湘中记》佚文。《二十五史补编》第四册,北京:中华书局,1955年,第5778页。

① 《晋书》卷九二《文苑罗含传》,北京:中华书局,1974年,第2403—2404页。

② 逯钦立校注:《陶渊明集》卷之六《晋故征西大将军府长史孟府君传并赞》载"中散大夫桂阳罗含赋之曰:'孟生善酣,不愆其意'"。即为罗含赋桓温府中同僚行迹。北京:中华书局,1979年,第169—171页。

③ 许嵩撰、张忱石点校:《建康实录》卷八《孝宗穆皇帝》永和二年十月,桓温表罗含为荆州别驾,众称含"荆楚之杞梓",温称"此江海之琳琅,岂非荆楚而已"。北京:中华书局,1986年,第215页。其文与《晋书·文苑罗含传》略异。又桓温在镇二十年,幕府参佐极一时之盛,习凿齿、袁宏、谢安、王坦之、孙盛、孟嘉、王珣、罗友、郗超、伏滔、顾恺之、王子猷、谢元、罗含、范汪、郝隆、车胤、韩康伯等,俱为海内奇士。罗含得跻身此间,誉其为荆楚之材、江左之秀,俱不为过。

④ 《晋书》,第2576页。

罗含虽为桓温提携，却不欲卷入桓氏与江东各大政治势力的权力斗争。《晋书》本传载桓温命罗含纠劾谢尚而其一无所问之事，既反映了罗含对当时政局的判断，又一如既往地表明了罗含远离权势之争的态度。"温奇其意而不责"，则体现了桓温对他的理解和宽容，说明罗含的这种态度在当时有其代表性，像罗含这样认为东晋政局易动难安，遂周旋于各大势力之间而不一边倒的士人，实际上正是东晋后期得以继续维持的政治基础。

传末述罗含在官有白雀、在家有兰菊之瑞，是唐修《晋书》喜采小说志怪等素材的体现，大旨无非是要以此表明罗含的德行为世公认。这类与个人相关的瑞应，当时显属传说，或为其死后家人、僚属所上行状或家传、别传所采，有关罗含的这些瑞征，大概就是被载入《罗府君别传》后，为唐修《晋书》本传所采。从本传述其平生事迹来看，罗含在官在乡洁身自好是一贯的，其德行在当时官员中确实是相当突出的。

要之，《晋书》本传充分说明罗含一生以文才、德行著称，其先为当地名族子弟而才行甚著，又渐次从"湘中琳琅"到"荆楚之材"以至于"江左之秀"的人生历程。正史入传这一事实本身，已足说明罗含实为当时湖湘一带少数几位具有全国声誉的代表人物。曾在浙江湖州为官的唐代颜真卿书《吴兴地记·乌程县》（一称《湖州石柱记》）记有"晋侍中罗含墓"，其前记吴荡寇将军程普墓，其后记晋黄门侍郎潘尼墓[1]。宋初编纂的《太平寰宇记》卷一四六《山南东道五·荆州》江陵县目下立有"罗含宅"条，述"宅在江陵城西三里，庾信亦尝居之"。并引《渚宫记》述萧梁时"人谓君章有神"的罗含传说[2]。南宋洪适的《隶释》卷二七《天下碑录》乃据佚名作者之《天下碑录》删存，其中载有"《汉罗含志》"，在耒

---

[1] 《颜鲁公文集》卷一三，北京：中国书店，2018年影印，第61页。
[2] 乐史等撰、王文楚等点校：《太平寰宇记》，北京：中华书局，2007年，第2838—2839页。

阳县南四里"①,这显然也是东晋罗含,称汉误。南宋王象之的《舆地纪胜》卷四《安吉州·古迹》据《湖州石柱记》述"罗含墓"在乌程,卷五五又据《太平寰宇记》述罗含墓在"耒阳县南四十里,碑文讹缺,其墓犹存"②。明嘉靖《衡州府志》卷四《丘墓》耒阳县下载"罗含庙在县西南四十里"③。清光绪修《耒阳县志》述罗含死后有祠,直至明代仍为当地崇祀的乡贤④。这都表明自南朝、唐宋直至明清,罗含的居宅、墓园、碑志等俱为重要的名胜、遗迹,一直都受到世人关注。同时也须注意,这些记载关于罗含墓葬地,存在着浙江湖州和湖南耒阳两种不同的说法,似乎反映罗含死后的安葬过程并不简单,本传载其"致仕还家""门施行马"及"兰菊生宅"诸事,还有必要继续考虑其具体所在。

2.《更生论》反映的思想潮流及罗含地位

《弘明集》卷五收录的罗含《更生论》和东晋名士及史家孙盛与罗含就《更生论》往复的两通书信节文⑤,集中体现了罗含的思想倾向及其在中国思想史上的地位。关于《更生论》各章大意及其思想价值,学界所论已经不少,这里不再赘述。有必要强调的则有下列几端:

《更生论》所论为一段时期以来思想界共同关注的重要问题。其所论天地、万物关系及其变迁之理,既可归属于魏晋以来"崇无""崇有"及

---

① 洪适:《隶释隶续》,北京:中华书局,1985年,第288页。其前所载位于耒阳之碑志还有《汉罗训墓志》在衡州耒阳县南六十里,《汉南昌太守谷所碑》在耒阳县东北,《汉青州刺史刘焉碑》在耒阳十五里墓下,《汉胡腾碑》在耒阳县南四里。

② 王象之:《舆地纪胜》,北京:中华书局,1992年,第242、2020页。今通行本《太平寰宇记》已不见有罗含墓之记载。

③ 《天一阁藏明代方志选刊》之《嘉靖衡州府志》卷四《丘墓》耒阳条,上海:上海古籍书店,1963年景印,卷四第24页。

④ 光绪十一年续修《耒阳县志》卷一《坛庙》,耒阳:耒阳市人民政府方志办公室,2001年重印,第66页。

⑤ 僧祐撰、李小荣校笺:《弘明集校笺》卷五罗君章《更生论》《孙长沙书》《罗含答孙》。上海:上海古籍出版社,2013年,第235—239页。

"形、神"或"神、质"之辩等命题的讨论,也与佛教的根本义理相关,具有鲜明的时代特色。《更生论》述"寻诸旧论,亦云'万兆悬定,群生代谢'"云云,正说明此前这方面已有不少论述,涉及的是天地万物的"更生"代谢之理。孙盛书誉其是一篇"好论",亦可见当时这方面讨论水平参差不齐,而此论则为文理俱佳的杰作。当时的相关讨论见诸记载的,如桓君山有《新论形神》以烛火喻形神,又以植物、动物生长老死的循环比四时之代谢[①]。又如刘宋淮南中寺的高僧释昙无成与颜延之、何尚之等共论实相,往复弥晨,乃著《实相论》;游历于浔阳、九江一带的释僧含则作《神不灭论》,以抗任城彭丞(或作彭城任函)所作的《无三世论》,另撰有《无生论》《法身论》等[②],都可以表明类似主题的讨论在当时各地的热门。

《更生论》讨论的问题又与当时佛教的发展密切相关。僧佑将此论及罗含与孙盛的往复书信收入《弘明集》,既是将之视为有关《华严经》四生(胎卵湿化)等义及阐释轮回之理的名作,也是因为汉魏以来佛经翻译和解释一度盛行"格义"之法,常借中土儒、道名词来表述佛学义理。因而当时士人与僧人多有往还,所讨论的问题亦多交集。像《更生论》所论的万物变迁之理,不仅与佛教轮回说和四生义相连,其中的形神之辩内涵更深关乎佛相的理解,甚至寓有对佛的肯定或否定。其论不仅与佛教经义密切相关,而且直接促使了"神灭、神不灭"等命题讨论的高涨[③]。这都是佛教中国化过程中出现的前提性、基础性问题,同时

---

① 《弘明集校笺》卷五桓君山《新论形神》,第247—253页。此"桓君山"或为东汉著《新论》之桓谭,《形神》为《新论·祛蔽》篇之所论,见李小荣之笺注。

② 释慧皎撰、汤用彤校注、汤一玄整理:《高僧传》卷七《义解四·宋淮南中寺释昙无成传》《宋京师灵味寺释僧含传》。北京:中华书局,1992年,第275—276页。

③ 《高僧传》卷七《义解四·宋京师东安寺释慧严传》述东晋以来佛教之盛:"度江以来,则王导、周顗、庾亮、王濛、谢尚、郗超、王坦、王恭、王谧、郭文、谢敷、戴逵、许询及亡高祖兄弟、王元琳昆季、范汪、孙绰、张玄、殷顗,或宰辅之冠盖,或人伦之羽仪,或置情天人之际,或抗迹烟霞之表,并秉志归依,厝心崇信。"又载:"时颜延之著《离识观》及《论检》,帝命严辩其同异,往复终日,帝笑曰:'公等今日,无愧支、许。'严后著《无生灭论》及《老子略注》等。"这又反映了上接《更生论》玄佛相兼的问题讨论。第261—262页。

也体现了神灭论、神不灭论与魏晋以来形、神之辩及《更生论》所论万物变迁之理的理论渊源关系。

《更生论》也是魏晋以来玄学、清谈的名篇。此论虽被僧佑视为反映当时佛教发展的重要文献,收入《弘明集》,但其旨趣和立场仍本乎玄学。其论首先从向秀所述天地万物之理引出,《更生论》开头述"善哉! 向生之言曰:天者何? 万物之总名;人者何? 天中之一物"。向秀为竹林七贤之一,也是魏晋玄学和清谈的重要代表人物,曾注《庄子》、煽玄风,其说要旨犹存于流传至今的郭象《庄子注》中。今通行本《庄子·逍遥游第一》郭象注"乘天地之正"数句,言"天地者,万物之总名"①。《齐物论第二》郭象注"天籁"有"天者,万物之总名也,莫适为天,谁主役物乎? 故物各自生而无所出焉,此天道也"。② 所述天为"万物之总名",即在《更生论》所引"向生之言"中,有可能取自向秀《庄子注》,也有可能来自向秀的别篇佚文。无论如何,这都表明罗含深受魏晋玄学、清谈的影响。其论不引佛经,而述"圣人作《易》,已备其极";末尾又称赞"达观者所以齐死生"(《庄子·齐物论》义)。凡此均可表明罗含身为儒生③,虽涉佛义而仍持中土一般士人的理念和立场,可见《更生论》主要是魏晋以来玄学、清谈盛行而儒学亦迅速调整,并在与佛学相互影响的过程中开出来的思想花朵。

因此,《更生论》见证了魏晋以来儒、释、道相互渗透和影响的关系,

---

① 郭庆藩撰、王孝鱼点校:《庄子集释》卷一上《逍遥游第一》,北京:中华书局,1961年,第20页。

② 《庄子集释》,第50页。又《更生论》中有"人者何,天中之一物"之语。至宋儒述太极《易》理,多称"地者,天中之一物"。黎靖德编、王星贤点校:《朱子语类》卷一《理气上·太极天地上》。北京:中华书局,1986年,第6页。其理仍与罗含述人为天中之一物相近。

③ 《太平御览》卷九二八《羽族部十五·鸟卵》引刘义庆《幽明录》曰:"桂阳罗君章,二十许,都未有志,不属意学部,尝昼寝,得一鸟卵,五色杂耀,不似人间物,梦中因取吞之。于是渐有志向,遂更勤学,读九经,以清才闻。"北京:中华书局,1960年,第4127页。

并从一个侧面体现了当时思想界几大潮流的演化互动之况,包括玄学的发展流变、佛教的中国化到儒学在与佛、道碰撞交流过程中的调整发展。从中可以看出罗含的确是屹立在其前沿树义立说,遂被公认为湘中所出而具全国影响的代表人物,得与诸名公巨子往还,而被誉为湘中琳琅、荆楚之材和江左之秀。

3.《湘中记》与罗含的学术和治学特点

罗含所撰《湘中记》三卷,其中虽有后人补缀之文,但其基本部分叙事井然有序,文笔优美,不仅可以反映其文学成就,且为记叙湘中山川名胜的早期代表作。对《湘中记》的相关情况尤其在山水文学上的成就,学界多已述之,这里需要指出的还有几点:

史部地理类书自魏晋以来渐成一专门学术部类,各种地记、地志著述,实际同样构成了当时发展起来的一大学术潮流,而《湘中记》无疑是其中的佼佼者。刘昭补注《续汉郡国志》长沙、零陵、桂阳郡及《水经注》卷三八《湘水》条多处征引其文,自后唐宋类书及舆地书述及湘中各地山川名胜多引其文,都充分体现了这一点。这一事实表明《湘中记》的文笔优美尚属余事,其可靠性和权威性实为当时及其后地理学、博物学界公认。像《史通》卷十《内篇·杂述第三十四》在总结唐以前地理书之成就时,以"辛氏《三秦记》、常璩《华阳国志》、罗含《湘中记》、盛弘《荆州记》"并举[①],以之为汉魏以来私家地志之名作,这也表明了《湘中记》的学术地位。

《湘中记》之所以具有公认的权威性,不仅来自罗含对家乡山水草木的长期关注、积累,更须亲身踏勘游历以至绘图标识,方得如指诸掌,了然于胸而叙次井然。像其中一一记营水、洮水、灌水和耒水等 15 支

---

① 刘知几著、浦起龙通释、王煦华整理:《史通通释》,北京:中华书局,2009年,第 255 页。

流"皆注湘",其次序显然据其实际方位有所斟酌;其记水必溯其源出之山及所流经之地,甚合"即山以证水,即水以证地"之理;其记山川名胜则状貌真切,时有道里测度之数。如《续汉书·郡国志四》长沙郡条刘昭补注引《湘中记》曰:"衡山有玉牒,禹案其文以治水。逐鹿衡山如阵云,沿湘千里,九向九背,乃不复见。"①《太平御览》卷六五引《湘中记》述"五美水,在长沙县东二十五里"②;《方舆胜览》卷二三引《湘中记》述"湘水至清,深五六丈,下见底,了了石子如樗蒲,白沙如雪霜,赤岸若朝霞"③。凡此皆可见罗含为作此记,不仅搜罗甚全,且多亲身考察,说明其显然不是那种枯坐书斋或一般爱好游冶的文人,而是注重亲历实行的学者。《舆地纪胜》卷五六《永州》记其古迹有"罗含岩",原注述其在州北一百五十里,并述罗含湘中人,曾作《湘中记》,臆其曾为罗含所居④。这与后面提到的广东江阳罗琴山一样,都反映了罗含足迹所至甚广,且非走马观花而皆留意体察当地的地理、人文。

从今存《湘中记》佚文看,其中所记除山川名胜外,亦及相关史事传说、风土人情和物产矿藏,将所有这些值得注意的现象加以组织,一一系次于有关山水名胜之下,显然需要系统考虑取舍,乃是罗含知识渊博而结构有序的集中体现。另值注意的是,《湘中记》多处记及道教神仙址迹及传说,如《续汉书·郡国志四》桂阳郡引《湘中记》:"项籍徙义帝于郴而害之,今有义陵祠。又县南十数里有马岭山,山有仙人苏耽坛。"⑤《水经注》卷三八《湘水》述"汨水又西径玉笥山"条引《湘中记》:"屈潭之左有玉笥山,道士遗言,此福地也。"⑥这类记录,似又反映了罗

---

① 《后汉书》,北京:中华书局,1965年,第3485页。
② 《太平御览》卷六五《地部三十·江南诸水》"五美水"条。第311页。
③ 祝穆撰、祝洙增订、施和金点校:《方舆胜览》卷二三《潭州》北京:中华书局,2003年,第413页。
④ 《舆地纪胜》卷五六《永州·古迹》,第2049页。
⑤ 《后汉书》,第3484页。
⑥ 郦道元著、陈桥驿校证《水经注校证》,北京:中华书局,2007年,第897页。

含在儒释道中于长生修仙及道士特为留意的态度,说明了其亦甚关心道教的事实。这一点亦可与上面所说其与玄学关系密切的状态互证。更重要的是,这又提供了东晋以来道教除盛于滨海地区外,也在湘中一带广为流播的宝贵资料。

凡此之类,都说明罗含不仅是一位杰出的思想家、文学家,而且在博物学和地理学上颇有成就,是一位重要的学问家,并为我们进一步了解罗含其人其事,提供了若干以往关注不够的线索。

4. 后世记叙的罗含身后之名及其影响

在有关罗含的各种资料中,后世对其行迹的传颂和记叙,不仅数量庞大,所提供的信息亦值得今人加以注意。这方面可以收集的还有不少,如《世说新语》卷中之上《方正第五》:"罗君章曾在人家,主人令与坐上客共语。答曰:'相识已多,不烦复尔。'"刘孝标注引《罗府君别传》述罗含家世及其在桓温幕府时事①,足补《晋书》本传之不足。《太平御览》卷六九《地部三十四·洲》引王韶之《始兴记》曰:"城西百余步,有栖霞楼,临川王营置,清暑游焉。罗君章居之,因名为罗公洲。楼下洲上,果竹交荫,长杨榜映,高梧前竦。虽即城隍,趣同丘壑。"②此为相传罗含的又一居处,魏晋以来的始兴县和始兴郡皆在今广东韶关市(今韶关所辖仍有始兴县,郡治在今韶关市东南一带),其栖霞楼与罗公洲两处罗含之迹,即有待实地考究以知其详。

后世对罗含的评价显然较其生前为高。如南朝才士徐陵《让散骑常侍表》有云:"南郊奉乘,当求郑默之才;西省文辞,应用罗含之学。"③

---

① 刘义庆著、刘孝标注、余嘉锡笺疏《世说新语笺疏》,北京:中华书局,1983年,第391页。
② 《太平御览》,第327页。
③ 徐陵撰、许逸民校笺:《徐陵集校笺》卷四《让散骑常侍表》,北京:中华书局,2008年,第318页。

唐代杜甫《舍弟观赴蓝田取妻子到江陵喜寄三首》之三，有"庾信、罗含俱有宅，春来秋去作谁家"之句①；刘禹锡《韩十八侍御见示岳阳楼别窦司直诗因令属和重以自述故足成六十二韵》有"郭璞验幽经，罗含著前纪"之句②；李商隐咏《菊》诗有"陶令篱边色，罗含宅里香"之句③。凡此虽语境不同，却皆以罗含与一代最为杰出的文士学者相提并论，足见罗含身后声名愈高，相关事迹已成典故而久被传颂，所提供的是正史记载并未反映、已经历史淘洗筛选的重要情况。这都雄辩地说明罗含其人的确不是一时之杰、过眼烟云，而已成为某种优秀传统的象征，故被代代传颂于世间而发挥积极作用。

后世传颂的这类罗含资料中，也有相当一部分反映了罗含后人的情况。如唐代诗僧皎然《送罗判官还寿州幕》有"君章才五色，知尔得家风"之句④，唐末文臣罗隐《寄酬邺王罗令公五首》有"敢将衰弱附强宗，细算还缘血脉同"之句⑤，宋杨万里《送安成罗茂忠》有"书台佳士君章孙，句法来自西溪门"之句⑥。明代阳明后学罗洪先《寿叔凤山七十赋诗》有"罗含有后重家声，住向深山岁几更。身谢儒冠缘肖子，庭分宾席少难兄"之句⑦。这些诗句不仅反映了罗含后人的相关状况，更体现了其后人长期以罗含品行为家风特色的景象。若将之与《元和姓纂》等处

---

① 杜甫著、谢思炜校注：《杜甫集校注》卷一六《近体诗一百三十二首（居夔州作）》，上海：上海古籍出版社，2015年，第2595页。

② 瞿蜕园笺证：《刘禹锡集笺证》之《外集》卷一，上海：上海古籍出版社，1989年，第1291—1293页。

③ 刘学锴、余恕诚：《李商隐诗歌集解》，北京：中华书局，2004年，第514页。

④ 释皎然：《吴兴昼上人集》卷五，《四部丛刊》集部，涵芬楼影印江安傅氏双鉴楼藏景宋写本。

⑤ 罗隐著、潘慧惠校注：《罗隐集校注·甲乙集》卷七，杭州：浙江古籍出版社，1995年，第220页。

⑥ 杨万里撰、辛更儒笺校：《杨万里集笺校》卷三九《诗·退休集》，北京：中华书局，2007年，第2043页。

⑦ 徐宗儒编校整理：《罗洪先集》卷三〇《七言律诗》，南京：凤凰出版传媒集团，2007年，第1272页。

所载罗氏后人之况和《耒阳罗氏宗谱》所载诸人诸事结合考察,当可进一步认识罗含对其后人的影响,有助于对罗氏家族的研究。

另值注意的是,明清时期出现了正面纪念罗含的不少诗文。对这个现象背后的历史活动,现在还有待研究。如明代鲁斐有诗三首专门纪念罗含,这与当时耒阳罗含祠的春秋二祀有何关系?其人与罗氏乡梓或宗人有无渊源?为什么明代以前有类似因缘者没有留下这类诗篇?都是罗含研究需要关心的现象。又如清人王若霞的《罗琴雅操》,为咏广东江阳八景之一,其景据传为罗操为尚书郎时受邀往游而来的胜迹①。从今天所知罗含宦历来看,罗含征为尚书郎不久,即由桓温表转征西府户曹参军,而建康与处于粤西的阳春市相去遥远,当时其断无可能前往游玩。那么这个传说从何而来?罗含究竟是否到过阳江?是年老致仕后曾到、还是在历官时到过阳江?弄清这些问题对补充罗含的相关史料同样具有重要价值。

总之,罗含身后的这些传说和诗文,很好地表明了罗含其人绝不是一个简单的东晋名贤,而是一个对后世影响深远、其才行风貌被络绎称颂至今的历史人物。这也为我们今天纪念和研究罗含,更好地推动地方经济社会发展,提供了有益的启示。

---

① 《舆地纪胜》卷九八《南恩州·景物下》罗琴山条述:"山在州西二十里,昔罗含尝携琴游此山,故名。"第3064—3065页。是其说起源甚早。

八、六朝浙东人文与"浙东唐诗之路"

自1991年学界提出"浙东唐诗之路"这个概念以来[①],对其内涵概要及其在中国文学史上的地位和影响,现在已有不少研究成果足资参考。有必要继续明确的是,此路所以能在众多涌现唐诗的地带中脱颖而出,自应有其特定因缘和条件,从其历史渊源来看,则是与六朝时期浙东的发展及汇聚于此的若干人文要素分不开的。本文即拟由此出发讨论此期浙东的相关特点和优势,以有助于解释"为什么会有400多位唐代诗人接踵往来于浙东,在此流连往返并且留下1 500多首诗篇"的问题。

1. 关于浙东唐诗之路形成的条件

要讲浙东唐诗之路,首先需要考虑其物质基础,考虑唐以前浙东经济社会的发展水平。这方面一个不错的视角是看其交通状况如何,尤其是考虑从建康至钱唐的江南运河,从西兴渡至余姚以东的浙东运河的发展史,这是古代各地连接浙东最为重要的交通线。

据陈桥驿、邹逸麟等先生的运河史研究[②],江南运河与浙东运河从春秋末年吴越争霸时已有若干雏形,至秦始皇南巡时,开凿、疏通了从

[①] 傅璇琮《从义桥渔浦出发:浙东唐诗之路重要源头学术研讨会论文集序》,沈迪云等主编:《从义桥渔浦出发:浙东唐诗之路重要源头学术研讨会论文集》,杭州:浙江人民出版社,2013年,第1页。

[②] 陈桥驿主编:《中国运河开发史》,北京:中华书局,2008年;邹逸麟主编:《中国运河志·总述·大事记》,南京:江苏凤凰科学技术出版社,2019年。

长江岸边的丹徒(今镇江)南至曲阿(今丹阳)的丹徒道(或称曲阿道)和从由拳(今嘉兴)至钱唐(今杭州)的陵水道,吴地旧有水道得以进一步连通。到六朝建都建康(今南京),江南运河作为建康通向其南腹地的交通干线愈受关注。孙吴凿破岗渎(在今镇江西南、句容东南25里),萧梁开上容渎(在句容东南5里),均为解决建康至丹阳这一丘陵地段的水路运输。至于丹阳向南至杭嘉湖及于宁绍平原,六朝各时期又陆续作堰设埭,蓄陂修堤,改善了江南运河的航行条件,维护了从西兴渡东至余姚一带,贯通钱塘江、钱清江、曹娥江、姚江流域的浙东运河,使之在六朝江东地区的发展中起到了重要作用。至隋炀帝全面修治南北大运河,大业六年(610年)"敕穿江南河,自京口至余杭八百余里,广十余丈,使可通龙舟"[1]。自此江南水运得以与江北邗沟、通济渠、永济渠及漕渠相通,构成了南达余杭、北经河洛抵于燕蓟、西至长安的完整水运干线。这对此后历史和各相关区域的发展均有重大而深远的影响,唐宋时期浙东地区的迅速发展和浙东运河重要性持续提升,与此有着直接的关联。

六朝至隋唐江南运河、浙东运河的这种疏通整治历程及其与全国交通网络连接愈趋于通畅的发展态势,集中体现了当时浙东地区经济社会的发展背景,同时也构成了浙东唐诗之路形成的基础。这里举两个例子:

一是李白《别储邕之剡中》诗:"借问剡中道,东南指越乡。舟从广陵去,水入会稽长。竹色溪下绿,荷花镜里香。辞君向天姥,拂石卧秋霜。"[2]这是开元年间身在扬州的李白规划南游越州剡中的诗篇,其路线即是经江南运河南下,至浙东运河鉴湖东湖段,再循曹娥江南溯剡溪,以抵天姥。

---

[1] 《资治通鉴》卷一八一《隋纪五》大业六年十二月,上海:上海古籍出版社,1987年,1204页。

[2] 李白著、王琦注:《李太白全集》卷一五《古近体诗三十五首·留别》,北京:中华书局,2015年,第848页。

二是代宗时转运使刘晏《与元载书》："浮于淮泗，达于汴，入于河，西循底柱、硖石、少华，楚帆越客，直抵建章、长乐，此安社稷之奇策也。"①刘晏这里说的是中唐时期江南财赋通过运河系统接济北方至于长安一带的重要性，其路线也是走运河北上，入黄河、经漕渠可直抵关中。顺便指出，即便在汴、洛及淮、泗等地因战乱受阻的情况下，以越州为中心的浙东商客，在当时也还可由水运至长江中游，再循汉水北上，经由武关从陆路干线抵达长安，又可从长江中游进至湖湘、巴蜀及西南地区。

这类例子反映了两个与浙东唐诗之路直接相关的史实：一是从六朝整治江南运河、浙东运河到隋修大运河以来，唐代浙东已与全国水陆交通干线相衔接。其向外交通已空前便利，区内交通亦不断完善，越州、婺州、台州等交通节点愈显重要，明州设州和明州港在海上丝绸之路中的地位逐渐凸显。这种甚便于人流、物流往来的交通状态，对当时浙东地区的迅速发展起到了重要作用。二是经六朝以来整个江东地区的长足发展，唐代浙东地区已开始商客繁炽，游士甚众。其开发进程从沿海平原不断向山区盆谷地带扩展，在籍人口则从唐初约六七万户，40万人上下，至盛唐迅速增至40多万户，200多万人②。这都表明浙东经济社会发展程度已甚可观，至中晚唐遂成为充当朝廷财赋支柱的江南八道之一，其地非惟景色秀丽，名胜遍布，且亦交通便利，供应无虞，尤宜于四面八方的文士前来游历。

但与此同时也要看到，在唐以前各历史时期，浙东地区只在春秋末年吴越争霸时短暂进入过历史中心舞台，此后其不仅远离各大都城，亦无全国性交通枢纽，繁华程度更不能与扬、益等州相比。这又说明当时

---

① 《旧唐书》卷一二三《刘晏传》。北京：中华书局，1975年，第3512页。
② 梁方仲编著：《中国历代户口、田地、田赋统计》，甲表24：《唐贞观十三年各道府州户口数及每县平均户数和每户平均口数》，甲表26：《唐天宝元年各道郡户口数及每县平均户数和每户平均口数》。上海：上海人民出版社，1980年，第82页、第90—91页。

浙东从经济社会到思想文化基本上仍属边缘地区，并不是各方人物的必经之地。在这样的前提下，为什么出现浙东唐诗之路？为什么会有众多杰出诗人（其中只有贺知章等几位本地人）辗转或一再来到这里，写下那些千古流传的诗篇呢？这里面一定有着特别的理由，这些理由也一定值得今人很好地借鉴，以有助于浙东地区的进一步发展。

在回答这个问题时，浙东自然风光的秀美恐怕不能是排到前列的理由。各地风光绝胜处数不胜数，留下如此众多唐诗的地带却很少，况且这些地带从边荒塞上到繁华京师，其风光可谓各有千秋，也很难说此地一定胜过其他各地。由此看来，在讨论浙东唐诗之路所以形成的条件时，还是要特别注意其地长期蕴积的人文资源而不是自然风光本身，要考虑其绮丽的风光已屡被讴歌、刻画，成了"名山""名水"，更不必说其间还活跃着大量"名人"及其行迹所及的"名湖""名园""名寺""名观"之类。也就是说，当历史发展到盛产诗人和诗篇的唐代，已有无数得到人文滋养、与之交相辉映的各类名胜烘托了浙东、弘扬了浙东的方方面面，才能使之为各方注目，令人虽不能至而心向往之[①]，一见之下又更胜百闻而倍值吟味，于是不能不触发诗心形诸笔端，遂有所谓浙东唐诗之路的奇观。

2. 王、谢等士族名士与浙东人文

在考虑浙东唐诗之路所依托的人文资源时，六朝时期汇聚于此的士族名士、山水记咏及宗教文化，可以说是其中的荦荦大端。从人能弘道，非道弘人的角度来看，这一带萃集的士族名士及其所代表的文化传

[①] 徐鹏校注：《孟浩然集校注》卷一《五言古诗·游云门寺寄越府包户曹、徐起居》开头有句："我行适诸越，梦寐怀所欢。久负独往愿，今来恣游盘。"同书卷四《七言绝句·济江问同舟人》："潮落江平未有风，轻舟共济与君同。时时引领望天末，何处青山是越中？"北京：人民文学出版社，1989年，第31、300页。二诗境旨皆堪与李白《梦游天姥吟留别》的"我欲因之梦吴越，一夜飞渡镜湖月"呼应。

统，无疑是首要因素。

　　作为六朝都城建康的腹地，会稽郡是永嘉南渡诸多侨姓名族的置业居家之地。陈寅恪先生曾述东晋初年过江名士的"求田问舍"之道："新都近旁既无空虚之地，京口晋陵一带又为北来次等士族所占有，至若吴郡、义兴、吴兴等皆是吴人势力强盛之地，不可插入。故惟有渡过钱塘江，至吴人士族力量较弱之会稽郡，转而东进，为经济之发展。"①其时琅邪王氏、陈郡谢氏、太原王氏、高平郗氏、太原孙氏、陈留阮氏、高阳许氏、谯国戴氏、鲁国孔氏等，多在会稽置有田业。具体如琅邪王氏各房的王穆之、王胡之、王裕之、王镇之及王羲之等均曾在山阴一带安家；陈郡谢氏更以上虞一带为家族聚居地，东晋后期名相谢安及子谢琰、孙谢混、侄谢玄及玄孙谢灵运等，均曾居于此；其余如傅敷、郗愔、阮裕、孙绰、李充、许询、戴逵等，皆为一时之杰而曾长住会稽。

　　这些置业居家于会稽的侨姓士族具有一些引人注目的特点，其中不少都对浙东发展影响深远。比如会稽侨姓可以说是当时天下最热衷游览山水胜观的一群士人。像东晋名流孙绰即"居于会稽，游放山水十有余年"。王羲之给谢万写信说："比当与安石东游山海，并行田视地利，颐养闲暇。"②谢安"居会稽，与支道林、王羲之、许询共游处。出则渔弋山水，入则谈说属文，未尝有处世意也"③。南朝谢灵运更以纵情于山水著称于世，其山居始宁及为官永嘉等地的胜游，皆有大量佳作、逸闻，更曾为出游临海开路百里而引起轰动。这些人物之所以热衷游览，其中既有为浙东秀美风光所吸引的原因，也有占山行田、经营其田庄等产业的缘由；既因官场失意而寄情山水的背景，也有同声相求四

---

　　① 陈寅恪：《述东晋王导之功业》，《金明馆丛稿初编》，上海：上海古籍出版社，1980年，第61页。

　　② 《晋书》卷五六《孙绰传》、卷八〇《王羲之传》。北京：中华书局，1974年，第1544、2102页。

　　③ 刘义庆著、刘孝标注、余嘉锡笺疏、周祖谟等整理：《世说新语笺疏》卷中之上《雅量第六》"谢太傅盘桓东山"条，并刘孝标注引《中兴书》。第437页。

处访友论学的原因;既有受当时崇尚自然、率性放达风潮影响的一面,也有追求长生解脱而采药求仙、访道学佛的动机。无论如何,其活动均在多个方面深度开发了浙东,也不断渲染、放大了其地景色和众多名胜的举国声誉。

更为重要的是,会稽一些著名侨姓既出于与司马睿共同创立东晋的重要家族,也就多有成员在朝为官,并在建康有稳定的居处,著名的如王、谢二家即聚居于乌衣巷一带。这些家族的建康居处与其会稽的庄园田产,其族在朝身居高位者与长居会稽的本房或别房长幼,其间关系是一个很值得注意的问题。田余庆先生即指出,由于会稽郡特有的条件,"东晋成、康以后,王、谢、郗、蔡等侨姓士族争相到此抢置田业,经营山居,卸官后亦遁迹于此,待时而出"①。这就揭示了会稽在侨姓高官谋划自身出处进退之际的重要地位,与之相连的当然还有一系列影响深远的结果。以王、谢为代表的侨姓高门上承魏晋风流而下启江东新局,其中领袖人物的追随依从之士尤众,各家纷纷以建康与会稽为立足江东两大据点的状态,不仅极大推进了宁绍平原向南部山区的垦殖开发,更显著加强了都城建康与会稽的多重联系。这都易使浙东成为四方人物景附、风气汇聚之区,并且因其相对来说并不切近朝廷风云,更多一份从容议论、闲适游历及文会雅集的诗酒风流,从而得以先于当地经济社会的发展进程,成为建康以外六朝精神及文化的另一前沿重镇。

自东汉以来,会稽郡也已发展出一批当地大姓,著名的有虞氏、孔氏、贺氏、谢氏、魏氏、丁氏、钟离氏等②。其中如山阴贺氏,在王导辅佐

---

① 田余庆:《东晋门阀政治》,北京:北京大学出版社,2005年,第64页。
② 敦煌文书北图藏位字七十九号(今编BD08679)拟名《氏族谱》,或反映了贞观《氏族志》修纂时的各地郡姓之况,也有学者认为是天宝八载氏族谱的改写本,其中列有"会稽郡七姓:越州,虞、孔、贺、荣、盛、钟离";英藏S.2052原题《新集天下姓望氏族谱一卷并序》,学界多以为是天宝以后至德宗时期所修,其中列"越州会稽郡出十四姓:夏侯、贺、康、孔、虞、盛、资、钟离、骆、兹、俞、荣、沉"。(转下页)

东晋元帝立足江东之时，即把贺循与吴郡顾荣并列为必须招引的"此土之望"①。余姚虞球、虞存，则与山阴孔沈、谢奉、魏顗一起，被侨姓名士孙绰誉为会稽的"四族之俊，于时之杰"②。这些会稽旧姓士人除为官作宦并在本地广占田园山泽，兼事造纸、制瓷等产业发展以外，在学术文化上亦有可观建树。在经学上，如虞翻的易学早被誉为"东南之美"，礼学名家贺循东晋人称"当世儒宗"，二家之学自汉以来皆子孙相承，授徒尤众，流风余韵不绝。论史学则谢承撰有《后汉书》百余卷，为首部私家纂修的东汉史而多所创制；谢沈撰有《晋书》三十余卷、《后汉书》百卷、《汉书外传》。二人堪称浙东史学之祖，对六朝会稽士人撰史亦有重要影响。至于其他诗赋记论等各体之作，及其所抒发阐释的思想观念，更所在多有而各擅胜场。如虞预少以文章著名，长则"雅好经史，憎疾玄虚"，"著《晋书》四十余卷，《会稽典录》二十篇，《诸虞传》十二篇，皆行于世，所著诗赋碑诔论难数十篇"③。谢沈虽长于史学，而亦撰有《毛诗外传》，"所著述及诗赋文论皆行于世"，时人称其才学或在虞预之右④。从会稽旧姓的大量著述及其所示倾向来看，以往学界认为这些旧姓在

（接上页）两处所列"七姓""十四姓"而实列唯六姓、十三姓，当因其中某姓二房皆为郡姓之故。无论如何，从中可见魏晋以来不少会稽旧族至唐仍绵延不绝。

① 《晋书》卷六五《王导传》，第1745—1746页。
② 《世说新语笺疏》卷中之下《赏誉第八下》"会稽孔沈、魏顗"等姓条，对于其中的虞球、虞存，刘孝标注引《虞氏谱》："球字和琳，会稽余姚人。祖授，吴广州刺史；父基，右军司马。球仕至黄门侍郎。"第556页。同书卷上之下《政事第三》"何骠骑作会稽"条，刘孝标注引孙统《虞存诔叙》曰："存字道长，会稽山阴人也。祖阳，散骑常侍；父伟，州西曹。存幼而卓拔，风情高逸，历卫军长史、尚书吏部郎。"第213页。球、存皆余姚虞氏，存家当因居籍郡治，故孙统载其为山阴人。此亦同郡一姓二房皆为郡姓之例。
③ 《晋书》卷八二《虞预传》，第2147页。又如预兄虞喜曾"释《毛诗略》，注《孝经》，为《志林》三十篇，凡所注述数十万言，行于世"，其礼学亦为朝廷所重，又著《安天论》以难浑天、盖天说，为当时天论六家之一。《晋书》卷九一《儒林虞喜传》，第2349页。
④ 《晋书》卷八二《谢承传》，第2152页。

学术上偏于保守的看法,似忽略了他们在上承汉学的同时,也弘扬了东汉以来学术递变而思想活跃的传统,且明显体现了浙东前辈王充所代表的博综百家、务实开新之风。

正是因为接踵此风,在过江侨姓各携所擅之学包括河洛一带尤为流行的玄学,与会稽士人往复过从之际,彼此之学方得较快地交光互摄而融汇一体,从而构成了六朝浙东学术在各个方面愈趋于绚丽多彩的重要背景。如成帝时褚裒曾与孙盛在建康共论南北之学,认为北人学问"渊综广博"而南人之学"清通简要",时在会稽的高僧支遁闻之,强调其为南、北"中人以还"的一般特点①。此事上距东晋建立仅二十年,除可说明当时建康与会稽学术互动之密切外,也说明江东包括会稽士人的治学特点,总体上并未保守旧时的汉学,而是较早形成了不务枝蔓而重在透彻的倾向,其学的"清通简要",准确说来乃是南渡士人所携玄学等学与江东学术激荡共鸣而焕发的夺目光华。又如上面提到虞预所撰的《会稽典录》,即与汉晋间圈称《陈留耆旧传》、周斐《汝南先贤传》、陈寿《益都耆旧传》一起被唐代史家刘知几所重,推为诸家"郡书"的代表之作②。虞书所记为古来会稽人物及诸掌故,大旨亦为"矜其乡贤,美其邦族"以梳理本土传统,所透露的正是浙东地方意识在孙吴至东晋的多重刺激下抬头自觉的趋势③。在此前提下会稽旧姓与过江侨姓的互动,绝非只有单向的影响,而是有着远为丰富而复杂的内涵。

总体看来,会稽旧姓与王、谢等过江侨姓之间,自然会有资源的争

---

① 《世说新语笺疏》卷上之下《文学第四》"褚季野语孙安国"条,第255页,此事应在褚裒任司徒府从事中郎、给事黄门侍郎,孙盛任著作佐郎之时,即在东晋成帝咸和年间的建康,支遁时在会稽。

② 刘知几著、浦起龙通释、王煦华整理:《史通通释》卷一〇《内篇·杂述第三十四》,北京:中华书局,2009年,第254页。

③ 除《会稽典录》外,《隋书》卷三三《经籍志二》史部杂传类著录约略同期的类似著作还有谢承《会稽先贤传》、钟离由(旧志作岫)《会稽后贤传记》、不知名氏《会稽先贤像赞》(《旧唐书》卷四六《经籍志上》史部杂传类著录为"贺氏撰")等书。第975页。

夺,也不免留有曹、孙对峙和西晋灭吴诸事所致的芥蒂,但其大势仍是在共同面临的北方压力下相互依存,在各骋所长中共生共荣,这是至为深切地影响六朝浙东经济社会和思想文化发展的基本因素。其典型如永和九年(353年)的兰亭修禊之会,相传与会42人中,包括了王羲之父子7人,以及谢安、谢万、谢瑰和孙绰、孙统、孙嗣,皆属侨居会稽的著姓;其余如虞谷、孔盛、谢胜(一作藤)、谢绎等,则为会稽旧姓人物;而宦游会稽的袁峤之、郗昙、桓伟、庾友、庾蕴、卞迪等,亦多出于东晋最为著名的将相家族而聚于此会。诸人所留诗作37篇,类皆情思清幽而韵致高标,加以王羲之乘兴所作的《兰亭集序》影响巨大,故足视为六朝会稽侨、旧士人交流甚密而志趣相融,常作雅集胜会并与众多外来名士往来过从,从而留下无数佳话的一个缩影。

也正是这类佳话,集中体现了活跃于此的六朝士族名士在传承、弘扬浙东人文传统时不可磨灭的贡献。没有《兰亭集序》和雪夜访戴等故事的兰亭和剡溪,固然也不失为一方胜景,却很难设想其会拥有如此重大而广泛的影响。对此期浙东地区喷发式涌现的诸多名胜,对后来浙东唐诗之路的形成来说,聚于会稽的侨旧名士吟咏所及、胜游所至及其相互交流影响的大量逸闻遗事,往往都是最为直接的原因,其所承载、凝聚的魏晋遗风、六朝精神更随时代变迁而倍增异彩。

3. 六朝浙东地志与山水记咏之作

浙东山水清奇秀峻,极为可观。但再美的自然风光,如果鲜为人知,少所刻画传诵,也只能默默无闻,只是一种潜在的资源,难以发生广泛影响,更谈不上形成冠绝一时的审美意象及对一代代骚人墨客的心灵感召了。如果考虑浙东山水胜观逐渐著名于世的过程,那就不能不意识到:六朝实为中国历史上山水地记、山水诗歌及山水画骤然兴盛的时期,其中多有描绘浙东景观风物之作,此期无数风流名士对会稽山川草木的赞美渲染及寄托于中的人文情怀,亦多通过这些作品抒发或记录。这无疑是催成、激活浙东景观巨大声望和永恒价值的一大要素,是此期会稽风光所积美誉和美学意象得以大幅提升增厚的基本原因,也是唐代诗人之所以竞相前来探幽览胜的重要背景。

记载浙东一带地理风物的著述,较早的可以追溯到东汉时期成书的《越绝书》,至于六朝而骤然兴盛。鲁迅早先整理乡邦文献时指出:"会稽古称沃衍,珍宝所聚,海岳精液,善生俊异,而远于京夏,厥美弗彰。吴谢承始传先贤,朱育又作《土地记》。载笔之士,相继有述。于是人物山川,咸有记录。"①即道出了孙吴谢承、朱育以来相继撰述的会稽人物传和地志杂记等各种作品,乃是其地之美得以广为人知和不断彰显的要因。据《隋书·经籍志》著录及散见于其他文献的有关记载,今仍可知六朝浙东地区的地志杂记,孙吴之时有朱育《会稽土地记》、沈莹《临海水土物志》、《会稽郡十城地志》及《会稽旧记》等,东晋则有贺循《会稽记》、虞预《会稽典录》、孔晔《会稽郡记》等,南朝时期有孔灵符《会稽记》、郑缉之《永嘉记》及《东阳记》、虞愿《会稽记》、夏侯曾先《会稽地志》、孙诜《临海记》等。至于其他各体散篇之作,则有孙绰《游天台山赋》及《太平山铭》、支遁《天台山铭》、谢灵运《山居赋》、沈约《桐柏山金庭观碑》、陶弘景《太平山日门馆碑》等,还有大量并不专叙而多及浙东的作品,如谢灵运《游名山志》《居名山志》之类,则数不胜数。

在这些作品中,地志杂记之书多为本地士人所撰,各体散篇则作者来源不一,值得注意的是无论侨姓还是会稽旧姓,其作品中均多浙东掌故逸事及历史传统的记叙。如贺循《会稽记》:"少康,其少子号曰於越,越国之称始此。"②对越国之始做了不同于以往的记载。另一作者不详

---

① 《鲁迅辑录古籍丛编》第三卷《会稽郡故书杂集·序》,北京:人民文学出版社,1999年,第235页。《会稽郡故书杂集》最早有1915年绍兴木刻本,1938年收入《鲁迅全集》。此序原稿交代辑书缘起自称"作人",序末署名亦为"周作人"。

② 《史记》卷四一《越王勾践世家》"其先禹之苗裔"条《正义》引。《正义》同处引《吴越春秋》述少康"封其庶子于越,号曰无余"。又引《越绝记》云:"无余都会稽山南,故越城是也。"第1739页。另如《史记》卷一《五帝本纪》述"虞舜",(转下页)

之《会稽记》:"始皇崩,邑人刻木为像祀之,配食夏禹。后汉太守王朗弃其像江中,像乃溯流而上。人以为异,复立庙。①"保存了会稽郡人曾以秦始皇配祀大禹的资料。王彪之《登会稽刻石山诗》则有"文命远会,风淳道辽;秦皇遐巡,迈兹英豪"之句②。亦强调了禹会诸侯及秦皇南巡等事对会稽历史的重大意义。这类记叙不仅使当地诸多传说、遗迹得与公认的古帝王谱系相连,更说明当时侨旧士人因共生共荣于此,已就浙东文化从属于统一王朝发展轨辙的前提形成了一定共识。在浙东地区从僻处一隅到名闻天下,在会稽诸地方性名胜古迹逐渐具有全国性声誉的过程中,六朝时期这类记叙的扩散流播所起的作用是不容忽略的。

对当地山水之美的渲染及地理之况的记载,更是六朝会稽地志及有关记咏之作的重要内容。如孔晔《会稽郡记》:"会稽境特多名山水。峰崿隆峻,吐纳云雾;松栝枫柏,擢干竦条;潭壑镜澈,清流写注。王子敬见之曰:山水之美,使人应接不暇。"王献之赞美山阴道景色的名言:"从山阴道上行,山川自相映发,使人应接不暇,若秋冬之际,尤难为怀。"③当地山水正是通过这类作品而流传于世的。又如孙绰《太平山铭》:"嵬峨太平,峻逾华霍。秀岭樊蕴,奇峰挺崿。上干翠霞,下笼丹

(接上页)《正义》引《会稽旧记》云:"舜上虞人,去虞三十里有姚丘,即舜所生也。"第 31 页。欧阳询撰、汪绍楹校:《艺文类聚》卷八《山部下・会稽诸山》引孔晔《会稽记》:"永兴县东北九十里有余山,传曰是涂山。按《越书》:禹娶于涂山,涂山去山阴五十里。检其里数,似其处也。"上海:上海古籍出版社,1999 年,第 145 页。凡此之类,皆与当时通行之说不同。

① 《嘉泰会稽志》卷六《祠庙》诸暨县秦始皇庙条引。李能成:《(南宋)会稽二志点校》,合肥:安徽文艺出版社,2012 年,第 105 页。

② 《艺文类聚》卷八《山部下・会稽诸山》引,其前引郭璞《山海经图赞》之《会稽山赞》:"禹徂会稽,爰朝群臣;不虔是讨,乃戮长人;玉匮表夏,玄石勒秦。"第 146 页。所述也突出了大禹与秦皇东巡对会稽历史的意义。

③ 《世说新语笺疏》卷上之上《言语第二》"王子敬云从山阴道上行"条,第 172 页。在其他文献中,《会稽郡记》或引作《会稽记》。

壑。有士冥游,默往奇托。肃形枯林,映心幽漠。亦既觏止,涣焉融滞。悬栋翠微,飞宇云际。重峦蹇产,回溪萦带。被以青松,洒以素濑。流风伫芳,翔云停蔼。"①孙绰为东晋一代文宗,此铭所述太平山色峻秀,人迹飘渺,极具情景交融之美,其影响之大不言而喻。孔晔《会稽记》亦记此山②:"余姚县南百里有太平山,山形似繖,四角各生一种木,木不杂糅,三阳之辰,花卉代发。"孔灵符《会稽记》又载:"余姚江源出太平山,东至汉口入海。"③综合这些记叙,太平山美景及方位道里、河川流向可谓历历在目,即未亲至而愈令人向往。这也典型地说明了浙东那些原本不甚著名的山水风光,因得六朝名士揄扬及相关著述的传播而闻名遐迩。

六朝兴起的山水诗中的浙东风光,则尤其显得旖旎秀丽而情景兼美。如孙绰《兰亭集诗》之二:"流风拂枉渚,停云荫九皋。莺语吟修竹,游鳞戏澜涛。"④其中传递的兰亭景色之美,非唯笔调丰富,更弥满着勃勃生机,无妨视为山水诗风正在悄然兴起的反映。到谢灵运诸多关于浙东景色的作品,如《过始宁墅》的"白云抱幽石,绿筱媚清涟";《登池上楼》的"池塘生春草,园柳变鸣禽";《登永嘉绿嶂山》的"涧委水屡迷,林回岩逾密";《初去郡》的"野旷沙岸净,天高秋月明";《石壁精舍还湖中作》的"林壑敛暝色,云霞收夕霏"等⑤。其写景已化平凡为神奇,其笔

---

① 《艺文类聚》卷八《山部下·太平山》引,第145页。

② 唐宋以前文献多引孔晔《会稽记》及孔晔《会稽记》,章宗源《隋书经籍志考证》卷六《地理》"孔灵符《会稽记》"条,以"晔"为"曅"之讹,曅即晔,章氏疑其为孔灵符之名,故三书实为一书。《二十五史补编》第四册,北京:中华书局,1955年,第4981页。今案《太平御览》等处引晔、曅《会稽记》内容有类同者,两者当为一书。不过曅是否孔灵符之名?孔灵符《会稽记》是否即是孔晔之书?仍有不少反证,应存疑为妥。

③ 俱《艺文类聚》卷八《山部下·太平山》引。同处又引孔稚珪《游太平山诗》:"石险天貌分,林交日容缺,阴涧落春荣,寒岩留夏雪。"第145页。

④ 张溥辑:《汉魏六朝百三家集》卷六一《晋孙绰集》之《兰亭集诗二首》,影印《文渊阁四库全书》,第1413册,台北:商务印书馆,1982年,第717页。

⑤ 以上分见《汉魏六朝百三家集》卷六六《宋谢灵运集》,影印《文渊阁四库全书》,第1414册,第93—94页、第96页。

触情致的敏感细腻和审美意境的绮丽幽远,确可代表一段时期以来山水诗发展已臻成熟的状态。值得一提的是谢灵运诗风对后世的影响,如承光其风的谢氏族人谢朓,至萧齐时亦在山水诗上大放异彩,遂与谢灵运并称"大小谢"而尤为李白倾心。甚慕谢灵运诗的萧梁王籍宦游会稽,作《入若耶溪》诗述"蝉噪林逾静,鸟鸣山更幽",不仅当时大获赏誉,唐宋以来亦公认为极尽写景之妙的名句①。这也可见以谢灵运为代表的六朝浙东山水诗作,不仅使得其地美景誉满天下,令人神往,更因诗风、诗境本身继承发展的传统而持续影响着后世诗人,故足视为浙东唐诗之路形成的又一重渊源。

与山水诗相伴兴起的六朝山水画中,诸多名家皆曾居游浙东,其地风光自易成其画作题材。为人熟知的如东晋顾恺之说会稽山川之美:"千岩竞秀,万壑争流,草木蒙笼其上,若云兴霞蔚。"②从其文字的强烈画面感,令人悬想作为丹青圣手的顾氏是否图绘此景③。长居剡中的戴逵、戴勃父子皆擅山水画④,其画恐亦及于当地景色。历代画作皆因

---

① 颜子推撰、王利器集解:《颜氏家训集解》卷四《文章第九》:"王籍《入若耶溪》诗云:蝉噪林逾静,鸟鸣山更幽。江南以为文外断绝,物无异议。简文吟咏,不能忘之。孝元讽味,以为不可复得,至《怀旧志》载于《籍传》。"上海:上海古籍出版社,1980年,第273页。《南史》《梁书》皆承梁元帝所撰《怀旧志》为王籍立传而存录此句,其诗全文则失传,后世诗话亦多以此为名句。
② 《世说新语笺疏》卷上之上《言语第二》,第170页。
③ 张彦远撰:《历代名画记》卷五《晋·顾恺之》载其"画谢幼舆于一岩里,人问所以,顾云:'一丘一壑,自谓过之。此子宜置岩壑中'。"杭州:浙江人民美术出版社,2011年,第86页。谢鲲为谢尚之父,曾自言较之庾亮胸多丘壑,顾恺之画鲲以岩壑为背景,很可能即其盛赞为万象万千的会稽岩壑草木。又杜甫《题玄武禅师屋壁》:"何年顾虎头,满壁画瀛洲,赤日石林气,青天江海流。"顾氏画景确多云气之类。杜甫著、谢思炜校注:《杜甫集校注》卷一二《近体诗一百三首(在成都及绵汉梓州作)》,上海:上海古籍出版社,2015年,第1954页。
④ 裴孝远:《贞观公私画史》著录"戴逵画隋朝官本"中有"吴中溪山邑居图"及"十九首诗图",《四库全书》浙江鲍士恭家藏本。《历代名画记》卷五《晋·戴逵》载后者为"嵇阮十九首诗图"。而嵇康、阮籍之诗往往以林泉景观寓意,戴逵绘其诗图自应有取于剡中风光。又《历代名画记》卷五《晋·戴勃》著录其有"九州名山图"、"风云水月图",且载人称其画"山水胜顾"。第96—97页。

易毁而甚难传世①,今仍可知描绘浙东景物风貌而传至唐初的六朝名画,有毛惠秀《剡中溪谷村墟图》、顾宝光《越中风俗图》、宗炳《永嘉屋邑图》、张善果《灵嘉塔样》等②,可谓劫后余烬而弥足珍贵。除这些名家之作外,还有不少无名画匠的浙东山水之作,如孙绰《游天台山赋》极尽渲染其景之神秀绝胜而影响巨大,其序即称此山长期失于记载,幸有图像存其仿佛,流传于方术士之间。其赋正文有"赤城霞起而建标,瀑布飞流以界道"之句,李善注引"天台图"曰:"赤城山,天台之南门也。瀑布山,天台之西南峰,水从南岩县注,望之如曳布。"这份"天台图"形成在唐初以前而配有文字,似近于舆图。孙绰此赋历述天台胜景,却未必一一亲履,其写作过程应参考了东晋流传的天台山图像。又如徐灵府《天台山记》载刘宋文帝元嘉年间,朝廷曾遣高手画匠前往天台山,绘天姥峰状于圆扇,以标灵异,以广流传③。凡此之类的画作,无论是画匠写实的景物还是名家所抒的意象,其对浙东风光的写照、渲染,在便于后人按图索骥或向往其景的美妙上,也应起到了重要作用。

以上所述六朝地志及山水记咏之作,包括山水诗及山水画的兴起和发展,俱受魏晋以来士人因崇尚自然而重新看待自然,因寄情山水而尤其爱好山水的风气影响④,故其相互之间存在着千丝万缕的联系。

---

① 如《宋书》卷九三《隐逸宗炳传》载其好水山,爱远游,"凡所游履,皆图之于室",以备老疾"卧以游之"。《宋书》,北京:中华书局,1974年,第2279页。而《贞观公私画史》著录"宗炳画隋朝官本"四幅,其中有描绘浙东风貌的《永嘉屋邑图》;《历代名画记》卷六《宋·宗炳》所录有七幅,也包括了《永嘉屋邑图》。第105页。

② 皆《贞观公私画史》所著录之"隋朝官本"。又《历代名画记》卷七《南齐·谢约》述其善山水,有"大山图"传世。第116页。谢约亦谢氏族人,此图所绘未知是否浙东名山。

③ 方瀛观徐征君纂:《天台山记》:"宋元嘉中,台遣画工匠写山状于圆扇,以标灵异,即夏禹时刘、阮二人采药遇仙之所也。"黎庶昌辑:《古逸丛书》中册,扬州:广陵书社,2013年,第555页。

④ 如孙绰《天台山赋》的开头几句:"太虚辽廓而无阂,运自然之妙有,融而为川渎,结而为山阜。嗟台岳之所奇挺,实神明之所扶持。"《汉魏六朝百三家集》卷六一《晋孙绰集》,影印《文渊阁四库全书》,第1413册,第704页。(转下页)

正其如此，当所有作品不约而同地刻画了浙东风光，其中又多影响巨大的名家传世之作时，自会相互烘托和格外放大当地景色的声誉。如上面所引会稽地志对当地传统及山水名胜的记叙，孙绰参考图像而撰《游天台山赋》，谢灵运浙东山水诗佳句的如画意境，毛惠秀因剡中景色绝秀、名士流连而作"剡中溪谷村墟图"，不仅各为相关作品的典型代表，也都在提升浙东风光的美誉时起到了广泛久远又不可取代的作用。

4. 道、佛教与儒、玄学之交响

六朝时期浙东人文的又一突出积累，是道教、佛教在此的盛行及其与玄学、儒学的多重交流。这就使得此期的浙东，弥满着采药求仙、修道长生、崇佛觉悟、解脱俗谛、谈玄论儒、扬弃名教的浓厚氛围，涌现了众多修为深湛、世所推重的名道、高僧，他们与当地信众的多重联系，与大批风流名士的酬唱往还，可以说是六朝浙东人文传统中极为夺目的一页。而所有这些奏鸣交响，均直接关乎人心世道、信仰执念、玄言哲思及轮回、长生等千古之谜，也就构成了其地对后人心灵的多重召唤，构成了浙东唐诗之路形成的要因。

浙东是六朝道教的重要传播区。如道教上清派茅山宗继魏华存、杨羲的第三代宗师许谧做过余姚县令，其父东晋时曾为剡县令，其兄则定居于此，在这一带建立了较好的教众基础。约东晋末上清派原典多由许谧之孙许黄民携之入剡，又托付给当地马朗、马罕兄弟，二人后来被尊为继承许谧少子许翙的第五、六代宗师。这都足见剡县实为上清

（接上页）王羲之：《兰亭集诗》之二："仰视碧天际，俯瞰渌水滨，寥间无涯观，寓目理自陈。大矣造化工，万殊莫不均，群籁虽参差，适我无非亲。"《汉魏六朝百三家集》卷五九《晋王羲之集》，影印《文渊阁四库全书》，第1413册，第684页。这都是以山川为自然之道所凝，神明造化所成，可以说是万物出于自然说的直接体现。

派早期发展的重镇和杨、许真经至为重要的集散地①。天师道在会稽势力尤大，王、谢、孔氏等侨旧高门不少都为其信徒。王羲之去官闲居，即"与道士许迈共修服食，采药石不远千里，遍游东中诸郡，穷诸名山，泛沧海"②。孔稚珪之父孔灵产则于禹井山立道馆，"事道精笃，吉日于静屋四向朝拜，涕泗滂沱"③。谢灵运出生旬日，其家即因"子孙难得"，将其寄养于江东天师道领袖钱唐杜氏家中至十五岁④。钱塘杜氏与浙东关系至为密切，东晋末年作乱于会稽的孙恩，即为杜氏家主杜子恭门徒孙泰的弟子。杜子恭之裔杜道鞠、杜京产父子刘宋以来亦活跃于会稽，京产则徙居剡县南墅大墟，曾聚集顾欢、戚景玄、朱僧摽等整理道经，山阴、吴兴等四方道众多有前来⑤。凡此之类，不仅表明了魏晋以来道教在浙东生根传播蔚然成风的状态，也反映了浙东地区在道教发展史上的重要地位。

与道教传播直接相关的显著现象，则是诸神仙传说密集于浙东。如《水经注》述始宁有坛谦山，"尝有采药者，沿山见通溪，寻上于山顶，树下有十二方石，地甚光洁。还复更寻，遂迷前路。言诸仙之所憩谦，

---

① 陶弘景撰、赵益点校：《真诰》卷一九《翼真检第一·真经始末》，北京：中华书局，2011年，第339—345页。

② 《晋书》卷八〇《王羲之传》，第2101页。又谢灵运《山居赋》："采石上之地黄，摘竹下之天门，撼曾岭之细辛，拔幽涧之溪荪，访钟乳于洞穴，讯丹砂于红泉。"《汉魏六朝百三家集》卷六五《宋谢灵运集》，影印《文渊阁四库全书》，第1414册，第56页。这是其采药于始宁居处左近山岭的写照。另如《太平御览》卷四七《地部十二·会稽东越诸山》"乌带山"条引孔灵符《会稽记》诸暨县西北有乌带山产紫石英，相传为谢敷游览其地时，因山神托梦而发现于不经意间。第228页。《嘉泰会稽志》卷六《祠庙》"诸暨县乌带庙"条又引夏侯曾先《会稽地志》述梁武帝时亦遣人开采此山之紫石英。《(南宋)会稽二志点校》，第105页。可见六朝时人往往渲染浙东一带多出灵药，甚便信奉道教者服食炼丹之用，遂为修神仙长生之术者所趋鹜。

③ 《南齐书》卷四八《孔稚珪传》。北京：中华书局，1972年，第835页。

④ 钟嵘著、曹旭集注：《诗品集注》卷上《宋临川太守谢灵运诗》条，上海：上海古籍出版社，1994年，第160—161页。

⑤ 《真诰》卷二〇《翼真检第二》，第346页。

故以坛谶名山"。又述上虞县南有兰风山,山有三岭,"丹阳葛洪,遁世居之,基井存焉。琅邪王方平,性好山水,又爱宅兰风,垂钓于此,以永终朝"①。《名山略记》述会稽有小白山,"阳城赵广信以魏末入小白山,受李氏服气法,又师左元放受守中之道"②。坛谶、兰风、小白山等,本来仅为当地名胜,却皆因其仙踪飘渺,并与葛洪、王方平等道教神仙人物结缘而远近闻名。至于本就名声甚著,相传又有禹遇东海圣姑的会稽山、黄帝游仙之处的缙云山、葛玄等灵仙所居的天台山之类,则更仙迹密布而聚集了众多著名道观,也就愈为天下人所神往了。这方面还有一个重要的事实值得注意,即道教推崇的洞天福地,不少都分布在浙东一地。据北宋道士张君房《云笈七签》所记,唐以来公认的道教"十大洞天"中,浙东有天台赤城山等三处;"三十六小洞天"中,浙东有四明、会稽山等八处;"七十二福地"中,浙东有东、西仙源、天姥岑等十五处③。所谓洞天福地即道教史上影响巨大的神仙名道居处所在,为天下修道成仙的最佳之地,而大多成名于六朝时期④。浙东地区在其中所占的比重若此之高,正是唐以前其地已为天下道众趋鹜向往的体现。⑤

佛教在六朝浙东的传播亦蔚为大观。东晋以来活跃于此的高僧,如竺法潜本为王敦之弟,出家为僧而擅《法华》《大品》等经,永嘉初避乱

---

① 郦道元著、陈桥驿校证:《水经注校证》卷四〇《浙江水》"北过余杭,东入于海"条,北京:中华书局,2007年,第945—946页。
② 《太平御览》卷四七《地部十二·会稽东越诸山》"小白山"条引,第228页。
③ 张君房编、李永晟点校:《云笈七签》卷二七《洞天福地》,北京:中华书局,2003年,第608—631页。
④ 《真诰》卷一一《稽神枢第一》:"大天之内,在地中之洞天三十六所,其第八是句曲山之洞。"第195页。三十六洞天说在六朝已经出现,第八为句曲山洞。《云笈七签》则述句曲山洞为"十大洞天"之八,可见其说上承六朝的调整变化。
⑤ 南朝文豪江淹撰有《赠炼丹法和殷长史》诗,开头两句即为"琴高游会稽,灵变竟不还。不还有长意,长意希童颜"。即反映了其受会稽神仙传说影响之况。江淹著,丁福林、杨胜朋校注:《江文通集校注》卷三,上海:上海古籍出版社,2017年,第444—445页。

过江,甚为东晋诸帝王将相所重,后长驻剡县仰山寺讲经传教,远近信众结队而来,所授门徒竺法友、竺法蕴、康法识、竺法济等各有成就。支遁则自吴地支山寺东徙会稽,永和年间与王羲之定交,延住山阴灵嘉寺。后入剡,先在沃洲小岭立寺行道,"僧众百余,常随秉学"。晚年又移石城山立栖光寺,间至山阴、建康等地讲经论道,交游甚广,多为一时名士①。刘宋释慧基先在建康师事释慧义及西域高僧伽跋摩,后自钱塘显明寺徙止山阴法华寺,"尚学之徒,追踪问道",又在会稽龟山修立宝林精舍,"设三七斋忏,士庶鳞集,献奉相仍"。齐初因其"德被三吴,声驰海内,乃敕为僧主,掌任十城,盖东土僧正之始也"②。至于佛教史上声名显赫的智𫖮、吉藏两位大师,智𫖮在陈时自建康瓦官寺移驻天台山,创弘禅法,判释经教,为天台宗创始人,因其极受隋朝尊奉而号称国师③。吉藏为生于建康的安息人,陈时出家,名播一方,隋朝灭陈后徙止会稽嘉祥寺,以讲授三论著称,为三论宗创始人,隋及唐初皆为朝廷所重④。智𫖮、吉藏传教创宗的经历,皆著名于建康而大成于会稽,足见浙东在佛教中国化进程中亦有重大地位。

六朝时期先后出现于浙东地区的佛寺,今仍可考于文献记载的约近300所,在同期南北可考者近3000所佛寺中占了十分之一⑤,这就集中说明了当地佛教信徒之多及基础之广。另有一事更值得注意,据

---

① 慧皎撰、汤用彤校注、汤一玄整理:《高僧传》卷四《义解一·晋剡东仰山竺法潜传》《晋剡沃洲山支遁传》。北京:中华书局,1992年,第156—158页、第159—164页。

② 《高僧传》卷八《义解五·齐山阴法华山释慧基传》,第323—325页。

③ 道宣撰、郭绍林点校:《续高僧传》卷一七《习禅篇之二·隋国师智者天台山国清寺释智𫖮传》,北京:中华书局,2014年,第623—635页。

④ 《续高僧传》卷一一《义解篇七·唐京师延兴寺释吉藏传》,第392—396页。

⑤ 据封野:《汉魏晋南北朝佛寺辑考》目录及"浙江"部分统计,南京:凤凰出版社,2013年,第1—29页。此书所辑今江苏境内佛寺达710所,浙江463所居次,江西211所,湖北169所,安徽124所,其余南方各省皆在百所以下。由于汉建佛寺甚少,故其统计绝大部分皆是魏晋至隋以前佛寺。

严耕望先生《魏晋南北朝佛教地理稿》统计,慧皎《高僧传》所载东晋高僧的驻锡地,北方最多的是长安,达 17 人;南方最多的是建康与会稽,皆 10 人,其中剡县达 6 人。其他地方绝大部分皆仅 1 人,最多的如庐山、荆州也都只有 5 人。严氏又统计《高僧传》所载的东晋高僧游止之地,人数最多的也是长安、建康和会稽,分别达 27 人次、23 人次和 17 人次,其中剡县一地达 8 人次。应当强调的是,这些高僧无一不是品格弘毅、学问渊综的盖世之才,可以说是一代风云人物的杰出代表,其所聚集的长安、建康则为都城所在,也就尤其显得其集中驻锡往来于会稽的不同寻常了。以此联系上面所述南渡士人纷纷进至钱塘江以东巩固家族根基,道教洞天福地亦较多分布于此而令天下信众向往其地的种种事实,那就不能不令人吟味:浙东唐诗之路是否在东晋以来就已开始形成了某种雏形呢?

至于佛、道、儒、玄在浙东地区的交流佳话,如竺法潜在东晋明帝以后,"乃隐迹剡山,以避当世,追踪问道者,已复结旅山门。潜优游讲席三十余载,或畅方等,或释《老》《庄》,投身北面者,莫不内外兼洽"。王羲之虽信奉道教,亦与僧人多有往来,其与支遁定交,则因遁与之讲论《庄子·逍遥游》篇,"才藻新奇,花烂映发。王遂披襟解带,留连不能已"①。谢灵运则著有《辨宗论》,欲以道家得意之说诠解顿悟,折中孔释,并与僧人法勖、僧维、慧驎、法纲等往复问难②。这些都是佛、道、玄学在浙东共为士人所好而讨论交流的场景。梁末江摠避乱会稽,憩于龙华寺,撰有《修心赋》,序述此寺为其六世祖建于刘宋文帝时,以七世祖江彪居于山阴都阳里的故宅为基。赋中述其居寺心态:"折四辩之微言,悟三乘之妙理,遣十缠之系缚,祛五惑之尘滓。"③沈约《桐柏山金庭观碑》叙其早慕仙道,曾修道汝南而"固非息心之地",至齐明帝时得居

---

① 《世说新语笺疏》卷上之下《文学第四》"王逸少作会稽"条,第 264 页。
② 《广弘明集》卷一八《与诸道人辨宗论》,《四部精要》第 15 册,上海:上海古籍出版社,1993 年,第 189—191 页。
③ 《陈书》卷二七《江总传》,北京:中华书局,1972 年,344—345 页。

于天台山此观,"翘心属念,晚卧晨兴,餐正阳于停午,念孔神于中夜,将三芝而延伫,飞九丹而宴息"①。江、沈二例正是宦游会稽的南朝儒臣与佛、道关系密切的写照。前已提到东晋褚裒、孙盛在建康共论南北学术特点,并得会稽支遁进一步概括而举世瞩目。余嘉锡先生以为《北史·儒林传》序称"南人约简,得其英华,北学深芜,穷其枝叶",语即本此②。是为六朝建康与会稽儒、玄、佛人士清谈名理而交相呼应,又影响到唐初总结南北经学特点的典型事例。这也可见浙东人文所以得在六朝不断彰显其异彩纷呈的魅力和影响,是与佛教、道教和儒、玄等学在此的交相辉映分不开的。

以上所述六朝浙东在士族名士、山水记咏和宗教文化等方面呈现的事态,当可在很大程度上代表浙东唐诗之路形成的基础条件,也在很大程度上解释了唐代诸多诗人接踵前往浙东地区、留下大量动人诗篇的原因。最后还须说明的是,隋唐虽然是承北朝一脉建立起来的一统王朝,但其受六朝文化影响极大,尤其在士人传统、生活方式、审美如文风、诗风、书风等方面更多地崇尚六朝。这是在历史与现实的交织、反差中持续存在的一重价值取向,也是唐代士人内心深处难以割舍的一份深沉情感。也正是在此驱动之下,曾为六朝名士流连激赏,到处留下了其文影诗踪和风流逸闻的浙东山水名胜,又为唐代的文人墨客平添了想象、向往的无穷意境。

这一点在唐人作品中多有体现。如初唐四杰之一的王勃亦曾修禊于王献之所筑云门山亭,其所作序言感景怀古云:"杂花争发,非止桃蹊;迟鸟乱飞,有余莺谷。王孙春草,处处皆青;仲阮芳园,家家并

---

① 高似孙:《剡录》卷五《文》。嵊州市图书馆 2018 年重印,卷五第 5—7 页。
② 《世说新语笺疏》卷上之下《文学第四》"褚季野语孙安国"条余嘉锡案语。第 255—256 页。

翠。"①可谓《兰亭集序》的余响。盛唐杜甫有《奉先刘少府新画山水障歌》,其末吟曰:"若耶溪,云门寺,吾独胡为在泥滓?青鞋布袜从此始。"②是其欲效六朝名士的向佛修道之心可掬。晚唐白居易撰《沃洲山禅院记》,述"东南山水,越为首,剡为面,沃洲、天姥为眉目。夫有非常之境,然后有非常之人栖焉",故晋宋以来有白道猷等十八高僧居此,又有戴逵等十八高士游止于此,至唐文宗初又有头陀僧白寂然来游此山,与时任浙东观察使的元稹创修禅院,成而又请白居易为之作记。故白居易在记末感慨:"道猷肇开兹山,寂然嗣兴兹山,乐天又垂文兹山。异乎哉,沃洲山与白氏,其世有缘乎!"③在这些诗文中,唐人的六朝情结和六朝浙东人文对于浙东唐诗之路形成的影响,不是已鲜活生动地展现出来了吗?

---

① 王勃著、蒋清翊注:《王子安集注》卷七《序·三月上巳祓禊序》。其文述此序作于"永淳二年暮春三月",在一般认为勃卒于上元三年之后。上海:上海古籍出版社,1995年,第210—212页。
② 《杜甫集校注》卷二《古诗四十三首》,第334页。
③ 《剡录》卷五《文》,卷五第9—10页。

九、杭州成为东南都会的若干历史背景

隋文帝开皇九年(589年)灭陈,六朝建康城被毁坏,经隋唐300余年发展波澜,至五代南唐定都江宁而称西都,其地方再具国都规模,然其已与吴越所建西府杭州(其东府为越州)并峙,从而揭开了东南地区都城史上新的一页。关于杭州何以能够在隋唐以来逐渐成为东南都会的历史背景,有几点不成熟的看法在此提出来,以求教各位同仁。

1. 海陆丝路的贯通与钱唐、杭州地位上升

钱唐秦始设县,魏晋以来大体属吴兴郡,升为郡、州在陈隋时(孙吴曾置东安郡治富春,梁武帝末侯景曾升钱唐县为临江郡,陈建钱唐郡,隋开皇九年平陈后改杭州,唐初及天宝时两度改称余杭郡)。自隋开设杭州,至唐后期渐从一般州城逐渐发展为东南都会,其中的一个重要原因是其地当江南运河南端和浙东运河西端,因此而成隋唐以来勾通海、陆丝绸之路在华干线的交汇枢纽。因此,古代杭州的发展及其区位优势的扩大和巩固,除其他种种原因外,亦与海、陆丝绸之路经由运河贯通的历史进程密切相关。

自汉武帝时张骞通西域,陆上丝绸之路大体皆以各朝都城为其起讫点,西为长安,东有洛阳,北至平城,南及建康,再由此延伸辐射;海上丝绸之路汉魏以来皆以广州为起讫重镇,其与陆上丝路的连接,一开始主要不是通过北上沿海航行,而是西由灵渠、湘江,东经韶关、赣江北抵长江流域。如东晋末卢循军南下流动之况,其军中明显有大量水手,故先航行至台州即今临海沿海,但从台州至福州段却不再航海而改陆行,

恐怕还是因为这段航线当时尚不宜大规模船队沿岸驻泊补给通过，因而也典型地体现了当时海陆丝路联系断点甚多的基本格局。这样的格局，意味着海、陆丝绸之路抵于中国后，仍相去遥远，沟通不畅，也意味着两浙地区长期处于海、陆丝绸之路之间的交通干线及有关都城圈的边缘，遂致其应有的区位优势和发展潜力难以发挥。从交通网络与地区发展相互依存和促进的角度来看，这应当是钱唐自汉以来长期仅为普通县治的一个重要背景。

这一局面自六朝至隋唐逐渐发生了根本改变，大体可以将之概括为三个阶段：一是六朝定都建康，江南运河与浙东运河在其着力经营江南的背景下续加疏浚、贯通，杭嘉湖和宁绍平原遂成建康政权的重要腹地，同时也使这两条运河成了聚于建康的海、陆丝路交通网络上的重要干线，钱唐沟通其南、北和东、西地区的枢纽地位由此上升，以至得以置郡设州。二是沟通黄、淮、江、浙水系的运河系统至隋大业六年（610年）终于形成而空前畅通[1]。面海、近海的杭州，得以由此直达洛阳和全国大部分发达地区，海、陆丝绸之路经由运河系统相互贯通的条件开始具备，杭州地位自此日益凸显。即以人口增长为例，这是古代衡量社会发展程度最为直观的指标：隋大业五年（609年）余杭郡辖6县，共有15 380户；至唐贞观十三年（639年）杭州辖5县，共有30 571户，153 720口；至天宝元年（742年）余杭郡（杭州）辖8县，共有86 258户，

---

[1] 郦道元著、陈桥驿校证：《水经注校证》卷八《济水》述济水"东南过徐县北"，注引刘成国《徐州地理志》有曰："偃王治国，仁义著闻，欲舟行上国，乃通沟陈、蔡之间，得朱弓矢，以得天瑞，遂因名为号，自称徐偃王。"陈桥驿先生释此"通沟陈、蔡"之事，"恐怕是我国运河史上运河开凿的最早传说"。北京：中华书局，2007年，第218页、第221—222页。《左传·哀公九年》："秋，吴城邗，沟通江淮。"杜预注："于邗江筑城穿沟，东北通射阳湖，西北至末口入淮，通粮道也。今广陵韩江是。"《春秋左传正义》卷五八，阮元校刻：《十三经注疏》，北京：中华书局，1980年，第2165页。此即江淮沟通之始，然邗沟至六朝亦多淤塞，皆因隋炀帝时开通济渠和山阳渎而得贯通。

585 963 口[①]。隋以来杭州（余杭郡）的这种人口不断成倍增长的态势，即是其终于成为东南重镇的坚实基础。三是唐中期以来明州设立与浙东发展相互促进，明州港逐渐发展成为运河系统最为重要的出海口和连接东洋、南洋的海上丝路枢纽，作为江南运河和浙东运河节点的杭州由此渐成东南都会，从而为吴越和南宋建都于此奠定了基础。

可以认为，仅有六朝时期江南运河和浙东运河的疏浚，而无隋代南北运河的贯通，就不会有钱唐地位的不断上升；虽有南北运河的贯通而无唐代明州成为海上丝绸之路要港的变迁，也不会有五代以来杭州成为东南都会和国际化都市的结果。

2. 江东政权与江南运河、浙东运河的疏浚

钱唐发展与江南运河和浙东运河关系密切，其况又与历代江东政权休戚相关。相对于上面着眼于海、陆丝绸之路相互贯通这样的举国和国际格局，这是就区域发展来考虑钱唐、杭州地位渐趋于重要的另一条线索。从最早的春秋吴、越到汉、隋间的六朝，再到五代时期的吴、南唐、吴越以至南宋，可以划出江南运河与浙东运河的几个重要发展阶段，一些重要的工程，大都完成于这些阶段。与之相伴的则是钱唐设县升郡立州以至成为东南都会的过程。这当然是与这些政权与北方的联系和攻守态势，与其较之中原朝廷更为重视江东的经营和水利整治分不开的。

江南运河和浙东运河源于春秋吴、越，见于文献记载的即是《越绝书》卷二和卷八分别记载的"吴古故水道"和"山阴故水道"（两处同时记

---

① 梁方仲：《中国历代户口、田地、田赋统计》，甲表22《隋各州郡户数及每县平均户数》、甲表24《唐贞观十三年各道府州口数及每县平均户数和每户平均口数》、甲表26《唐天宝元年各道郡户口数及每县平均户数和每户平均口数》。上海：上海人民出版社，1980年，第76页、第82页、第90页。

有"吴古故陆道""山阴故陆道")。据"吴古故水道"北上"奏于广陵"①，《吴越春秋》卷七则载勾践入吴为质，"群臣皆送至浙江之上，临水祖道，军陈固陵"②。这些记载皆可上接《左传·哀公九年》载吴国开通邗沟以便粮运之事，显示了江南运河、浙东运河早期形成、发展过程与吴越相争和北上称霸的联系。也正因如此，一旦有关政治军事需要消退，春秋晚期已轮廓初具的江南运河和浙东运河，极易在若干地形水势复杂之地失修湮塞，留下的只是与各地水利关系较大的若干水道河段，作为较小区域内的运河各自发挥其作用。这个特点在以后的历史时期一再表现了出来，对秦始皇东巡会稽开凿丹徒(曲阿)水道、陵水道至于钱唐、越地，以及钱唐晚至秦灭六国方设县立治而长期并无重要地位等事，即应放到这种通少断多的背景下来加以认识。

六朝是江南运河和浙东运河发展的重要时期，上已指出两浙由此成为建康政权重要腹地的相关影响，因而此期有一系列重要的运河工程展开。可略举几例加以说明：

《建康实录》卷二载孙吴赤乌八年(245 年)凿破岗渎，自句容至丹阳共立十四埭，"以通吴会船舰"③。这是在江南运河北抵京口所经的

---

① 李步嘉校释：《越绝书校释》卷二《越绝外传记吴地传第三》："吴古故陆道，出胥门，奏出土山，度灌邑，奏高颈，过犹山，奏太湖，随北顾以西，度阳下溪，过历山阳、龙尾西大决，通安湖。吴古故水道，出平门，上郭池，入渎，出巢湖，上历地，过梅亭，入杨湖，出渔浦，入大江，奏广陵。"同书卷八《越绝外传记地传第十》："山阴古故陆道，出东郭，随直渎阳春亭。山阴故水道，出东郭，从郡阳春亭，去县十里。"北京：中华书局，2013 年，第 32、229 页。

② 周生春：《吴越春秋辑校汇考》，上海：上海古籍出版社，1997 年，第 113 页。又《越绝书校释》卷八载范蠡为伐吴而筑城固陵，"以其大船军所置也"。第 228 页。固陵亦称西陵，至吴越改为西兴。见《浙江通志》卷九《地里志一之九·绍兴府》，嘉靖四十年刻本，第 513—514 页。

③ 许嵩撰、张忱石点校：《建康实录》卷二《吴中·太祖下》赤乌八年八月，"使校尉陈勋作屯田，发屯兵三万凿句容中道，至云阳西城，以通吴、会船舰，号破岗渎，上下一十四埭，通会市，作邸阁。仍于方山南截淮立埭，号曰方山埭，(转下页)

丹阳,开凿了一条向西直抵建康的运河,破岗渎历晋、宋、齐而渐废塞,至于萧梁又另开上容渎,南朝陈时上容渎埋塞而再修破岗,即可见其重要性。

《嘉泰会稽志》卷十《水·运河》:"在府西一里,属山阴县,自会稽东流县界五十余里,入萧山县。旧经云:晋司徒贺循临郡,凿此以溉田。"①其所引"旧经"或是官修图经之类而早佚,贺循凿此运河今亦不见于其他记载,此运河通往西兴渡,即春秋晚期的固陵一带。这表明秦汉以来浙东运河西至山阴段亦已湮废,至此复又开凿。以往多认其事在西晋末年永嘉年间,据《晋书·贺循传》等处记载,其事当在贺循八王乱时辞官还乡至建武初出任太常之间,或为东晋之事。

《南齐书·陆慧晓传》附《顾宪之传》载其永明六年(488年)行会稽郡事,"时西陵戍主杜元懿启:'吴兴无秋,会稽丰登,商旅往来,倍多常岁。西陵牛埭税,官格日三千五百,元懿如即所见,日可一倍,盈缩相兼,略计年长百万。浦阳南北津及柳浦四埭,乞为官领摄,一年格外长四百许万。西陵戍前检税,无妨戍事,余三埭自举腹心。'"齐武帝遂命访察启闻,于是宪之议称"始立牛埭之意,非苟逼僦以取税也,乃以风涛迅险,人力不捷,屡致胶溺,济急利物耳。既公私是乐,所以输直无怨,京师航渡,即其例也。而后之监领者不达其本,各务己功,互生理外,或禁遏别道,或空税江行,或扑船倍价,或力周而犹责。凡如此类,不经埭

(接上页)今在县东南七十里。"其下有许嵩原注:"案其渎在句容东南二十五里,上七埭入延陵界,下七埭入江宁界。初,东郡船不得行京行江也,晋、宋、齐因之,梁避太子讳,改为破墩渎,遂废之。而开上容渎,在句容县东南五里,顶上分流,一源东南三十里,十六埭,入延陵界;一源西南流,二十五里;五埭注句容界。上容渎西流入江宁秦淮。后至陈高祖即位,又埋上容,而更修破岗。至隋平陈,乃诏并废此渎。"此为六朝江宁南部丘陵修凿水道之大略。北京:中华书局,1986年,第53页。

① 李能成点校:《(南宋)会稽二志点校》,合肥,安徽文艺出版社,2012年,第177页。

烦牛者,上详被报,格外十条,并蒙停寝……今雍熙在运,草木含泽,其非事宜,仰如圣旨"云云①。据此可见,宋、齐之际已在江南运河的"京师航渡"至于浙东运河修筑诸处"牛埭",并对往来船只征收通过税,商旅往来相当繁盛,而西陵牛埭及浦阳南、北津、柳浦四埭即是越过钱塘江、曹娥江、姚江以达甬江的水利通航设施②。故东晋以来,由建康经江南运河与浙东运河抵于甬江的航路应已全线贯通,并且续有修葺疏浚,诸如王徽之雪夜访戴及孙恩军自舟山岛由甬进寇会稽等事,皆其体现。这应当也是钱唐在六朝时或设郡、陈隋终于开立郡州的重要背景。

五代至南宋的江南运河与浙东运河,资料更为丰富。如《宋史·河渠志七》述吴越以来整治海塘、疏浚西湖等事,又专立"临安运河""浙西运河""越州水"等目以叙其事③。《嘉泰会稽志》述浙东运河当时全程凡须"三绝江,七渡堰"④,即通钱塘、钱清、曹娥江,过西兴、钱清北、钱

---

① 《南齐书》卷四六《陆慧晓传》附《顾宪之传》,北京:中华书局,1972年,第807—808页。《资治通鉴》卷一三六《齐纪二》永明六年十二月亦载其事,胡注以为西陵牛埭即西兴渡,浦阳南津埭即梁湖堰,北津埭即曹娥堰,柳浦埭即浙江亭北跨浦桥埭。上海:上海古籍出版社,1987年,第911页。有些学者认为胡注误,盖因当时亦称曹娥江为浦阳江之故。然此事既由西陵戍主杜元懿奏上而齐武帝"敕示会稽",可断其实不误。

② 顾祖禹撰、贺次君、施和金点校:《读史方舆纪要》卷九二《浙江四·绍兴府》运河条。北京:中华书局,2005年,第4213页。

③ 《宋史》卷九七《河渠志七·东南诸水下》,其中如"临安运河"目载元祐中守臣苏轼奏自熙宁以来,父老皆苦运河淤塞,率三五年常一开,原因是龙山浙江两闸泥沙浑浊,虽开浚茆山、盐桥二河各十余里,然潮水日至,仍三五年而淤塞,遂请"于钤辖司前置一牐,每遇潮上,则暂闭此牐,候潮平水清复开,则河过阛阓中者,永无潮水淤塞、开淘骚扰之患",诏从其请,民甚便之。其下又载南宋数度开浚修葺之事。其"浙西运河"目下载有淳熙七年、十一年及嘉定年间疏浚诸事。"越州水"目下载有浙东运河诸事。北京:中华书局,1985年,第2399—2401页、第2405—2406页、第2406—2408页。

④ 《嘉泰会稽志》卷十《水》上虞县通明江条:"在县东十里,源出余姚江,其西自运河入于江。"原注:"有堰曰通明堰,蔡舍人肇《明州谢上表》云:'三江重复,百怪垂涎,七堰相望,万牛回首。'盖自杭经越至明,凡三绝江,七度堰,此其一也。"《(南宋)会稽二志点校》,第185页。

清南、都泗、曹娥、梁湖、通明堰,约共二百里余里。《宋会要辑稿》方域一七之一八引国史《方域志》载绍兴元年十月十三日,"仓部员外郎成大亨等言:'两浙运使徐康国具到上虞县梁湖堰东运河浅碍一里半,有旨令工部郎官一员前去,限一日相度申尚书省。臣等尊依起发前去,打量可料,自梁湖堰至住家坝共一里一百八十丈浅淀去处,深浅不等,计积二十四万二千一百尺,每工开运土四十尺,共合用开撩计六千五百二工。'诏依,其合用钱米,令户部应付,仍限三日令本县令佐监督并工开撩,及诚约合干人,不得拖延,别致减克钱米。"从中可见浙东运河疏浚之事,朝廷往往克日处理,足见其重视程度。《辑稿》以下所载修整"越州至余姚运河浅涩,坝闸隳坏"诸事,大略亦皆如此[①]。凡此之类,皆可见五代至南宋运河疏浚和相关设施维修已在通盘规划下经常化、制度化。

《宋史·河渠志七》"浙西运河"目下载嘉定间臣僚言:"国家驻跸钱塘,纲运粮饷,仰给诸道,所系不轻。水运之程,自大江而下,至镇江则入牐,经行运河,如履平地,川、广巨舰,直抵都城,盖甚便也。"[②]《乾道四明图经》卷一《分野》述明州:"东浙巨海,西通五湖,南畅无垠,北渚浙江。明之为州,实越之东部,观舆地图则僻在一隅,虽非都会,乃海道辐凑之地。故南则闽、广,东则倭人,北则高句丽,商舶往来,物货丰衍。东出定海,有蛟门虎蹲,天设之队,亦东南之要会也。"[③]而明州上岸之人员货物,当然须通过浙东运河进至临安及于各地(杭州凤凰寺诸多回回碑铭即为南宋至元以来相关人员定居于杭的实录,历经损毁至今残余二十余方)。这类记载表明了从长江镇江南下江南运河和从明州西经浙东运河抵于临安之况,南宋海、陆丝路的这种贯通之况,典型地反映了其时杭州成为东南都会的重要背景。

---

① 《宋会要辑稿》第八册,北京:中华书局,1957年,第7605—7609页。
② 《宋史》,第2406页。
③ 《宋元四明六志》之《乾道四明图经》,咸丰四年刻本,卷一第3页。

3. 浙东发展、明州崛起与杭州地位的联动

余杭之"杭"意为"舟航",相传与大禹渡浙赴越,"会稽诸侯"相关。这也表明古人公认杭州地区的独特地位,不仅在于其为长江三角洲苏松杭嘉湖地区的南缘,更在于其为浙东门户。而浙东依山襟海,南控闽赣,东扼海路,战略地位十分重要。故杭州的区位优势又与浙东发展息息相关,浙东重则杭州愈重,浙东困则杭州不能不边缘化。

浙东濒海多山,早期发展多与越人相关,大体围绕北、东部沿海的宁绍台平原地带而有各种内涵丰富的上、下山过程。秦汉以来其政治经济文化重心一直都在北部杭州湾沿岸的宁绍平原,此地文明发祥甚早,汉晋以来屡加整治,与太湖周围的苏锡杭嘉湖地区同为人文荟萃的鱼米桑麻之乡;其南则山川秀丽,物产丰饶而纵深极大,隋唐以来开发迅速,盛产青瓷、茶叶、刀剑、纸张。故汉唐间浙东发展主要是从北部迤东沿海地带向南、西部川谷盆地辐射,其路径大体不外乎循华夏—汉文化传统,以农为本,工商致富而以文守之,其变数则多在海路,又尤其在于唐以来明州港的崛起。

中国东部沿海以长江入海口一带区分南、北,实由地貌、潮汐、港口等航海条件和适航船只不同导致,在上海港兴起以前,宁绍平原东端的甬江入海口,实为最适宜的南北转口港,由此北上可循近岸航线至于朝鲜、日本,南下亦可循岸航抵广州而至南洋、西洋,这是唐以前海上丝绸之路抵达中国东部沿海各地的传统航线。唐开元二十六年(738年)设明州,既是南北海运及东洋、南洋、西洋通使贸易不断开展的要求,又是浙东经济社会迅速发展与传统海路干线发生变迁的产物。这是因为东南亚及阿拉伯地区来华海上交通愈趋发达,而广州、泉州港通往中土腹地路途遥远,地多荒僻而交通不畅,明州港依托的浙东地区则为平原富庶、人文荟萃之地,更可经由运河直达帝都。同时唐初以后与朝鲜、日本交流愈盛,航海技术的进步,又使明州得以利用季风直航东洋抵达全

罗南道及九州岛,这条海上丝路的"北路南道"航线因其快捷,很快就取代了传统"北路北道"(从山东半岛直抵朝鲜日本)沿岸航行的干线地位,明州由此成为东洋和南洋航线的枢纽港口。故北宋太宗已置两浙市舶司于杭州,旋又移驻明州,真宗时"杭、明各置司,听蕃客从便";至于南宋,分置杭州、秀州、温州、江阴、明州五市舶务,而以明州为要。孝宗时虽罢两浙市舶司而诸市舶务职事依旧①。《宝庆四明志》卷六则载光宗时,"凡中国之贾高丽与日本,诸蕃之至中国者,惟庆元得受而遣焉"②,足见其地位还在日益显得重要起来。

这两点都可以表明:唐后期以来的明州与浙东地区,已因其贯通海、陆丝路的关键地位,形成了相互推进之势而获加速发展,这就进一步巩固和提升了杭州作为江南运河和浙东运河枢纽,进而则可北上中原帝都及长江沿岸,南下赣闽各地的要冲地位。足见明州的崛起对浙东发展和杭州区位优势的扩大具有极大影响,其间存在着一荣俱荣、一损俱损的深刻关联。

---

① 《宋会要辑稿》职官四四之一述市舶司掌市易南蕃诸国物货航舶而至者,初于广州置司,"后又于杭州置司,淳化中徙置于明州定海县,命监察御史张肃主之。明年,肃上言非便,复于杭州置司。咸平中,又命杭、明州各置司,听蕃客从便"。第3364页。同书职官四四之二八载乾道二年六月三日,"诏罢两浙路提举市舶司,所有逐处抽解职事,委知通判县监官同行,检视而总其数,令转运司提督。先是,臣僚言两浙路惟临安府、明州、秀州、温州县、江阴军五处有市舶……近年遇明州舶船到,提举官者带一司公吏,留明州数月,名为抽解,其实搔扰,余州瘠薄处终任不到,可谓素餐。今福建、广南路皆有市舶司,物货浩瀚,置官提举,诚所当宜,惟是两浙路置官,委是冗蠹,乞赐废罢。故有是命"。其后文又载乾道"三年四月三日,两浙转运使姜诜言:'明州市舶务每岁夏汛,高丽、日本外国舶船到来,依例提举市舶官于四月初亲去,检察抽解金珠等发起。上件今拨隶转运司提督,欲选差本司属官一员前去。'从之"。第3377—3378页。后文又载嘉定六年两浙转运使奏临安府市舶务抽解泉、广蕃客香药之事。第3380页。可见其司虽罢而五处市舶务职事仍存。

② 《宋元四明六志》之《宝庆四明志》卷六《叙赋下·市舶》,咸丰四年刻本,卷六第1页。

十、六朝浙东与钱唐升州

在2015年"丝绸之路与杭州"研究论坛上,我曾着眼于江南运河与浙东运河的贯通,把杭州视为联结海、陆丝绸之路的重要枢纽,以此讨论唐宋以来杭州成为东南都会的历史背景[1]。其中提出的一个问题,是唐后期至宋浙东地区包括明州港发展对杭州区位优势的提升作用。本文则拟前溯讨论六朝时期浙东地区的发展及其与钱唐在南朝梁陈至隋升格为郡州的关联,以有助于理解隋唐以来的两浙与杭州。

1. 备海与制越

秦及西汉设会稽郡,治于吴县(今江苏苏州),重心一直在太湖流域。其南缘的钱唐自秦始皇东巡会稽始设县,是因其地自春秋以来即为浙水下游最要渡口,实为制驭浙东沿海及于闽中诸越之要津[2]。西

---

[1] 楼劲:《杭州成为东南都会的若干历史背景》,《杭州文史》第四辑,杭州出版社,2016年。

[2] 秦始皇东巡刻石全在东部沿海,最南的会稽刻石立于秦望山(今绍兴南),所设闽中郡北部包括今浙南丽水、温州一带,可见当时已明确浙东为备海控越之要地。其会稽刻石文与其他七处的不同之处,是特意强调了"饰省宣义,有子而嫁,倍死不贞;防隔内外,禁止淫失,男女洁诚;夫为寄豭,杀之无罪,男秉义程;妻为逃嫁,子不得母,咸化廉清"等风俗伦理,这也反映浙东及以南仍被视为初入王化的诸越之地。《史记》卷六《秦始皇本纪》,北京:中华书局1982年,第261—262页。《汉书》卷六四上《朱买臣传》载其会稽吴人,上书待诏,因缘获武帝赏识,建议征服东越,拜会稽太守,"诏买臣到郡治楼船,备粮食,水战具,须诏书到,军兴俱进"。北京:中华书局,1962年,第2792页。当时会稽郡治在吴,然备海制越之要显在浙东。

汉会稽郡分设东、西部都尉,西部都尉镇驻钱唐,东部镇鄞县一带,即承续了这一战略安排。东汉时期浙东、西皆属扬州,大抵分属吴郡、会稽郡,吴郡仍治吴县,会稽设治山阴(今浙江绍兴)。不过吴郡的区划向西南伸出了一个狭长地带,即浙水入海口钱唐至其上游(今建德一带)的两岸地带,包括钱唐、富春两县之地①。这就把进入浙东的沿江重要门户均置于浙西吴郡属县的控制之下了,为统治者对某些叵测之地分其要冲、夺其完形的常用手段。也就是说,秦汉以来朝廷及江东扬州大区的布局中,浙西与浙东关系的要点在于备海与制越,浙东地区多被视为东南沿海"海贼"出没和诸越活跃的偏远之地。

这种由吴郡控制浙东门户的局面,自孙吴、两晋延续到了南朝②,但情况也在发生下列变化:

一是孙吴以来备海与制越的重心已前移至浙东地区。《三国志》卷四八《吴书·三嗣主传》载孙皓凤凰三年(274)之事:

> 会稽妖言:章安侯奋当为天子。临海太守奚熙与会稽太守郭诞书,非论国政。诞但白熙书,不白妖言,送付建安作船。遣三郡督何植收熙,熙发兵自卫,断绝海道。熙部曲杀熙,送首建业,夷三族。③

何植担任"三郡督"之衔,表明当时已在浙东设有类于都督的军政专区,严耕望先生认为"三郡"即滨海的会稽、临海、建安郡,其地北接吴郡,南

---

① 建德一带以西属丹阳郡,孙吴改属析置之新都郡,至晋改为新安郡。孙吴又从富春分置桐庐、建德、新昌(后改寿昌)等县。谭其骧主编:《中国历史地图集》之《秦、西汉、东汉时期》分册,图51—52;《三国、西晋时期》分册图26—27、图55—56,北京:中国地图出版社,1982年。

② 孙吴始析置太湖以南之地为吴兴郡(治乌程,今湖州),两晋循之损益,但直至南朝刘宋,浙江两岸地带仍属吴郡。《宋书》卷三五《州郡志一》吴郡、吴兴郡条,北京:中华书局,1974年,第1031—1033页。

③ 《三国志》,北京:中华书局,1959年,第1170页。

连广、交①。此"三郡督"又称"备海督"②,而当时建安郡界大略相当于今福建全境,足见其旨在戒备东南沿海和制驭诸越的功能。

东晋以来经常出现监或都督"浙江东五郡军事"之衔,多由会稽内史兼任③。"五郡"指会稽、临海、东阳、永嘉、新安④,包括了后世公认的浙东范围,其中的新安郡还兼跨浙水上游两岸。因而这一以会稽为重心的都督区的频频设立,不仅进一步明确了浙东自成一区的格局,更因都督总制军政权位甚重,意味着浙西诸郡制衡浙东地区的功能消退,说明浙江东、西部关系正在发生重要变化。

二是自东晋至于南朝,浙东开始向州级政区过渡。经孙吴经略和两晋抚治,浙东的山越问题已基本解决⑤,南部山区的控制显著加强,总体局面渐趋于稳定⑥。"海贼"问题到孙恩、卢循起事一度突出,但诸海上势力也因此在转辗聚集和相继被灭的过程中消耗殆尽。备海与制越自此已不再是两浙关系的要害,而是成了浙东区位特点中长期存在

---

① 严耕望:《中国地方行政制度史·魏晋南北朝地方行政制度》上册,上海:上海古籍出版社,2007年,第33页。
② 《三国志》卷五〇《吴书·妃嫔何姬传》,裴注引《江表传》载当时"临海太守奚熙信讹言……都叔父植时为备海督,击杀熙,夷三族"。第1202页。
③ 如咸和三年王舒、咸安元年郗愔、太元时王蕴、王荟、谢玄、隆安时谢琰、刘牢之、义熙时何无忌、司马休之、孔靖皆任此职。田余庆先生述之甚详,参所著《东晋门阀政治》之《郗鉴与京口的经营》,北京:北京大学出版社,1991年,第78—83页。
④ 严耕望:《中国地方行政制度史·魏晋南北朝地方行政制度》上册,第41页。
⑤ 唐长孺:《孙吴建国及汉末江南的宗部与山越》,《魏晋南北朝史论丛》,北京:生活·读书·新生三联书店,1955年,第3—29页。
⑥ 《续汉书·郡国志四》载会稽郡设县级政区14个。《后汉书》,北京:中华书局,1965年,第3488页。至孙吴末,浙东会稽、东阳、临海、新安郡设县增至32个,所增主要在山区,两晋基本稳定在此数,只有属郡有些变化,尤其是东晋明帝太宁元年(323)分临海南部永宁、安固、松阳、横阳四县,增设了永嘉郡。胡阿祥、孔祥军、徐成:《中国行政区划通史·三国两晋南朝卷》上册,上海:复旦大学出版社,2014年,第735—738页、第795—797页。

的一层底色①，加之东晋以来浙东因多得机缘而长足发展，地位便开始与浙西地区相类。

《晋书》卷八〇《王羲之传》载其永和年间代太原王述为会稽内史，羲之甚轻述，由此情好不协：

> 及述为扬州刺史……羲之耻为之下，遣使诣朝廷，求分会稽为越州。行人失辞，大为时贤所笑……述后检察会稽郡，辩其刑政，主者疲于简对。羲之深耻之，遂称病去郡。②

王羲之"求分会稽为越州"，是要让扬州控制下的浙东升格为与之并列的政区。这一建议固然带有意气成分，且因使者失指而遭讥，却也反映了孙吴以来浙东地区战略地位的上升，合乎一段时期以来设置"浙江东五郡"都督区的趋势。至刘宋孝武帝"分扬州之会稽、东阳、新安、永嘉、临海五郡为东扬州"，治会稽山阴③，田余庆先生认为"这实际上实现了王羲之先前之议"④。至于梁、陈，东扬州设立趋于稳定，所统包括建安郡；又析东阳及向南一带新设婺州（后称缙州，皆治今浙江金华），以扼

---

① 《晋书》卷七六《王舒传》载苏峻之乱时，"临海、新安诸山县并反应贼，舒分兵悉讨平之"。《晋书》，北京：中华书局，1974年，第2001页。《宋书》卷六七《谢灵运传》载其从始宁南山伐木开道至于临海，从者数百，"临海太守王琇惊骇，谓为山贼，徐知是灵运乃安"。第1775页。这说明山海之贼确为浙东长期存在的问题，也反映秦汉以来的诸越之忧已演化为山贼之患，至南朝临海一带仍有山贼出没，但始宁至临海群山之中已甚安全。

② 《晋书》，第2100—2101页。刘义庆著，刘孝标注，余嘉锡笺疏，周祖谟等整理：《世说新语笺疏》卷下之下《仇隙第三十六》亦载此事，刘孝标注引《晋中兴书》载此而无"求分会稽为越州"一句。北京：中华书局，2007年，第1087页。

③ 《宋书》卷三五《州郡志一》扬州刺史条，大明三年至八年扬州改为王畿时，东扬州径称扬州。第1029页。其置废及辖区之况，参《中国行政区划通史·三国两晋南朝卷》下册，第916—917页。

④ 《东晋门阀政治》，第83页。

入赣之途①。这就形成了浙西、东政区设置等列齐观的新局面,也开启了浙东地区诸州并置相衡的历史,从而结束了浙水两岸地带由浙西政区控制的状态。

　　三是随着浙东、西多重联系的日趋密切,东晋以来两地相互依赖的一面已更为突出。《晋书》卷七六《王舒传》载其为王导从弟,苏峻之乱前出为抚军将军、会稽内史,后与其子王允之率众万余北上,与出身会稽余姚大姓的虞潭所率浙西兵一起参与平乱:

　　　　会陶侃等至京都,舒、潭并以屡战失利,移书盟府,自贬去节。侃遣使敦喻,不听。及侃立行台,上舒监浙江东五郡军事,允之督护吴郡、义兴、晋陵三郡征讨军事。②

平乱过程中,虞潭与王舒协同作战,进退与共,说明在南北对峙和维护江东安定的大局下,浙东、西地区及其士吏兵众已被更多的共同利益关联到了一起③。尤其是平乱关头由王舒、王允之父子分别都督浙东、西军事,说明了朝廷对之信任,更是便于两浙相连行事的举措,且可看出浙东已被视为浙西的纵深地区。

　　需要指出的是,孙吴以来吴中与会稽人士多有隔阂,直至东晋芥蒂仍存④,上引记载则说明两地关系首先在政治层面得到了改善。东晋

---

① 《中国行政区划通史·三国两晋南朝卷》下册,第1163—1165页、1372—1376页。
② 《晋书》,第2001页。
③ 《晋书》卷七六《虞潭传》载其成帝即位为吴兴太守,苏峻乱起"加潭督三吴、晋陵、宣城、义兴五郡军事"。陶侃立行台又以潭"假节监扬州浙江西军事"。第2013—2014页。
④ 《世说新语笺疏》卷上之下《政事第三》载孙皓时,出身山阴大族的贺邵任吴郡太守,初不出门。"吴中诸强族轻之,乃题府门云:'会稽鸡,不能啼。'贺闻,故出行,至门反顾,索笔足之曰:'不可啼,杀吴儿。'"第196页。同书卷下之上《栖逸第十八》刘孝标注引檀道鸾《续晋阳秋》,述会稽旧姓谢敷先于侨籍丹徒的戴逵去世时,"会稽人士以嘲吴人云:'吴中高士,便是求死不得。'"第779页。其时吴、越士人彼此之心态可见一斑。

史官孙盛所撰《晋阳秋》载苏峻之乱平定后,因建康残破,温峤议迁都豫章,"朝士及三吴豪杰谓可迁都会稽",王导独谓不可①。迁都会稽之议为朝士及三吴豪杰所提,其事集中体现了吴中、浙东关系及浙东经济社会已长足发展的现实。可注意的是这条记载也是"三吴"一词的较早语例,一般认为其所指为吴郡、吴兴和会稽,也有认为其广义、狭义有别而狭义不含会稽②。但南北朝时期此词用法有不少都明确包括了会稽③,可见当时会稽与吴中的共性已得较多认同,其背景正是东晋南朝浙东、西关系愈趋紧密的大趋势。

以上态势表明,六朝浙东渐在一系列挑战和机遇中摘掉了偏远叵测之地的帽子,并在保持备海制越底色的同时更增其要,成为江东政权的战略重镇和迁都备选之地。而贯穿其间的,则是其从受制于吴中到地位与之相仿而相互依赖的发展过程。在此过程中,太湖流域尤其杭嘉湖平原与浙东的宁绍平原已在诸多方面连为一体,其西、其南山区与沿海平原的联系也已空前密切,其政区建制随之升格,浙水两岸归属吴郡的布局随之已无必要④。这就使钱唐作为联结浙东和浙西的最要枢

---

① 《世说新语笺疏》卷上之上《言语第二》刘孝标注引。第185页。《晋书》卷六五《王导传》亦载此事。第1751页。

② 杨恩玉《东晋南朝的"三吴"考辨》,《清华大学学报(哲学社会科学版)》2015年第4期。

③ 如《水经注》卷四〇《浙江水》即述吴地"后分为三,世号三吴,吴兴、吴郡,会稽其一焉"。郦道元著、陈桥驿校证:《水经注校证》,北京:中华书局,2007年,第944页。慧皎撰、汤用彤校注、汤一玄整理:《高僧传》卷七《义解四·宋下定林寺释僧镜传》载其过江居吴,后入关陇寻师,东返姑苏讲法岁余,再至上虞徐山,"学徒随往百有余人。化洽三吴,声驰上国"。北京:中华书局,1992年,第293页。

④ 《梁书》卷四《简文帝纪》载太清三年(549)七月"以吴郡置吴州",大宝元年(550)复为吴郡。同书卷五六《侯景传》载太清三年十一月侯景"以钱塘为临江郡,富阳为富春郡"。北京:中华书局,1973年,第105、853页。此为钱唐升郡之始,后似复降为县。《陈书》卷六《后主纪》载祯明元年(587)十一月"割扬州吴郡置吴州,割钱塘县为郡,属焉"。即循梁太清三年建制而来。北京:中华书局,1972年,第114页。其时吴州似已以浙水为南界,为隋设杭州所承,故《隋书》卷三一《地理志下》载余杭郡(杭州)所属已无浙东之地。北京:中华书局,1973年,第878页。由此判断,浙水两岸地带不属吴郡有可能始于梁以吴郡为吴州之时。

纽,更多地承担了经济文化等多重联系的功能,从而为梁陈至隋升之为郡州提供了条件。

2. 建康与会稽

六朝浙东经济社会的发展,是在严酷的战乱形势下艰难推进的。这一点直接体现于其人口的波动式增长。《晋书》卷一五《地理志下》载西晋平吴的太康元年(280年),浙东会稽、东阳、临海、新安四郡共统33县,65 000户,口数未载。《宋书》卷三五《州郡志一》载孝武帝大明八年(464年),四郡加东晋从临海析置的永嘉郡,共统34县,90 519户,553 636口①。尽管只是在籍户口,历经184年而浙东共增25 919户,年均不到140户,这自然不是正常的增长率。即以会稽郡为例,太康元年其统10县,在籍30 000户;东晋简文帝咸安二年(372)以司马道子为会稽内史,史载其在籍共有59 140户②;到大明八年其仍统10县,在籍却减至52 228户,348 014口。诸如此类的数字背后,是东晋末年孙恩起事对浙东的极大破坏③,是江东历次内乱导致的高死亡率,以后也有侯景之乱那样的劫难,这是在讨论六朝浙东发展问题时始终需要面对的基本事实。

人口数量是古代经济社会发展最为重要的指标,波动之余人口仍有可观增长,说明六朝浙东还是有过若干发展较快的时期,存在着有利

---

① 《晋书》,第461页;《宋书》,第1030—1037页。以下晋、宋会稽郡户口数亦出此。

② 《晋书》卷六四《简文三子传·会稽文孝王道子传》,第1732页。据此则92年中会稽增户29 140,平均每年增近317户。这可能是相对正常的增长率。同书卷七六《王廙传》附《王彪之传》载同期彪之任会稽内史八年,"亡户归者三万余口"。第2010页。可见会稽在孝武帝时期应在65 000户左右。

③ 《资治通鉴》卷一一二《晋纪三十四》安帝元兴元年四月条述孙恩卢循乱时,"三吴大饥,户口减半,会稽减什三四,临海、永嘉殆尽"。上海:上海古籍出版社,1987年,第754页。

的发展条件①。应当看到,六朝除孙吴一度建都武昌外,一直都依托江东面向北方而建都于建康(孙吴称建业),浙东由此成为切近都城腹心的重要地区;而此期的建康与时人所称的"东土"会稽一带,又因历史与现实多重因素的交织,出现了一系列密切互动的事态。这可以说是六朝浙东发展的最大机遇,同时也构成了钱唐地位上升的重要背景,以下即着眼于此做些观察。

一是在江东建康政权的大局中,浙东重要性已非都城远在河洛、关中的两汉、西晋等时期可比。

《晋书》卷七七《诸葛恢传》载其避地江左,名亚王导、庾亮,甚为元帝所重:

> 承制调为会稽太守。临行,帝为置酒,谓曰:"今之会稽,昔之关中,足食足兵,在于良守。以君有莅任之方,是以相屈。四方分崩,当匡振圮运,政之所先,君为言之。"②

"今之会稽,昔之关中"一语,很值得吟味。其首先明确了会稽一带已是建康政权根本重地的区位特点,以下的"足食足兵"云云,亦以浙东地区为支撑王畿腹心的战略纵深。所述立据于杭嘉湖平原与宁绍平原在自然条件上本属一区,西晋平吴时会稽郡在籍人口已多于吴兴、吴郡等历史条件,可以说是总结了孙吴立国经验教训的切当之论。

当然东汉、魏晋的关中不仅支撑洛阳东向经略,也是制驭陇上塞北、江汉巴蜀等地的天下要冲;以会稽为中心的浙东地区,对建康政权来说同样不止是提供粮草兵源的吴中腹地而已。南北对峙形势下的六

---

① 《晋书·地理志下》载太康元年吴郡统 11 县,25 000 户;吴兴郡统 10 县,24 000 户。第 460—461 页。《宋书·州郡志一》载大明八年,吴郡统县 12,50 488 户,424 812 口;吴兴郡统 10 县,49 609 户,316 173 口。第 1031—1032 页。两者在籍户口在西晋至刘宋均少于会稽郡。

② 《晋书》,第 2042 页。

朝,势必深入经营江南地区,赣、闽等地作为江东战略纵深的重要性也已空前突出起来。前述东晋明帝时在临海郡南部析置永嘉郡,至梁元帝把孙吴所设东阳郡及其南一带升为婺州(缙州),均是以浙东为入闽抵赣要冲的战略举措。尤其是通往岭南和关联闽、湘的赣江流域,东汉以来其地已得较大发展①,东晋苏峻之乱以后温峤的迁都豫章之议,亦足说明其当时所具的战略地位和经济社会状态②。但其北向干道鄱阳湖一带,一直处于长江中游荆州、江州方镇的控制之下,江东政权与之关系微妙③,切近建康的浙东入赣通道在朝廷眼中的分量也已今非昔比。

因而完整地来看,六朝浙东既是向北支撑吴中王畿的腹地,又是向南控驭闽、赣地区的要冲,实为牵动六朝整个战略后方和全局形势的关键区域。而作为其中心的会稽,至于东晋更已人户繁盛,农业、冶铁、制瓷、造纸及商贸诸端的发展均甚可观④,宜其长为江东政权倚重特深的剧地要所⑤。而这些导致浙东地位上升和社会发展的事态,实际均因

---

① 《续汉书·郡国志四》载豫章郡统21县邑,406 496户,1 668 906口。所统县邑数和户口,远超会稽郡的14县邑,123 090户,481 196口。《后汉书》,第3488—3491页。《晋书·地理志下》载太康元年豫章郡统16县,35 000户,仍较同期会稽为多。第462页。

② 《宋书·州郡志二》载大明八年豫章郡统12县,16 139户,122 573口。第1087页。比于同期会稽郡统县多2,而户口约仅1/3。这是与赣江流域为当时南北最要通道而多战事分不开的。

③ 东晋有所谓"荆扬之争",王敦、苏峻、祖约、王恭、桓玄均据荆州下江州而作乱,甚则倾覆建康。都督荆州者如庾冰、桓冲、陶侃均兼江州,连同督江州者,亦常为朝廷所忌疑。田余庆先生论之甚详,参《东晋门阀政治》,第106—139页。刘宋以来多方削弱荆州后,江、郢等州制衡建康上游,与朝廷关系微妙复杂。

④ 陈国灿:《试论会稽郡在东晋政权中的地位和作用》,《浙江师范大学学报(社会科学版)》1990年第1期。

⑤ 《晋书·地理志下》所载扬州各郡中,太康元年会稽郡人口多于吴郡,而排序在吴郡之后。到《宋书·州郡志一》载扬州诸郡,会稽已在吴郡之前。又《隋书》卷二六《百官志上》载陈朝官品,会稽太守位丹阳尹下,吴郡、吴兴二太守上,皆第五品(第743页)。其载梁朝官班只详在朝官吏,在"三品勋位"序列中出现了"山阴狱丞"一职(第735页),可见当时山阴县狱地位特殊,与朝廷设于各地的冶、库之类相当。

其切近京师建康,这也可见浙东地区长期保有的备海制越底色,往往会随时势转移而增衍多重色彩,谱写夺目篇章而倍增其要。由此再思元帝以会稽为"昔之关中"一语,显然是切合整个六朝时期浙东的区位特点的。

二是六朝浙东与首都建康形成的多重特殊关系,对其各方面发展有着较大促进作用和深远影响。

在经济上,东晋侨姓官贵多在浙东置有产业,这是此后建康与浙东长期保持特殊关系的基础。永嘉以来南渡之人徙至江东者,大多侨居于建康周围地区[1],为东晋赖以立国的基础力量,其中势大者皆入朝为官世居建康。至于其所以多在浙东会稽一带"求田问舍",陈寅恪先生已做概括[2],即因浙东与吴中的不同条件,南渡侨姓大族徙至江东以后,在资生产业上不能不更多投注目光于浙东地区[3],其中见于史载者,如琅邪王氏、陈郡谢氏、太原王氏、高平郗氏、陈留蔡氏、阮氏、太原孙氏、高阳许氏、谯国戴氏、鲁国孔氏等,类皆置立田庄别业于会稽及周近各郡[4],且有

---

[1] 《晋书·地理志》兖州、豫州、扬州等条,第420、422、463、464页。

[2] 陈寅恪:《述东晋王导之功业》,《金明馆丛稿初编》,上海:上海古籍出版社,1980年,第61页。

[3] 王仲荦先生指出:北方侨姓"流寓到浙东会稽一带,进而又发展到温、台一带,林、黄、陈、郑四姓则移居福建"。《魏晋南北朝史》,上海:上海人民出版社,2016年,第306页。

[4] 《晋书》卷五六《江统传》载其永嘉四年避难奔成皋,病卒,其子彪、惇过江,彪曾为东阳长山令,惇在苏峻之乱时"避地东阳山",盖因彪任县令时置有别业之故,山前疑脱"长"字。第1538—1539页。《南史》卷二四《王裕之传》载其为王廙曾孙,所居吴兴余杭"舍亭山,林涧环周,备登临之美,故时人谓之王东山",元嘉二十四年卒于舍亭山。北京:中华书局,1975年,第650页。《宋书》卷五八《谢弘微传》载及谢琰时所置产业分布于"会稽、吴兴、琅邪诸处"。第1593页。可见侨姓虽多于会稽置业,但也及于浙西一带或其他地区。又吴中大族往往也在会稽一带建有别业,陶弘景撰、赵益点校:《真诰》卷二〇《翼真检第二》载道门领袖杜京产曾"将诸经书往剡南墅大墟住,始与顾欢、戚景玄、朱僧标等数人共相料视"。是杜家在剡南有墅。北京:中华书局,2011年,第246页。王象之:《舆地纪胜》卷一〇《两浙东路·绍兴府》"古迹"目述余姚城西四十里有"顾渚滩","世传顾欢家墅在此"。北京:中华书局,1992年,第562页。这类现象对两浙关系均有重要推进作用。

不少居家会稽①,其例不胜枚举。

这些侨姓人士的一大爱好是"行田",即视察其所占田畴庄园,同时亦纵情游观当地山水。《晋书·王羲之传》载其辞官闲居会稽,与谢万书曰:

> 顷东游还,修植桑果,今盛敷荣,率诸子,抱弱孙,游观其间……比当与安石东游山海,并行田视地利,颐养闲暇。衣食之余,欲与亲知时共欢宴,虽不能兴言高咏,衔杯引满,语田里所行,故以为抚掌之资,其为得意,可胜言邪!②

"行田"即巡行田原,督课稼穑,其文透露了琅邪王氏与陈郡谢氏占庇的田业分布之广。"行田"一词亦见于六朝诗文,南朝谢灵运有《行田登海口盘屿山》和《白石岩下径行田》诗③,可见其家田庄确如王氏之自山及海。这类田庄别业既大量存在,意味的是浙东地区与京师建康之间,除公家租赋人役上供京畿这类各地皆然的情形外,还特多私家物资财富的输送往来,与之相连的自然还会有种种可能的事态。其中也包括侨旧士族在浙东争相庇占山泽田湖资源,并在沿海平原之地瓜分殆尽后,把目光继续投向其南大大小小的川谷盆地,这是推进六朝浙东山区垦

---

① 如王羲之即居家并葬于会稽,其诸子后来亦有一二居家会稽。《舆地纪胜》卷一〇《两浙东路·绍兴府》"古迹"目:"右军宅:在山阴东北六里,旧传戒珠寺是也。或云嵊县金庭观乃右军旧宅。"第561页。《世说新语笺疏》卷上之上《德行第一》刘孝标注引《晋阳秋》述庾亮曾侍其从父琛"避地会稽"。又引《阮光禄(裕)别传》载其"以疾筑室会稽剡山"。第39—41页。《南史》卷二四《王镇之传》载其王胡之从孙,丁母忧,"致丧还上虞旧墓"。附弟《王弘之传》载"家在会稽上虞",并载谢灵运与庐陵王义真牋曰:"会境既丰山水,是以江左嘉遁,并多居之。至若王弘之指衣归耕,踰历三纪;孔淳之隐约穷岫,自始迄今;阮万龄辞事就闲,纂戎先业。"第654—656页。

② 《晋书》,第2102页。

③ 《汉魏六朝百三家集》卷六六《宋谢灵运集》,台北:商务印书馆,《文渊阁四库全书》影印,1982年第1414册,第95页。

殖开发的重要因素。

在政治上,聚于建康的侨姓显宦世家既多有成员寓居会稽一带①,浙东与建康政局也就多了一重连接纽带。田余庆先生即指出:在会稽一带抢置田业,经营山居的王、谢、郗、蔡等侨姓士族,往往"循迹于此,待时而出"②。《世说新语笺疏·排调第二十五》述谢安出山任桓温征西府司马,朝士送于新亭:

> 高灵时为中丞,亦往相祖……戏曰:"卿屡违朝旨,高卧东山,诸人每相与言:'安石不肯出,将如苍生何!'今亦苍生将如卿何。"谢笑而不答。③

"将如苍生何"一语,正是居于会稽养望不出的谢安已牵动江东政局的体现,高崧问"苍生将如卿何"? 则是欲问谢安之政见,尤其对于桓温的态度,安则笑而不答。谢安高卧上虞东山,随其寓居的有诸"同好",并与永和十年(354年)黜至东阳的陈郡殷浩过从,谢、殷族人常作燕集,不久安因其弟谢万黜废,"始有仕进志"④。故谢安出山,正犹当年殷浩

---

① 如王、谢皆聚居于建康乌衣巷一带,王氏家族的王导、王彬等成员的墓地位于建康西北郊,谢氏家族谢鲲、谢温、谢球等成员的墓地位于建康南郊,其中有些已经考古发掘。南京市文物保管委员会:《南京人台山东晋王兴之夫妇墓发掘报告》《南京象山东晋王丹虎墓和二、四号墓发掘简报》,《文物》1965年第6期、第10期;华国荣等:《南京南郊六朝谢珫墓》《南京南郊六朝谢温墓》,《文物》1998年第5期。

② 《东晋门阀政治》,第64页。

③ 《世说新语笺疏》卷下之下《排调第二十五》,余嘉锡先生之笺疏已指出高灵即高崧,因其小字阿酃之故。第941页。《晋书》卷七九《谢安传》亦载此事,而"高灵"作"高崧","谢笑而不答"作"安甚有愧色"。第2073页。

④ 《晋书·谢安传》,第2072—2073页。谢、殷族人共集及谢安与诸同好寓居会稽之事,见《世说新语笺疏》卷上之下《文学第四》及卷中之下《赏誉第八》刘孝标注引《续晋阳秋》。第275、576页。其同好盖即王羲之、孙绰、许询、支遁等人。案永和十年(354年)殷浩黜至东阳,桓温势盛,后年浩卒,两年后朝廷以谢万为豫州刺史制衡桓温,次年万因攻燕失败被黜,谢安遂有出仕之意。

10年栖迟后出任扬州刺史,皆与一段时期以来桓温功业过盛、势力过大导致的问题相关①。由此可见,尤多侨姓显贵成员寓居游集的会稽一带,确易汇聚、酝酿各种牵动全局的风向事态,从而影响到经常面临荆、扬之争等多种问题的建康中枢;且可看出浙东侨旧士人在山水亭榭之间的流连往返,也不免多有政治上的勾连互动。

陈郡谢氏势力自谢安为相至淝水战后迅速发展,由于相传其先原出会稽谢氏,其置产会稽及家族晚辈成长于此者甚多,且要较其他侨姓多出些许桑梓情怀②。故其家子弟在东晋晚期以来遍任朝中和各地要职,不仅牵动中枢政局,也切实影响了浙东、西关系。如毗邻浙东的吴兴郡,自谢万、谢安兄弟先后任太守以后,自东晋末至梁武帝时,还有谢邈、谢琰、谢述、谢瞻、谢沦、谢朏、谢览担任此职③。此外,淝水之战后,谢安之子谢琰、琰从兄谢玄均担任过会稽内史,谢安之孙谢该、谢石兄子谢朗均担任过东阳太守,谢邈之父谢铁曾任永嘉太守④,至于南朝谢氏子弟仍有任吴郡、会稽、永嘉等地太守者⑤。两浙既成建康政权的根本要地,其郡守之选已不同寻常,又以会稽、吴郡、吴兴为最,陈郡谢氏多由子弟出守其地,无非是踵琅邪王氏而为。如王导之子王恬、王劭、

---

① 《世说新语笺疏》卷中之上《识鉴第七》:"王仲祖(濛)、谢仁祖(尚)、刘真长(惔)俱至丹阳墓所省扬州(浩,字渊源),殊有确然之志(刘孝标注引《中兴书》曰:浩栖迟积年,累聘不至)。既反,王、谢相谓曰:'渊源不起,当如苍生何!'深为忧叹。刘曰:'卿诸人真忧渊源不起邪?'"第475页。王濛为太原王氏,曾任王导府掾,且为会稽王道子信从。是陈郡谢、殷二氏在桓温问题上与朝廷一致,殷浩与谢安先后被说"如苍生何",是其事确关江东全局。

② 《世说新语笺疏》卷下之下《排调第二十五》:"初,谢安在东山居,布衣,时兄弟已有富贵者,翕集家门,倾动人物。刘夫人戏谓安曰:'大丈夫不当如此乎?'"是谢氏亦视上虞为家门而相聚于此。第941页。

③ 周淑舫:《论谢氏六世九任吴兴郡太守莅政"镇以和靖"的文化内涵》,《湖州师范学院学报》2008年第3期。

④ 《晋书·谢安传》及诸附传,第2072—2088页。

⑤ 如《宋书》卷八五《谢庄传》载其曾任吴郡太守。第2177页。同书卷五三《谢方明传》载其谢铁之孙,刘宋时为会稽太守。第1522—1524页。同书卷六七《谢灵运传》载其曾为永嘉太守。第1753页。

王荟,其孙王珣、王谧、王默、王廞俱曾担任过吴国内史,其中王恬、王荟又曾担任会稽内史,王劭曾任东阳太守,王谧曾任吴兴太守①。这样的任职状态,不仅足以影响建康,有助于其家在朝中的声势,亦利于保障、扩展其家分布于当地的产业,又势必会令相关各郡更增一层政治上的关联,使其间的人、财、物往来更为频繁而顺畅,从而促使杭嘉湖与宁绍平原经济社会逐渐趋于一体。

在文化上,以王、谢为代表的侨姓高门上承魏晋风流而下启江东新局,其中著名人物既多寓居、游集于会稽一带,自会极大地促进浙东与建康在思想、学术、文学、艺术等方面的联系。《世说新语·文学第四》载许询、谢安、支道林等共聚于王濛家中:

> 谢顾谓诸人:"今日可谓彦会,时既不可留,此集固亦难常,当共言咏,以写其怀。"许便问主人有《庄子》不?正得《渔父》一篇。谢看题,便各使四坐通。支道林先通,作七百许语,叙致精丽,才藻奇拔,众咸称善。于是四坐各言怀毕。谢问曰:"卿等尽不?"皆曰:"今日之言,少不自竭。"谢后粗难,因自叙其意,作万余语,才峰秀逸……②

王濛为清谈名士,出太原王氏,累世官宦,且为外戚,除曾短暂出补长山令外似皆在京任职,故其家在建康无疑③。这次聚会体现了建康名士

---

① 《晋书》卷六五《王导传》并诸人附传,第1745—1760页。此外,王导从弟王舒、舒子王允之、王导从弟王廙之侄王彪之、琅邪王氏别支的王羲之及其子王凝之,皆曾担任会稽内史。《晋书》卷七六《王舒传》《王廙传》,第1999—2012页;卷八〇《王羲之传》及附传,第2093—2103页。此外,琅邪王氏子孙在南朝任职两浙郡守者,数量也要多于陈郡谢氏。
② 《世说新语笺疏》卷上之下《文学第四》,第281页。
③ 《晋书》卷九三《外戚王濛传》,第2418—2419页。传中载其为哀帝靖皇后之父,39岁卒,时在简文辅政后不久。可推这次聚会时间不会早于升平初年,最有可能是在哀帝登位后。

之会的风流倜傥，为时应在王羲之兰亭修禊之会前，可注意的是其间多有类似之处。如上引文中谢安所说的"时既不可留，此集固亦难常，当共言咏，以写其怀"，也就是《兰亭集序》中的"向之所欣，俯仰之间，已为陈迹，犹不能不以之兴怀"。王濛聚会诸人以《庄子》内容为题作文，亦与兰亭各自为诗而旨多玄言相类①。"四座各言怀毕"而谢安"自叙其意"，仍与王羲之在众人诗毕后作序抒怀不异。这些类似之处，反映的正是一段时期以来建康与会稽在文化上千丝万缕的关联，由于谢安也是兰亭之会的参与者，那么其又可视为会稽名士胜会与建康相互影响的例证。

也正是与建康之间的多重联系，使得会稽一带不断汇聚了各方人物、多种观念、文化而愈引人注目。如谢安年幼时，曾在剡县向隐居于此的阮裕请教"白马论"②。这是先秦名家的经典命题，到魏晋以来玄学颇盛，名理之学作为其方法论亦甚流行，但能深研此论者已甚稀罕，却被擅于论难之术的阮裕从建康传至会稽，从而滋养了谢安等清谈名士，也由此使其中精义得以继续流传于世。这不仅是名学在六朝传播的重要一环，也典型地体现了当时会稽一带思想、学术的活跃状态。谢

---

① 如《嘉泰会稽志》卷二〇《古诗文》载兰亭会王羲之所作之二有云"仰视碧天际，俯瞰渌水滨；寥阒无涯观，寓目理自陈"。谢安所作之二有云"醇醪陶丹府，兀若游羲唐；万殊混一理，安复觉彭殇"。虞说之诗有云"神散宇宙内，形浪濠梁津"；魏滂之诗有云"三春陶和气，万物齐一欢"。皆抒怀言玄，多涉《庄子》之义，其中魏、虞为会稽旧姓。李能成点校：《（南宋）会稽二志点校》，合肥：安徽文艺出版社，2012年，第373—375页。

② 《世说新语笺疏》卷上之下《文学第四》："谢安年少时，请阮光禄（裕）道白马论，为论以示谢。于是谢不即解阮语，重相咨尽。阮乃叹曰：'非但能言人不可得，正索解人亦不可得。'"阮裕之语透露向其"索解"白马论者非止谢安而已。同书《德行第一》载阮裕以疾辞官，在会稽剡山闲居至去世。又载谢安七八岁时其兄谢奕为剡令，安曾看其处罚犯人并进谏言，向阮裕请教应在此时。第255、41页。

安在会稽闲居时,常与子侄辈谈论诗文①,至于南朝谢氏子弟则多在建康乌衣巷赏会文义②,参与其间的谢玄之孙谢灵运至刘宋解官后长居会稽,其诗对谢述之孙谢朓影响甚大,二人分别为元嘉、永明诗体的代表人物,诗史合称"大小谢",至唐代李白亦承其风。再如王羲之书风在其任职会稽时臻于大成,其七子中有五人以擅书著称,即凝之、涣之、徽之、操之、献之,均在会稽学书而后仕宦建康及各地,至陈隋间王羲之后裔会稽永欣寺僧智永,亦以书法著名于世,相传《兰亭序》真迹即存于其手,终为酷好王书的唐太宗所得③。另如东晋南朝隐居会稽的戴逵、戴颙父子俱富才艺④,其琴技极孚盛名,续有创新,佛像雕塑之妙则被后世誉为"二戴像制,历代独步"⑤。会稽一带画师本不如吴中之盛,至戴逵师事豫章范宣,其子勃、颙传其绘事,始得跻身吴中名家顾恺之、陆探微、张僧繇之间⑥。又如方术领域,会稽高僧于法兰弟子于法开不仅佛

---

① 《晋书》卷九六《列女王凝之妻谢道韫传》,其中载谢安命子弟拟雪,又载谢安问道韫《毛诗》何句最佳以见其心性等事(第 2516 页),亦见于《世说新语笺疏》卷上之上《言语第二》、卷上之下《文学第四》等处,皆为谢安闲居会稽时事。第 278、155 页。

② 《宋书》卷五八《谢弘微传》,第 1590—1591 页。

③ 李昉等:《太平广记》卷二〇八《书三·购兰亭序》引《法书要录》,上海:上海古籍出版社,1990 年,1044—371 页。

④ 《晋书》卷九四《隐逸戴逵传》,第 2457 页;《宋书》卷九三《隐逸戴颙传》,第 2276—2278 页。又戴逵曾师事豫章范宣,其传人亦不限于弟子,如《宋书·隐逸沈道虔传》即载其"受琴于戴逵"。第 2291 页。

⑤ 道世撰、周叔迦、苏晋仁校注:《法苑珠林校注》卷一六《敬佛篇·弥勒部第五》"感应缘"目之"晋谯国戴逵"条。其中载戴逵曾为建康瓦官寺造行像五躯,又曾为会稽灵宝寺作像,因有显瑞,后为齐高帝移至新建的建康正觉寺。又载其子戴颙为江夷之作弥勒像"光颜圆满",其像旧在会稽龙华寺。北京:中华书局,2003 年,第 543—544 页。《宋书·隐逸戴颙传》则载其曾为瓦官寺所铸丈六铜像提供修整方案,均为建康与会稽在佛教造像艺术上关系密切之证。

⑥ 张彦远:《历代名画记》卷一《叙历代能画人名》、卷二《叙师资传授南北时代》,杭州:浙江人民美术出版社,2011 年,第 12、23 页。又《晋书》本传载戴逵凡诸巧艺,"莫不毕综",《宋书》本传则载戴颙善营园林。柳宗元:《柳河东集》卷二七《记亭池·潭州杨中丞作东池戴氏堂记》述其堂为戴逵之裔戴简所建,"望之若连舻縻舰……凡观望浮游之美,专于戴氏矣"。上海:上海人民出版社,1974 年,第 450—451 页。是戴氏子孙于园林艺术亦影响至唐。

法深湛,"又祖述耆婆,妙通医法",曾两赴建康,为穆帝、哀帝疗疾,孙绰称其以"数术弘教",盖兼取天竺与中土医术之长而著称于会稽、建康之间。①

　　这些在东晋南朝拥有举国声誉的思想、学术、文学、技艺结晶,均因会稽与建康特有的密切关系而得络绎传入和不断光大,其影响则多回馈建康等各地而及于南北朝隋唐。更何况,会稽一带自东汉王充至于孙吴虞、孔、贺、谢、魏氏等高门人物,经、史、文学等俱已可观,至东晋以来其地方文化又得上述机缘而风云际会,在诸多方面与外来因子相互激发,交光互摄,遂能风气日新而人才愈盛。这都进一步提升了浙东的文化品格和地位,尤其是地区中心会稽,可说已隐隐成为江东治下仅次于建康的文化中心。

　　三是六朝建康与会稽的关系演变中,东晋以来统治者在地缘政治上颇依赖会稽旧姓,以安定浙东重地和平衡吴中大姓势力,使之得到了较好的发展条件。

　　孙吴立国主要依靠淮泗集团与吴中大姓,对于会稽士人则威重于恩,前已指出会稽与吴中曾多有隔膜芥蒂。西晋灭吴,吴中豪门固多破家被徙,对会稽大姓则虽一体打压而态势稍缓,两晋之际的江东动态大多与之相关。与过江北士一起建立东晋的元帝对此自亦深知,《世说新语·言语第二》:

> 元帝始过江,谓顾骠骑曰:"寄人国土,心常怀惭。"荣跪对曰:"臣闻王者以天下为家,是以耿、亳无定处,九鼎迁洛邑。愿陛下勿以迁都为念。"②

司马睿对顾荣说"寄人国土,心常怀惭",既是为灭吴以后顾、陆等大姓

---

① 《高僧传》卷四《义解一·晋剡白山于法开传》,第167—168页。
② 《世说新语笺疏》卷上之上《言语第二》,第108—109页。

的遭遇做某种安抚,也是对江东曾为敌国,吴中今为王畿而多对立情绪的忧虑不安①。作为当年的征服者,南渡侨姓对吴姓多少都有这种既要依靠又要提防的念头,在此背景下,以贺循为代表的会稽大姓在两晋之际石冰、陈敏相继起事欲割据江东时,力保浙东不乱而拥护司马睿,就显得尤为可贵了②。加之浙东既切近王畿,地位骤重,以之平衡、牵制吴中地方势力,确为地缘政治的不二之选,朝廷对会稽本地高门的重视和笼络也就超过了以往任何时期。

《晋书》卷四三《山涛传》附《山遐传》载其约成帝咸康时为余姚令,以峻法禁止当地豪族挟藏户口以为私附:

> 到县八旬,出口万余。县人虞喜以藏户当弃市,遐欲绳喜。诸豪强莫不切齿于遐,言于执事,以喜有高节,不宜屈辱。又以遐辄造县舍,遂陷其罪。遐与会稽内史何充笺:"乞留百日,穷覈逋逃,退而就罪,无恨也。"充申理,不能得。竟坐免官。③

山遐厉行括户有利于扩大财赋收入,并且合乎西晋平吴后的传统④;豪

---

① 如《晋书》卷五八《周处传》附《周玘传》载其家世为义兴豪右,"宗族强盛,人情所归,帝疑惮之",玘欲以三吴大姓连同流民帅夏铁起兵,事泄,郁愤而卒。"将卒,谓子勰曰:'杀我者诸伧子,能复之乃吾子也。'"第1573—1574页。

② 《晋书》卷六八《贺循传》,第1824—1830页。其中载元帝曾问循:"孙皓尝烧锯截一贺头,是谁邪?"不知即是贺循之父贺邵。帝旋自知失言,"愧之三日不出"。第1826页。此"愧"与元帝面对顾荣之"惭"皆可回味,若非贺循在两晋之际保有浙东而力拥晋室,元帝虽失言,亦应不至三日不出。

③ 《晋书》,第1230页。

④ 《晋书·山遐传》载其后为东阳太守,"为政严猛。康帝诏曰:'东阳顷来竟因每多入重。岂郡多罪人,将捶楚所求,莫能自固邪?'遐处之自若,郡境肃然"。第1230页。《世说新语笺疏》卷上之下《政事第三》:"山遐去东阳,王长史就简文索东阳云:'承籍猛政,故可以和静致治。'"刘孝标注引《江惇传》曰:"山遐为东阳,风政严苛,多任刑杀,郡内苦之。惇隐东阳,以仁恕怀物,遐感其德,为微损威猛。"第218页。是朝廷与有识皆以浙东行政宜"和静致治"不宜严苛,只是东阳不如会稽大族之盛,山遐遂得"处之自若"。

门庇荫大量人户非独余姚而属各地惯常之习,括户之举遭到虞氏代表的地方势力抵制也不足为奇。值得注意的是当地豪强"言于执事",得到会稽内史何充支持的山遐仍被陷罪免官。这显然是建康中枢之意,余姚虞氏久为经学世家、会稽盛族,势力盘根错节,虞喜则声望素著,又是虞潭族人并为贺循生前所重①。故保全虞喜而牺牲山遐,实为安定会稽、笼络当地豪门的大局所需。②

会稽大姓的仕宦任职,亦足说明东晋以来其地与建康及吴中关系之密切。如号称江东儒宗的会稽著姓贺氏,自元帝初起,贺循先后任会稽相、吴国内史,后固辞中书令,改拜太常、散骑常侍,行太子太傅,加开府仪同三司,位望极重。贺氏子裔直至南朝末仍传家业,多在建康任国学博士等文教官。出任要职者亦有循孙贺道力,刘宋时为尚书三公郎中、建康令;道力曾孙贺琛,梁武帝时为御史中丞、尚书左丞③。另一会稽大姓孔氏,孔愉曾为元从元帝的"百六掾"成员,后为吴兴太守、御史中丞,成帝时官至尚书仆射,累乞骸骨,出为会稽内史。其次子孔汪孝武帝时亦位至侍中、尚书、太常,幼子孔安国同期相继为侍中、太常,安帝时"再为会稽内史、领军将军"。愉之长孙孔季恭亦"再为会稽内史,累迁尚书左仆射"。孔愉从子孔坦成帝时为尚书左丞,苏峻乱平后为吴郡太守,迁吴兴内史,"以岁饥,运家米以振穷乏,百姓赖之"。孔愉另一

---

① 《晋书》卷九一《儒林虞喜传》,第2348—2349页。其中载喜深于经传,兼通谶纬天文,朝廷屡征不起。但所谓"喜有高节,不宜屈辱",内涵还不止于此。前已述虞潭因平苏峻之乱有功累迁要职,《晋书·虞潭传》载其至此已为卫将军统领禁兵(2014页),这也是"不宜屈辱"的应有之义。

② 虞氏势力至苏峻之乱平定后尤盛,虞潭因平乱有功任吴国内史、会稽内史,咸康中已至卫将军、开府、侍中。其子虞啸父亦"少历显位",后亦为侍中,与孝武帝关系亲近,累迁吴国内史、尚书、护军将军、会稽内史;虞潭兄子虞骏则历吴兴太守,曾为王导赏识,其子虞谷亦官至吴国内史。见《晋书·虞潭传》及所附《虞啸父传》《虞骏传》,第2012—2015页。又《宋书》卷二《武帝纪中》载晋末刘裕执政而豪强知禁,"余姚虞亮复藏匿亡命千人,公诛亮,免会稽内史司马休之"。第27页。但刘裕仍重用会稽大姓孔氏,其况详下。

③ 《南史》卷六二《贺玚传》及所附《贺革传》《贺琛传》,第1507—1513页。

从子孔严穆帝时亦为尚书左丞,后为吴兴太守,多有善政;严之从侄孔廞官至吴兴太守、廷尉①。由于孔季恭后为刘裕心腹,其家在南朝出任要职及两浙郡守者又远多于贺氏。②

会稽大姓在东晋南朝的这种任职状况,当然并未超过南渡侨姓和吴中大姓,但局面已与孙吴及更早的时期完全不同。区区会稽一郡,东晋以来历职朝廷和各地要位的人数之多,建康中枢和禁军要职均不乏人,确已配得上其"昔之关中"的重大地位,也足以表明其确为江东政权倚重的势力。这样的状态加上王、谢等大量侨姓士人寓居、宦游于会稽,彼此多有过从交流③,会稽士人从婚宦关系到思想文化均甚趋近于建康都城,其文化品格亦渐与其经济实力和政治地位相称。与之相伴的则是会稽大姓建有殊勋者往往被酬以会稽、吴郡及吴兴守相,其子孙近亲时亦踵授此任。这类任命除同样显示了朝廷对之加意笼络外,还对两浙关系有着直接影响,包括孔坦运家米以赈吴兴百姓等事,更直接体现了当时杭嘉湖与宁绍平原的一体化状态。

要之,作为浙东的政治、经济、文化中心,会稽发展从来都是浙东发展的缩影,六朝会稽与江东政治、经济、文化中心建康之间的特定联系和密切交流,使各方人物、多种资源不断纷聚于此又影响于外,使地区发展获得诸多推动,区位优势得以发扬、升级,这在很大程度上也是浙

---

① 《晋书》卷七八《孔愉传》及诸附传,第2051—2062页。

② 《宋书》卷五四《孔季恭传》载其后为刘裕宋国尚书令,代晋后拜开府仪同三司。其子孔山士官侍中、会稽太守;其弟孔灵符亦官侍中、郢州刺史、丹杨尹,出为会稽太守。第1531—1534页。孔氏另一支孔沈曾为王导丞相掾,其子即孔廞,廞子孔琳之刘宋时历官吴兴太守、侍中、御史中丞,琳之孙孔觊历临海太守、散骑常侍、秘书监、廷尉、御史中丞、司徒左长史、辅国将军行会稽郡事。《宋书》卷五六《孔琳之传》,第1559—1565页;卷八四《孔觊传》,第2153—2156页。

③ 《嘉泰会稽志》卷二〇《古诗文》记参与兰亭修禊之会共42人,其中包括王羲之父子7人和谢安、谢万、谢瑰、孙绰、孙统、孙嗣,这些皆为侨寓著姓;因宦游与会的袁峤之、郗昙、桓伟、庾友、庾蕴、卞迪等人,皆出自东晋著名的将相家族;其余如虞说、虞谷、谢胜(一作藤)、谢绎、魏滂、孔炽等,则为会稽旧姓。第373—376页。

东各方面发展的重大机遇和两浙关系日趋紧密的难得条件。因而上述所有态势,无疑都极有利于提高钱唐这个通向浙东最要渡口的地位,构成了其在六朝后期由县升郡,至隋又由郡升州的又一背景。

3. 佛教与道教

在六朝浙东及两浙关系上,佛教与道教的发展传播及其所起作用引人注目,又相当复杂。以下就此略作阐论,以期引起进一步讨论。

六朝浙东佛教之盛,一个突出的标志是佛寺、高僧分布相对集中。据封野《汉魏晋南北朝佛寺辑考》一书统计,此期先后出现于浙东地区的佛寺,今仍可考的约近 300 所,在同期南北各地可考者近 3 000 所佛寺中占了约 1/10[①]。另据严耕望《魏晋南北朝佛教地理稿》一书统计,慧皎《高僧传》目录所明确的东晋高僧驻寺之地,北方地区最多的是长安(多前后秦时),达 17 人;南方最多的是建康与会稽,皆 10 人。其他地方绝大部分皆仅 1 人,最多的如庐山、荆州也只有 5、6 人。严先生此稿又统计《高僧传》所载的东晋诸僧游锡之地,人数最多的也是在长安、建康和会稽,分别达 27 人次、23 人次和 17 人次[②]。尽管这类统计有其

---

① 封野:《汉魏晋南北朝佛寺辑考》,南京:凤凰出版社,2013 年。此书体例以今省(区)分别统计,今江苏境内可考佛寺达 710 所,浙江 463 所居次,以下江西 211 所,湖北 169 所,安徽 124 所,其余南方各省皆在百所以下。由于汉建佛寺甚少,故其辑录的绝大部分皆是魏晋至隋以前佛寺。

② 严耕望原稿、李启文整理:《魏晋南北朝佛教地理稿》,上海:上海古籍出版社,2007 年,第 33—41 页。其中李氏校注说明《高僧传》所载高僧驻寺标目地为建康的实为 8 人,荆州为 6 人;游锡地建康实为 21 人次。此章又统计高僧正续传载南北朝高僧标目地,经李氏校核后的前五名为建康 134 次、荆州及江陵 18 次、邺城(多北齐时)17 次、长安(多北周时)14 次、会稽 11 人,其余均在 10 人以下;游锡地前六名为建康 155 次、江陵及荆州 41 次、吴郡 33 次、会稽 30 次、蜀地 29 次、长安和邺城皆 26 人次,其余皆在 15 人次以下。

局限①,但其所据记载既历经淘汰而存至今日,从未成为都城所在的浙东与会稽,居然可以在佛寺分布和高僧云集程度上足与建康、长安颉颃,甚或多于荆州、邺城、蜀地等建国设都之地,实为非同寻常的异数。

这首先是与前述东晋以来会稽及浙东诸多区位优势相伴的现象。《高僧传》卷四《义解一·晋剡东仰山竺法潜传》载其为王敦之弟,十八出家,永嘉南渡后,甚受元帝、明帝、王导、庾亮敬重,得经常出入宫掖:

> 中宗肃祖升遐,王、庾又薨,乃隐迹剡山,以避当世。追踪问道者,已复结旅山门。潜优游讲席三十余载,或畅方等,或释《老》《庄》,投身北面者,莫不内外兼洽。至哀帝好重佛法,频遣两使殷勤徵请,潜以诏旨之重,暂游宫阙,即于御筵开讲《大品》,上及朝士并称善焉。于时简文作相,朝野以为至德,以潜是道俗标领,又先朝友敬,尊重挹服,顶戴兼常,迄乎龙飞,虔礼弥笃……潜虽复从运东西,而素怀不乐,乃启还剡之仰山,遂其先志。②

会稽郡竺法潜背景显赫,望重建康,其隐迹会稽似有政治原因,弘法三十余年再返建康,数年后又归剡山,于孝武帝宁康二年(374)卒于山馆。时在会稽的高僧支遁写信给高丽沙门,称誉其"往在京邑,维持法网,内外具瞻,弘道之匠也……今在剡县之仰山,率合同游,论道说义,高栖皓然,遐迩有咏"。③ 这种长时间活动于会稽与建康之间,并且吸引诸多"问道""同游"者随之往还两地的状态,与建康王、谢等显贵人物寓居或

---

① 《高僧传》卷一四《序录》述六朝沙门法进、法济、法安、僧宝、僧祐、宝唱、慧皎及世俗人王巾(巾或作中、中)、孙绰、郗景兴、裴子野、张秀孝、陆明霞(杲)、萧子良、虞孝敬、明克让等俱作僧传,"众家纪录,叙载各异"。第523—524页。这些绝大部分均为南朝之人,故陈垣《中国佛教史籍概论》卷二《高僧传十四卷》谓其体例甚备,"惜为时地所限,详于江左诸僧"。《明季滇黔佛教考(外宗教史论著八种)》下册,石家庄:河北教育出版社,2000年,第719页。

② 《高僧传》,第156—157页。

③ 《高僧传》,第157页。

宦游会稽的情形相当接近①，则其在推进两地关系上自亦有其重要作用，并因其为一时佛门领袖，所授门徒法友、法蕴、法识、法济皆为高僧，而更多一层精神文化上的影响力。②

支遁的俗世出身不能与竺法潜相比，然其活跃于建康与会稽之间的状态仍与相似，且因其与江东名士过从甚密，在参与推进玄学清谈及儒释道学理之辩上作用尤著。观其早年曾活动于建康白马寺，至吴立支山寺，时任吴兴太守的谢安闻其"欲还剡自治"，曾作书挽留；至会稽与王羲之论玄而订交，栖山阴灵嘉寺；后至剡山沃洲小岭立寺，晚移石城山立栖光寺；哀帝时复至建康，止东安寺；三年后东还，太和元年（366）卒于会稽。"郗超为之序传，袁宏为之铭赞，周昙为之作诔，孙绰《道贤论》以遁方向子期"，高士戴逵行经遁墓，叹曰"德音未远"③。可见支遁与江东上流社会实已打成一片，而其在建康、吴中与会稽传法、立寺，则体现了其与当地僧俗各界的广泛联系，又势必会促进其地信众之间的交流。此外，上面提到其作书高丽沙门，不仅把会稽"同游论道说义"之况传至远方，且亦透露了当时浙东僧俗两界与海外的联系。④

佛教特有的观念形态与儒家纲常伦理不无扞格，官府又甚忌其组织信众、庇隐田地人户和靡费物力，这是魏晋以来佛教中国化进程常须面对的问题。但就总体而言，江东佛教与官府、民间的关系及其与地方经济社会相融发展的程度，明显要高于屡起"灭法"事端的北方地区，故其寺院、僧人的活动，在当时中土南北各地实际上先期构成了所在区域

---

① 《高僧传》卷四《义解一·晋剡葛岘山竺法崇传》附《释道宝传》述其为丞相王导之弟，弱年信悟，遂落发为僧，后驻锡剡东仰山，"以学行显"。第170—171页。释道宝应即依其从叔竺法潜而赴仰山。

② 竺法友、竺法蕴、康法识、竺法济四人俱附传于《高僧传》卷四《义解一·晋剡东仰山竺法潜传》，"皆潜之神足，孙绰并为之赞"。第156—158页。

③ 《高僧传》卷四《义解一·晋剡沃洲山支遁传》。第159—164页。所载遁"欲还剡"而谢安作书挽留，是遁在谢安任吴兴太守前必曾较长时间驻锡会稽。

④ 《高僧传》卷四《义解一·晋剡山于法兰传》载其居剡石城山，"远适西域，欲求异闻，至交州遇疾，终于象林"。第166页。于法兰取海路赴西域，亦其例。

社会发展的有机组成部分。正其如此,南北朝以来的佛教中国化进程,从"沙门不敬王者论"的深入探讨,到"一阐提人皆可成佛"说的广泛流播,再到僧团、教派的行为规范和不同层次的戒律讲求,其萌始固然多在北方地区,却往往是在江南社会深植根系而开花结果,从而构成了隋及唐初江东僧团及其经解教法通过各种途径大举影响长安、洛阳的基本背景。

在这些方面,浙东地区同样极为令人注目。《高僧传》卷八《义解五·齐山阴法华山释慧基传》载其钱塘人,受戒后曾在建康访师讲习四五年,东归至钱塘显明寺,旋止山阴法华寺,刘宋元徽中又在会稽龟山立宝林精舍:

> 于是遍历三吴,讲宣经教,学徒至者千有余人……司徒文宣王钦风慕德,致书殷勤,访以法华宗旨,基乃著《法华义疏》凡有三卷,及制《门训义序》三十三科,并略申方便旨趣,会通空、有二言,及注《遗教》等,并行于世。基既被德三吴,声驰海内,乃敕为僧主,掌任十城,盖东土僧正之始也。[1]

慧基虽遍历三吴而驻锡会稽长达四五十年,以至南齐竟陵王萧子良亦"钦风慕德"。所谓"东土僧正之始",此"东土"当非中土代称[2],有可能

---

[1] 《高僧传》,第324页。
[2] 《高僧传》卷六《义解三·晋蜀龙渊寺释慧持传》载其慧远之弟,东晋隆安三年(399年)入蜀,当地有沙门僧恭,"为蜀郡僧正"。第230页。宝唱撰、王孺童校注:《比丘尼传校注》卷二《宋·普贤寺宝贤尼传》载其刘宋明帝"泰始元年,敕为普贤寺主;二年,又敕为都邑僧正"。北京:中华书局,2006年,第108页。僧祐著、苏晋仁、萧炼子点校:《出三藏记集》卷二《新集撰出经律论录第一》著录《杂宝藏经》十三卷、《付法藏因缘经》六卷、《方便心论》二卷,"宋明帝时,西域三藏吉迦夜于北国,以伪延兴二年共僧正释昙曜译出,刘孝标笔受"。北京:中华书局,1995年,第62—63页。《魏书》卷一一四《释老志》则载道武帝以沙门法果"为道人统,绾摄僧徒",文成帝时,又有沙门师贤和昙耀相继为"沙门统"。北京:中华书局,1974年,第3030、3037页。《南齐书》卷五六《倖臣纪僧真传》提到刘宋(转下页)

指三吴"十城",更有可能指浙水以东各地。无论如何,传文以为慧基被"敕为僧主"具有某种开创性,也确认了当时会稽作为周近广大区域教务中心的地位。这显然是与慧基长期依托法华寺和宝林精舍弘法而影响甚广的事实分不开的,集中表现为其不仅于统治者关注的《法华经》义多所发明,更制《门训义序》三十三科,为远近僧团、信众新定规则信条,致力于申明遵守戒律的"方便旨趣",会通切关教义的"空、有二言"。慧基在这些适应实际需要而长期困惑僧俗各界的重大问题上的创制和实践,既是其获任"僧主"且其性质有别于以往的原因,也典型地体现了会稽已领当时佛教发展风气之先的状态。

至于其后续之势,则可以六朝之末长驻会稽的智颉、吉藏为代表。智颉在陈朝从建康瓦官寺移驻天台山,创弘禅法,判释经教,为后来公认的天台宗创始人,因其极受隋朝尊奉而号称国师[1]。陈时出家的吉藏为生于建康的安息人,出家后亦名播一方,隋朝灭陈后徙驻会稽嘉祥寺,以讲授三论著称,后人视之为三论宗创始人,隋及唐初俱为朝廷所重[2]。两位均是中国佛教史上承前启后的大师,所肇始的宗门且为佛教中国化进程近于完成的标志,其事毋庸在此赘述。可注意的是智颉、吉藏弘法创宗经历的重要共同点,是二人作为高僧皆著称于建康,而所创教法则大成于会稽,其事仍与慧基从建康抵于会稽弘法创制,进而影响更广的地区相类。这一事实除说明浙东在当时佛教史上也与其他领域同具特殊重要的地位外,其背后存在的种种事态,包括会稽与建康由此而更增一重联动互补的态势,也包括更多的资源随之聚散于会稽所

(接上页)沙门杨法持,"升明中以为僧正,建元初罢道为宁朔将军"。北京:中华书局,1972年,第975页。这些均是萧齐以前南北僧正之例。

[1] 道宣撰、郭绍林点校:《续高僧传》卷一七《习禅篇之二·隋国师智者天台山国清寺释智颉传》,北京:中华书局,2014年,第623—635页。

[2] 《续高僧传》卷一一《义解篇七·唐京师延兴寺释吉藏传》,第392—396页。

带来的影响,均为六朝浙东和两浙关系发展史上亟值探究的课题。

六朝浙东发展与道教的关系,则是有待深入讨论的另一课题。陈寅恪先生《天师道与滨海地域之关系》一文指出,以玄儒文史之学著称的两晋南北朝士大夫,"多数世家其安身立命之秘,遗家训子之传,实为惑世诬民之鬼道"。其所举例证大量都涉及六朝浙东,并以专节讨论了东晋末孙恩之乱与天师道的关联,从而为今人研究提供了基础①。前已指出孙恩起事使浙东遭受了空前浩劫,其所奉之道则以诳诱信众"敬之如神,皆竭财产,进子女,以祈福庆"为特色,甚则"扇动百姓,私集徒众"以图大举②。事与孙策经营江东时所杀道士于吉③,与约略同期的北方黄巾军和汉中张鲁所为均有几分相似④,其间有无信徒流徙传法等具体的连接,今已无法深究。但孙吴以来道教在浙东确已扎下根基⑤,孙

---

① 《金明馆丛稿初编》,第36页。
② 《晋书》卷一〇〇《孙恩传》,第2632页。
③ 《三国志》卷四六《吴书·孙策传》裴注引《江表传》述"道士琅邪于吉,先寓居东方,往来吴会,立精舍,烧香,读道书,制作符水以治病,吴会人多事之"。以至孙策集会诸将宾客,于吉到来而多迎拜,不听号令,故策执意杀之。第1110页。于吉的"寓居东方"是与"吴会"相对而言的,则其所居似在会稽一带。
④ 熊德基:《〈太平经〉的作者和思想及其与黄巾军和天师道的关系》,《六朝史考实》,北京:中华书局,2000年,第1—34页。
⑤ 陈昭雄:《六朝砖献疑》一文(《字砖研究》第二辑,上海:生活·读书·新知三联书店,2017年)介绍上海嘉定明止堂藏砖,其中附图二所示之砖出自余姚,侧面模印图案中有"晋治阳王"四字。此砖因非考古出土,其"晋"是东晋西晋难以确定,"治"则为天师道教区据点之名。陆修静《陆先生道门科略》:"天师立治置职,犹阳官郡县城府治理民物,奉道者皆编户著籍,各有所属。"《正统道藏》,台北:艺文印书馆,1977年,第41册。寇谦之《老君音诵戒经》(《正统道藏》第30册)述张道陵初在蜀土置二十四治,后世置治渐乱,要求"灵箓外官,不得称治号;其蜀土宅治之号,勿复承用"。故此砖应为两晋余姚天师道设治之迹,其治或号"阳王",墓主当为此治所属教民。又陈文附图十六所示之砖出于嵊州,两侧分别模印有"甘露二年"及"富贵乡",其端面为一戴冠头像,其冠倒梯形,两侧坠巾。案《陆先生道门科略》述道家法服亦如世俗公侯士庶,有"五等之制,以别贵贱"。《无上秘要》(《正统道藏》第41册)卷四三《修道冠服品·三皇道士法服》引《洞神三皇经》曰:"玄冠乌巾,青缥单衣,白芒草屦,谓之法服"。又引《洞玄真一自然经诀》述受道执经法衣,"若鹿皮巾褐至佳"。嵊州所出砖端头像所戴之冠,似即为玄冠乌巾,且其两侧巾尾上翘若鹿皮,应是高阶道士之像。

恩之乱即是在此基础上掀动的波澜,这是讨论道教在六朝浙东的状况时首先需要面对的问题。

道教在魏晋以来经历了深刻的转型历程,实质是要适应自汉定型的社会结构而回归常态,从一度欲在体制之外建立政教合一国度的激进理想,转归体制之内的修道习法和长生求仙追求。浙东地区自不例外,陈寅恪先生所述会稽一带世奉天师道的侨旧士人如琅邪王氏、会稽孔氏,其"安身立命之秘,遗家训子之传",必是为社会所容的正常道法,绝非孙恩竭人财产,纳人子女的"扇动百姓"之道。《宋书》卷一○○《自序》述沈约家族世在吴兴,族祖沈警曾为谢安、王恭府僚:

> 钱唐人杜子恭通灵有道术,东土豪家及京邑贵望,并事之为弟子,执在三之敬。警累世事道,亦敬事子恭。子恭死,门徒孙泰、泰弟子恩传其业,警复事之。①

钱唐杜氏世传五斗米道,子恭在建康与会稽皆门徒众多,孙恩叔父孙泰即其中之一,故其所传子恭之"业",大体也应是驱鬼祷神、祛病延年等术②。《南齐书》卷四八《孔稚珪传》载其会稽山阴人,父灵产,宋明帝时归乡隐居:

> 于禹井山立馆,事道精笃,吉日于静屋四向朝拜,涕泗滂沱。东出过钱塘北郭,辄于舟中遥拜杜子恭墓,自此至都,东向坐,不敢

---

① 《宋书》,第 2445 页。
② 《晋书》卷一○○《孙恩传》载为孙泰传子恭之"术",并举例说明其术即移物于远方的搬运术之类。第 2631—2632 页。

背侧。①

是会稽孔氏为子恭门徒,且可见孙恩之乱被镇压后,其道仍有师治、靖室,有定期举行的奉道祈祷功课②,精笃者亦事师若神。

需要指出的是,像孔灵产这种正常无害的信教奉道状态,东晋以来也已不再普遍且未长期保持。《南齐书》卷五四《高逸杜京产传》:

> 吴郡钱唐人,杜子恭玄孙也。祖运,为刘毅卫军参军,父道鞠,州从事,善弹棊,世传五斗米道至京产及子栖。京产少恬静,闭意荣宦,颇涉文义,专修黄老。会稽孔觊,清刚有峻节,一见而为款交……与同郡顾欢同契,始宁东山开舍授学。建元中,武陵王晔为会稽,太祖遣儒士刘瓛入东为晔讲说,京产请瓛至山舍讲书,倾资供持,子栖躬自屣履,为瓛生徒下食,其礼贤如此。孔稚珪、周颙、谢瀹并致书以通殷勤。③

从中可见,杜子恭后裔虽仍世传其道④,却已不再有多少道门领袖曾有

---

① 《南齐书》,第835页。
② 《陆先生道门科略》述天师立治,所属教民须于正月七日、七月七日、十月五日投集本治,"师民皆当清静肃然,不得饮酒食肉、喧哗言笑。会竟,民还家,当以闻科禁威仪教敕,大小务共奉行"。又述:"奉道之家,靖室是致诚之所,其外别绝,不连他屋,其中清虚,不杂余物……而今奉道者多无静室,或标栏一地为治坛,未曾修除……或名为静室而藏家什物,唐突出入,鼠犬栖止,以此祈尊妙之道,不亦远耶!"可见靖室与师治当并存,但其况至南朝已难维持。
③ 《南齐书》,第942页。
④ 《真诰》卷一九《翼真检第一·真经始末》述许黄民入剡,"钱唐杜道鞠,道业富盛,数相招致"。第340页。欧阳询撰、江绍楹校:《艺文类聚》卷七八《灵异部上·仙道》载陶弘景《太平山日门馆碑》节文有曰:"吴郡杜征君,声高两代,德冠四区,教义宣流,播乎数郡,拓宇太平之东,结架菁山之北。爰以此处幽奇,别就基构,栖集有道,多历世年。"上海:上海古籍出版社,1999年,第1342—1343页。可见杜道鞠、杜京产父子仍为道门领袖,京产且立余姚太平山日门道观"栖集有道"。

的威仪、神性，传文载杜京产"专修黄老"，曾隐居会稽太平山长达二十余年，似其所奉道术已以个人化的清修为主①。杜京产在始宁"开舍授学"亦讲儒经，其所授即使包括了道法内容，也表明其并无定期聚集教民的宣法活动。上引文所举诸人多有奉道背景，而孔觊及孔稚珪与京产定交往还，更已明显与孔灵产之态不同②。凡此均应视为道教转型接近于完成这一大势的体现，至于萧齐，吴中与会稽的五斗米道可说已了无烟火气③，杜京产的办学崇儒，礼贤下士，也包括其仍在进行的传道活动，与当地上流和基层社会亦犹水乳交融，其作用和影响无疑都须正面评价。

根据这些状况，可以认为孙恩之乱固然与道门背景关系密切，却不等于其师门相传世代以造反为志④，其乱也并非教乱，而是多重因素聚

---

① 《南齐书》卷五四《高逸顾欢传》载其"晚节服食，不与人通……事黄老道"。第930页。《真诰》卷二〇《翼真检第二》载顾欢与京产均在剡研习杨、许真经。第346页。《南齐书·高逸传》文分称二人"专修黄老""事黃老道"。这也反映了宋齐间江东五斗米道的蜕变进程。

② 《艺文类聚》卷七八《灵异部上·仙道》载有孔稚珪《玄馆碑》节文，第1340—1341页，是其仍为道徒无疑。又，杜京产之子杜栖入《南齐书》卷五五《孝义传》，其中载其早著声名，"从儒士刘瓛受学，善清言，能弹琴饮酒，名儒贵游多敬待之"。又精于礼学，国子祭酒何胤治礼，聘其"掌婚冠仪"。后以父老归养，"京产亡，水浆不入口七日"，以至呕血数升，恸哭而卒。第965—966页。是其虽传五斗米道而行止及对生死的态度已同常人。

③ 钟嵘著、曹旭集注：《诗品集注》卷上《宋临川太守谢灵运诗》："钱塘杜明师夜梦东南有人来入其馆，是夕即灵运生于会稽。旬日而谢安亡。其家以子孙难得，送灵运于杜治养之，十五方还都，故名客儿（注：治音稚，奉道之家靖室也）。"上海：上海古籍出版社，1994年，第160、161、164页。杜氏仍称"明师"，其所主仍称"杜治"，其注若非钟嵘自注亦当在其后不久，而以"治"为奉道之家的"靖室"，可见其时五斗米道之"治"多半名存实亡。陈郡谢氏非奉道世家，寄养幼儿于杜家应是从俗而为。这又表明此时"治"虽已同私家靖室，却无妨于其道之流传并造福于当地社会。

④ 熊德基：《中国农民战争与宗教及其相关诸问题》，《六朝史考实》，第35—76页。

合所致。因而乱中被害的天师道徒为数不少①,乱后天师道徒也在继续正常活动,且因大乱平定而加速了其道的转型进程。由此看来,孙恩之类所示的教门异端固为"惑世诬民之鬼道",但东晋以来杜子恭所代表的三吴天师道主流却断非如此,而的确是信众遗家训子之所持,构成了地方经济社会发展尤其精神世界的重要组成部分。值得一提的是,子恭隐隐为江东天师道领袖,其家及所立师治皆在钱唐浙水西侧,传道活动除吴中及建康似尤其注意于浙东地区,与会稽孔氏等"东土豪家"关系特殊,孙泰、孙恩叔侄及卢循、徐道覆等亦传其术。至其玄孙杜京产更长在会稽修道、办学,与各地官贵往还甚多而名动建康,萧齐明帝下诏征其为员外散骑常侍而不就。与京产"相契"的同郡盐官人顾欢亦为道教著名人物②,成名后亦长在会稽活动,开馆聚徒于天台山,"受业者常近百人",其学亦授儒经,同时也名动公卿,曾被迎至建康而终卒于剡山③。杜京产以来传道的这种地域分布状况,对浙东发展及两浙关系的进一步密切无疑都会产生重要影响。

当然活跃于六朝浙东的还有道教其他支派。相传上清派直承魏华存、杨羲一脉的许谧做过余姚县令,其父东晋时曾为剡县令,其兄则定

---

① 《晋书》卷八〇《王羲之传》载其次子凝之,"王氏世事张氏五斗米道,凝之弥笃",孙恩乱时为会稽内史,不为之备而"入靖室请祷",城破被害。第2102—2103页。同书卷《列女王凝之妻谢氏(道韫)传》载王凝之及诸子皆被孙恩所杀,"其外孙刘涛时年数岁,贼又欲害之,道韫曰:'事在王门,何关他族,必其如此,宁先见杀。'恩虽毒虐,为之改容,乃不害涛"。第2516页。王凝之守土有责自当殉死,然其诸子被杀,外孙亦险罹难,正说明孙恩起事并非教乱。《晋书·孙恩传》载乱中被害者不少皆有道门背景,其中如"黄门郎孔道"及周勰等皆敬事孙泰,至孙恩事起,八郡响应时,"中书郎孔道,太子洗马孔福"等皆遇害。第2632页。所载先后孔道应为一人,与孔福皆为会稽孔氏子弟。

② 唐末高道杜光庭:《道德真经广圣义》(《正统道藏》第24册)卷五《释疏题名道德义》有云:"魏代孙登,梁朝陶隐居,南齐顾欢,皆明治身之道……又诸家秉学,立宗不同:严君平以虚玄为宗,顾欢以无为为宗,孟智周、臧玄静以道德为宗,梁武帝以非有非无为宗,孙登以重玄为宗。"可见后世道门视其地位与陶弘景等相类。

③ 《南齐书》卷五四《高逸顾欢传》,第928—935页。

居于此①。这就为其经典道法在这一带的流播建立了教众基础。至桓玄废立而京畿动乱,元兴三年(404年)许谧之孙许黄民携上清派原典入剡,为当地的马朗及其从弟马罕所供养,所谓"杨许真经"自此逐渐流播,刘宋以来浙东及各地前来求经习法者不绝,山阴何道敬、东阳楼惠明、吴郡钟义山、嘉兴殳季真等修道人皆来访抄,杜京产、顾欢、戚景玄、朱僧标等且曾住于杜氏在剡的南墅大墟共同整理这些真经②。这都足见会稽一带亦为上清派早期传播的重镇,并因此使当地聚集了诸多资源,"马家遂致富盛,资产巨万",马朗、马罕后来亦被上清派尊为继许谧少子许翙的第五、六代宗师。

此外,相传还有诸多道教人物求仙成仙于浙东地区。如《水经注》卷四〇《浙江水》述上虞县南有兰风山:

> 丹阳葛洪,遁世居之,基井存焉。琅邪王方平,性好山水,又爱宅兰风,垂钓于此,以永终朝。③

王方平为东汉神仙人物,汉末在会稽一带已颇有影响,曾经吴中东至括苍山④;

---

① 《真诰》卷一九《翼真检第一·真经始末》及《翼真检第二》,以下所述许黄民及二马等事亦据此。第239—347页。

② 《真诰》卷二〇《翼真检第二》述杨、许"经传四五卷,真□七八篇,今犹在杜家"。其原注且述"宋大明末,有戴法兴兄延兴作剡县,亦好道,及吴兴天目山诸玄秀,并颇得写杜经"。第346页。《宋书》卷九四《恩倖戴法兴传》载其出身山阴商贾,以刀笔起家,宋孝武帝时执掌机要,权势甚盛。第2302—2304页。《真诰》此处述其家的道教背景及其与杜氏往还,亦可注意。

③ 《水经注校证》,第946页。

④ 《三国志》卷五七《吴书·虞翻传》裴注引《吴书》述汉末王朗为会稽太守,朗"惑王方平记言"欲往南岳,翻谏止之。第1317页。葛洪撰、胡守为校释:《神仙传校释》卷三《王远传》述其字方平,东海人,桓帝时已弃官入山修道,成仙后曾东之括苍山,居吴蔡经家,后来蔡经称其"常治昆仑山,往来罗浮山、括苍山"。北京,中华书局,2010年,第92—96页。

葛洪祖父葛系孙吴时曾任山阴县令①,从祖葛玄"吴时学道得仙",先后在东阳长山、会稽若耶山及剡之天台山出没②。二人与浙东俱有渊源,这大概就是相传其皆栖止兰风山的背景。《晋书》卷八〇《许迈传》载其丹杨句容人,家世士族③,师从鲍靓学道,先后在桐庐、临安一带采药求仙,乃改名玄:

> 著诗十二首,论神仙之事焉。羲之造之,未尝不弥日忘归,相与为世外之交。玄遗羲之书云:"自山阴南至临安,多有金堂玉室,仙人芝草,左元放之徒,汉末诸得道者皆在焉。"羲之自为之传,述灵异之迹甚多,不可详记。④

许迈之师鲍靓也是葛洪之师⑤,其所奉之道与王羲之不同,然对之影响甚大,故羲之与共服食、采药,"遍游东中诸郡",并为之作传⑥。可见其亦常在浙东活动,所述山阴至临安多有仙迹,亦与《水经注》所记相合⑦。

---

① 杨明照:《抱朴子外篇校笺》卷五〇《自序》,北京:中华书局,1997年,第648页。

② 《晋书》卷七二《葛洪传》,第1911页。李昉等:《太平御览》卷六六二《道部四·天仙》引《三洞珠囊》述葛玄"受职"前在长山"乘虎使鬼"。北京:中华书局,1960年,第2957页。《舆地纪胜》卷一〇《两浙东路·绍兴府》"仙释"目述葛玄"学道于若耶山,号葛仙公,今会稽有仙公钓矶"。第577页。《神仙传校释》卷八《葛玄传》载玄曾"感老君与太极真人降于天台山,授玄灵宝等经三十六卷"。第269页。

③ 《真诰》卷二〇《真胄世谱》述许谧为许副之第五子,许迈为许副之第四子,陶弘景称之"先生"。第349—351页。

④ 《晋书》,第2107页。

⑤ 《晋书》卷七二《葛洪传》载其"师事南海太守上党鲍玄",中华书局点校本校勘记已指出:鲍玄即《晋书》卷九五《艺术鲍靓传》"字太玄"而为南海太守之鲍靓。第1911、1914页。

⑥ 《旧唐书》卷四六《经籍志上》史部杂传类著录有"《许先生传》一卷,王羲之撰"。北京:中华书局,1975年,第2004页下栏。《艺文类聚》卷八〇《火部·烟》引《许迈别传》曰:"迈有道术,烧香皆五色,烟出后莫知所在。"第1378页。此即王羲之传其灵异之一端。

⑦ 《水经注校证》卷四〇《浙江水》述浙水两侧仙道传说甚多,如东阳长山"是赤松羽化之处也",钱唐灵隐山亦因道士"稽留为山号"。第938—939页。

《云笈七签》卷一〇七《传录·华阳隐居先生本起录》述梁时高道陶弘景之家世生平,其中载弘景出身丹阳世家,师事东阳孙游岳,后驻于茅山,曾东行浙越寻求灵异:

> 至会稽大洪山谒居士娄惠明,又到余姚太平山谒居士杜京产,又到始宁岽山谒法师钟义山,又到始丰天台山谒诸僧标,及诸处宿旧道士,并得真人遗迹十余卷,游历山水二百余日乃还。爰及东阳长山、吴兴天目山,於潜、临海、安固诸名山,无不毕践。①

陶弘景为陆修静传人孙游岳之弟子,道教上清派(茅山宗)的实际创始人②,三人皆名动建康,为江东道教承前启后之关键人物,其立派开宗则皆甚有赖于集散于剡地之"杨许真经"③,上引文更表明浙东诸处"宿旧道士"及仙迹之密集,已为长生求仙之士必欲游访之地。

上举诸例,既表明六朝建康、吴中与浙东在道教上亦有极为紧密的联系,又反映了浙东在魏晋以来道教转型历程中所具有的重要地位。至于其增厚当地文化底蕴及至推进区域发展的积极作用和深远影响,则集中体现于道教洞天福地较多分布于浙东的事实。在唐以来公认的道教"十大洞天"中,浙东即有三处:黄岩委羽山、天台赤城山、乐安括苍山,占比近1/3;"三十六小洞天"中,浙东有四明山、会稽山等八处;"七十二福地"中,浙东有东、西仙源、天姥岑等十五处④,占比皆超过1/5。

---

① 其题原注此"本起录"为陶弘景"从子翊字木羽撰"。张君房编、李永晟点校:《云笈七签》,北京:中华书局,2003年,第2321、2327页。
② 《南史》卷七六《隐逸陶弘景传》,第1897—1900页。上引文中的"娄惠明"即前述"楼惠明",入传《南史》卷七五《隐逸上》,第1872页;"诸胜标"即前述"朱僧标",《南齐书》卷一一《乐志》载永明六年天台南部赤城山有云雾异景,"山道士朱僧标以闻"(第195页)。即其人。
③ 《云笈七签》卷五《经教相承部》之《宋庐山简寂陆先生》《齐兴世馆主孙先生》《梁茅山贞白陶先生》,第74—78页。
④ 《云笈七签》卷二七《洞天福地》,第609—631页。

所谓洞天福地，均为最孚盛名的真仙高道居处所在，天下修道成神最佳之地，其成名多在六朝时期①，而浙东一地所占的比重竟若此之高，且其迄今仍是当地经济社会发展至为重要的资源，追本溯源则皆应归于六朝浙东道教的活跃及其转型，归于当时两浙及建康与会稽在多方面密切互动的关系态势。

以上所述佛教与道教之况，是从另一角度体现了六朝浙东地区及两浙关系的发展，构成了理解此期钱唐地位上升又一重要方面。宗教信仰及精神世界的走向，既与诸政治、经济和文化趋势交织啮合密不可分，又居于一般思想观念的上流而特具深入人心、能动先行的性质，也就不能不是推进及理解当时诸多历史进程至为重要而不可缺位的维度。在这个意义上无妨认为：正是由于精神世界上日益趋于一体，才最终奠定了六朝时期杭嘉湖与宁绍平原地区的一体化，消解了浙水东西两岸地带长期由吴郡控制的局面；也正是由于唐以来信仰层面出现了新的态势，在儒释道渐趋交融之余又有其他"惑世诬民之鬼道"流播②，从而潜伏了浙东及两浙关系发展的又一轮波澜。

---

① 《真诰》卷一一《稽神枢第一》引有《名山内经福地志》《孔子福地记》之文，又称"越桐柏之金庭，吴句曲之金陵，养真之灵境，成神之灵墟也……大天之内，在地中之洞天三十六所，其第八是句曲山之洞"。第 194 页。可见六朝已有记载"福地"之专书，三十六洞天说亦已出现，其述第八为句曲山洞即《云笈七签·洞天福地》以此为"十大洞天"之八的前声。

② 道教转型和佛教中国化均与儒相融而纳入体制，故六朝儒释道三家渐交融互渗，彼此之见如顾欢《夷夏论》、陶弘景《答朝士访仙佛两法体相书》所示，基本上是各自尊大而认对方为"殊途同归"。顾欢：《夷夏论》，《南齐书》卷五四《高逸顾欢传》，第 931—932 页。僧祐撰、李小荣校笺：《弘明集校笺》卷六收有谢镇之《折夷夏论》，卷七收有朱昭之《难夷夏论》、朱广之《疑夷夏论》、释慧通《驳夷夏论》、释僧愍《戎华论折顾道士夷夏论》，可见其当时讨论之况。上海：上海古籍出版社，2013 年，第 353—398 页。陶弘景此书见《艺文类聚》卷七八《灵异部上·仙道》，第 1344—1345 页。所述仙佛异同及形、神离合诸问题，亦流行于当时。但唐以来新教流入，至两宋间浙东摩尼教流播又生异端，方腊起事即其典型。

下编 追思纪念

一、纪念田余庆先生：
属于我们这个时代的史家

　　12月25日晨，电话里传来田余庆先生猝然去世的消息。虽明白这是寿者之逝，却仍终日悲不能已。猝死在感官上或触动较小，但在精神上，面对不及告别的世界，刹那间可能也会有深的苦痛。作为史家，田先生于亲人，于世情，于整个世界自会多一分感知，而作为我们这个时代的杰出史家，田先生一生又更多地集聚了其中的悲欣，这都不能不令人细味而思绪如潮。

　　史家命运与时代休戚相关，田先生晚年亦萦怀于此。其《〈代歌〉〈代记〉和北魏国史》一文，论至当时政治与史官遭逢及其史风沉浮之关联，即于历代史家的共同困境再三致意。田先生的《八十自寿》四首，历尽风雨后的淡定与守望中，也浸透了时代对史家的强烈影响。在现代中国的历史潮流下，家国存亡兴衰、个体悲欢离合，解放与束缚、赋予与剥夺，错综交织，旧死新生不绝。而身为史家，因可理其脉络而明其底蕴，更可臻于觉悟而放思未来，但既身处一波又一波复杂变动的时代，遂不免少年春风而壮岁悲秋，或晚来偏安而幼时丧乱。故从身体、情感至于心志，莫不历经磨难，多遭坎坷，虽出处有别而际遇不同，然其认知与存在之相去悬远，所思与所著之难以无碍，心头尤多冲突而创巨痛甚，其致一也。

　　田先生当然是属于我们这个时代的史家。这是因为他与我们的亲近，与我们一起走过了二十一世纪中国这开头十几年；更是因为他的著述与我们这个时代的起伏紧密相连，他的思想代表了我们对这个时代的感知和体悟。现在回想，田先生已近衰朽的身体，与我们一并承受了这个时代特有的喜怒哀乐，又当具有何等强大的情感和心志？近十年来，我到田先生家受教问对，次数不少，每提及上世纪八十年代初时气象，他都会说：那真是"活泼泼的思想"！有一种青年般受到召唤的欣喜。他最敏感于那些专制的、等级的、世袭的东西，总能一眼见其来自旧时代的污浊，并以"很腐朽"一言以蔽。我总觉得，田先生内心早有一个古今贯通的历史框架。延续两千多年的老大帝国向现代迈进，围绕中国向何处去这个根本问题，各种理念和实践及与此相连的集团反复冲突、平衡，遂以至今。而他对此的观察，确是始终放在整部古代史基础上展开的，也仍继续带着他最为精熟的政治史和集团分析印记，不过其旨趣递进，也早远不止此。证诸田先生史著，从《东晋门阀政治》到《拓跋史探》，他的研究自南而北愈趋深邃，运思行文则从畅达明丽转为沉郁伤感，更极其醒目地出现了文明与野蛮、共生与发展、物质增长与精神痛苦等新的主题。对于这样的转变，田先生自己形容是"越趄而进"，而催驱他暮年衰病仍不断思考、突破、升华的，不正是因为我们的时代已面临着这些根本的挑战吗？

若论身为史家而与同时代人共命运，或因治史明事而心头尤增曲折跌宕，田先生与历代史家、与我们这个时代的史家并无区别。要说不同，只是因为他的杰出。历数古今中外学者，同处艰难竭蹶，同受时代局限，惟杰出者能于山穷水尽处突破，也惟杰出者能在更大的磨难中埋下种子，积蓄养分，开出更加绚烂的思想花朵。作为我们这个时代的伟大史家，田先生的杰出，不仅体现于他的著作，更在于他学术生命的澎湃，尤其是他晚年独具的巨大定力、原创力和一系列突破，使他无愧为二十一世纪中古史界反思开新的奠基者。

北京近年雾霾愈多，田先生已很少外出，蓝旗营小区他家那间朝北的书房，已是中古史界所有青年才俊最为向往的地方。我曾向田先生提起此事，戏称为"生不用封万户侯，但愿一识韩荆州"，他脸上竟有一丝羞怯的不安。田先生表情威严、眼神锋利，是很著名的，这与他的宽厚、谦逊有反差。他也经常流露出童真，与观尽沧桑的睿智和悲悯同在，这是我最为欢喜赞叹的一点。在一个时代占据重要一席的学者，不仅其成就和道路无法复制，在生命征象上往往也甚复杂而独特。田先生于 2014 年 12 月 25 日耶稣诞辰日去世，2015 年就要来临，周围一切如昨所见，夕阳透过薄雾穿进窗户，他案头摊开的书上眉批灿然。那些聆听他教诲的日子恍若重现，每当光影逐渐黯淡，告别时先生笑容生动的挥手，这一幕幕已再不可得而永留我心。

二、程应镠先生百年诞辰纪念

上世纪八十年代，我在复旦历史系徐连达先生门下学习时，曾听徐师遍道沪上中古史界诸名宿的成就、生平，才开始对程先生有所了解。后来我研习汉魏至隋唐史及于宋史，又不断受惠于程先生的研究成果，遂有仰之弥高，钻之弥深之感。九十年代末我从兰州大学调入历史所工作后，时有同事谈及程先生与所内已故沈从文、孙毓棠、熊德基等先生有着深长学谊；近年我协助陈智超先生从事《新辑宋会要》整理与研究，课题组成员多宋史后学，有的亦毕业于上海师大，语间于程先生学问人品皆甚推重。此外，我的不少朋友都在上海师大工作，像耀中兄、建国兄、俞刚兄等，均是程先生门下弟子，潇鹄则为程先生再传弟子，他们的为人处事和学识成就，亦处处映照出程先生崇高的师范华彩，而程先生于上海师大历史系和古籍所的奠基之功，及其对学生们的耳提面命以至于其旧体诗作等，时亦形于朋辈言端。这样多年陆续积累下来，使我虽未曾有缘亲炙程先生的风范，却也逐步对程先生有了比较具体的印象。今天我们汇聚在这里，一起纪念程先生的百年诞辰，能够有机会再次听到各位先生和朋友追忆程先生的生平事迹，缅怀他的人生历程和辉煌成就，对我来说无疑是进一步了解程先生，一定程度上也是了解现代中国史学史若干侧面的难得机会。

在这个缅怀和感恩的时刻，我相信在座与会者和不在座的史界同仁，都会在此刻倍感程先生学术建树的丰硕和人生历程的曲折。在现代中国的风云变幻中，在现代中国史学史的璀璨群星中，不少先生都有与程先生相似的学术生涯和人生遭逢，其点点滴滴，也都能令人加深对这些历经二十世纪首尾的中国学者的认识，引人反复回味和感悟此期中国学术、中国史学与时代、社会的复杂关系。而程应镠先生,则无疑是因人生尤为曲折而显得其学术成就尤为博大、辉煌的一位。

程先生出身名门,有一个从旧式教育向新式教育递进的童年,从小打下了扎实的文史功底和数理知识基础。程先生更有一个壮怀激烈的青年时代,上世纪三十年代以来的每一个历史关头:从一二·九到抗战,从从军山西到爱国民主运动,程先生不仅活跃于这些时代大潮的风口浪尖,更有不少文学创作和政论时评,还在这样的过程中完成了在西南联大史学系的学业。今天我们回头再看,即便是在那个风起云涌的时代,能够做到这些的亦可谓凤毛麟角,至于今天更已邈不可寻而成绝响。但也正其如此,才典型地说明了程先生志向之高,胸襟之宽,才情之大和自我砥砺之勤。1949年以来,程先生曾应命担任过多项工作,以至于几次请求,都未能获准回到高校从事教育和科研,但他仍能念兹在兹地做出成绩,并在史学上多有建树,这又体现了程先生对待工作的认真,耐得住琐务的韧性和对史学抱持的职志。凡此之类,皆足见程先生早以一身而备历史上杰出史家之素质,唯因时代之故,以至中年壮岁而仍未得静坐案前著史而已。到反右之时,程先生不幸罹于网罗。"文革"期间又屡受冲击,以致健康严重受损,研究亦常中断,却仍能读书不辍,酝酿蓄积,在其间隙撰写了一批高水平的史学成果,也为他在"文革"结束后在研究和教育上的更多建树奠定了基础。回顾程先生的这些历程,让我们不能不为之心潮起伏,也在扼腕叹息之余,油然而生景行仰止之心。

程先生在魏晋南北朝史研究上建树甚丰,其对汉魏以来北方坞壁、北魏均田、北朝身份制及门阀豪族和民族关系的研究,皆为相关论域的经典之作。他对魏晋南北朝大势及基本问题的勾勒和认识,更富于卓见而影响深远。1984年中国魏晋南北朝史学会创立之时,程先生与谭其骧、唐长孺、周一良、何兹全、王仲荦、缪钺、韩国磐、吴泽、田余庆等先生一起被公推为顾问之一,即集中体现了程先生在魏晋南北朝史研究领域中的杰出贡献。当然我们也记得,程先生自七十年代起相继从事和组织《宋史》《长编》的点校和整理,又是1980年中国宋史研究会成立的重要筹建者和首任秘书长,宋史学界受其恩惠至深且巨。其晚年所撰的《范仲淹新传》和《司马光新传》,不仅是宋史领域知人论世的杰作,更对宋史诸重大问题多所洞察。在历史教育上,程先生所开魏晋南北朝史、宋史和历史文献学、史学方法论等课程,不仅在上海师大人满为患,也是全国学子向往的著名讲席。程先生在培养、造就学科人才上的成就,则集中体现于其门人弟子的史学成就上,其中斐然成家者指不胜屈,亦为中古史界众口交誉的佳话。程先生在中国中古史研究领域的这些贡献,在中国现代史学史上留下了光辉和影响深远的一页。

最后我想说的是:感谢程先生在史学和文献学上留下的众多杰作,使我们得以在治史研学时知所取向和轨辙,从中汲取丰富的营养,寻找攀登的阶梯;感谢程先生留下了众多文学作品和如此丰富的精神财富,使我们知晓史家固须精博兼备,从多彩的人生中涵泳更高的学术境界,而不得徒为寻章摘句的老雕虫;感谢程先生教出了这么多出色的弟子,使我们大家有了这么一批温和醇厚又风骨可贵的畏友,能够相共切磋琢磨,不断有所进益。我们只有继续弘扬程先生所热爱的史学研究和教育事业,时时以程先生的学术生涯策励自己,以"脱心志于俗谛之桎梏,使真理得以发扬",才能告慰他老人家的在天之灵。

三、韩国磐先生百年诞辰纪念

值此"纪念韩国磐先生诞辰100周年暨'韩国磐史学研究'学术研讨会"召开之际,我们聚集在这里,缅怀韩先生的德行功业,追想韩先生的谆谆教诲,各自拿出自己最新的研究成果,相互交流,切磋琢磨,以此纪念韩先生,告慰韩先生,充分体现了学人本色、师生之情、同道之谊。

韩先生是著名历史学家,中国现代史学的魏晋南北朝史学科、隋唐五代史学科和中国经济史学科的重要奠基人,毕生著术等身,桃李遍天下。我们这一代中古史学者,可以说都是读着韩先生的《隋唐五代史纲》《魏晋南北朝史纲》《南北朝经济史探》《北朝隋唐均田制度》等重要著作成长起来的。韩先生对于魏晋南北朝隋唐史的贯通认识,尤重经济基础和制度状态的研究特色,从具体制度、人物和事件研究中发现重要历史线索的研究门径,都曾给我们以学养和启迪,海内外中古史同仁得其教诲,受其恩泽者甚广且深,学界同道尽人皆知。韩先生亲手培养和参与创建的厦大魏晋南北朝隋唐史及经济史、制度史研究队伍,更是实力雄厚,成果卓著,在海内外享有盛誉。这些都突出地体现了韩先生作为一代著名史学家的杰出建树、高贵品格和深厚功力,并将永远激励一代代史学工作者不断取法,像韩先生那样奋力开拓中古史研究的美妙境界。

韩先生也是中国魏晋南北朝史学会的创会顾问,他对学会工作的指导、支持,是多年一贯的,特别是对学会同仁如何深入展开对魏晋南北朝土地制度及经济状况的研究,韩先生更率先垂范,并对学会同仁多有指点。他对学会同仁此期举行的重要学术活动和各领域重大问题的研究,也持续倾注了关怀。尤其是他在魏晋南北朝史研究中取得的一系列重要研究成果，他培养的大批杰出研究人员，对整个当代中国的魏晋南北朝史学科都有深远重大的推动意义。学会全体同仁，将永远铭记韩先生的巨大贡献和广厚德泽，并以自己的不懈努力和更多更好的研究成果，不断纪念韩先生，缅怀韩先生。

公元三至十世纪即魏晋南北朝隋唐时期，在中国古代史上具有极其关键的地位，对这段历史的认识，上关联到秦汉，下开启了宋元明清，中国通史中的大量传统观点，无论成败得失，正确谬误，都与这段历史的研究密切相关。我曾撰文指出：中古史上有一系列大事节目，如士族门阀、占田均田、胡汉关系、道教转型、佛教中国化、法律儒家化乃至于文学自觉、史学变迁等，均大致始于魏晋而终结于唐代。这众多客观存在的发展周期何以集中于这个时期，消解于这个时期，显然关系到对整部中国古代史的理解。近年以来我也认为，从明末清初到清末民初关于秦制延续两千多年的看法，是与中国历史停滞说相类似而存在严重局限的论断。现在看来，秦汉体制仍然带着深厚的三代先秦印记，与经过魏晋南北朝发展的隋唐体制的距离是巨大且十分深刻的，再经宋元发展到明清时期的体制，可以说秦汉体制已面目全非，仅仅盯住所谓"专制集权官僚政治"的一致性来概括"两千年所行皆为秦政"，不仅受到了特定时代主题的影响，也是过于粗疏的看法。这类看法忽略了三代以来王朝体制的发展脉络，简单化了整个多民族统一国家形态的丰富内涵和历史实际，并且舍弃了几乎全部中国古代政治文明的历史内涵，至今已亟待加以反思、检讨。而要重新研究这类事关全局的历史进程，重新评估这类影响极大的传统观点，一个关键的纽结，就是三至十世纪的文明与历史发展。这就要像韩先生那样，高度关注这一时期各重大历史问题的研究，当然更要学习韩先生尊重历史事实的科学态度，不断开创突破的学术勇气，善于总结提炼的理论功力，努力开掘新资料，开拓新领域，研究新问题，才能不负时代，做出韩先生所期望的学问，把中古史研究不断推向更高水平。

四、纪念简修炜先生

今天我们聚集在这里,举行"简修炜先生逝世周年追思会",一起缅怀简先生的德业,追想简先生的教诲,交流各自最新的学术成果,回忆向简先生请益的一点一滴,对于回顾总结魏晋南北朝学术史,进一步推进各领域和整部中古史的研究是很有意义的。

简先生是新中国造就的著名史学家,毕生从事中国古代社会历史特点和发展规律的探讨,在汉唐史尤其魏晋南北朝史多个领域均有杰出成就,素为海内外学界崇仰。简先生又毕生在华东师范大学历史系教书育人,不仅亲手培养了大批历史教学和研究人才,而且长期主持华东师大的中古史学科建设,为之做出了突出贡献。简先生在六十多年研究和教学上的这些成就和贡献,迄今仍在发挥重大和深远的影响,值得予以很好地总结、继承和弘扬,这也是我们今天纪念简先生、告慰简先生的旨归。

在简先生对魏晋南北朝史的一系列开创性研究中,我认为首先值得注意的,是他对这一时期基本历史特点的概括。在《魏晋南北朝的历史特点与农民的反封建斗争》及《再论魏晋南北朝的历史特点与农民的反封建斗争》二文中,简先生指出:"魏晋南北朝四百年的历史,是我国封建地主制社会发展的重要时期,它以封建生产关系的局部变革和更新为前提,以阶级关系、民族关系的矛盾剧烈运动为主线,以等级性、宗法性、民族性、宗教性为特点,编织成了变动着的历史画面,反映了我国封建地主制社会由上半期向下半期转变的历史动态。"这一论断既反映了简先生在唯物史观指导下的研究路向,更体现了简先生本人的独到观察和创见。

从基本生产—生活方式出发观察社会历史的发展变化，高度重视阶级关系和民族关系的态势，乃是简先生这一代史家的研究特色和成果源泉所在。其所以如此的原因，及其在完善既有历史认识时所以具有无从替代的价值，实为中国现代史学史头等重大的课题。可以看出，简先生上述论断，一字一句均经反复斟酌推敲，对此不仅有其理论自觉，更有重大的开拓和创见。这集中体现于简先生所概括的魏晋南北朝史的四大特点：等级性、宗法性、民族性、宗教性，并且认为这些方面的要素不仅渗透、贯穿于当时各领域的历史场景，更反映了中国古代史前后期转折的动态。可以认为，近四十年来魏晋南北朝史取得的突破，在根本问题上均不出简先生这四大特点所涉的范围，四十年来魏晋南北朝史研究热点的转移和相继获得的重大代表性成果，连出现的次序大体上也与简先生的排序相合，其中宗教问题直至最近才开始被学界广为重视。尤其需要指出的是，简先生以魏晋南北朝一系列事态为中古史前后期转折关键的看法，当年诸多名家似皆未有此说，实为"孤明独发"的卓见。我坚信：随着时代和研究工作的推移，要更为实事求是地建构中国通史，并从通史总体来把握魏晋南北朝史，简先生这一论断的重要性和价值必将与日俱增，焕发出璀璨夺目的光辉。

由此方可更好地理解，简先生当年在各领域所作的一系列研究，实际上均构成了他所以得到上述认识和卓见的基础。除他的经济基础、阶级、阶层关系和农民战争史等研究独树一帜外，这里我还要特别强调两点：一是简先生《六朝史稿》一书对江南经济社会发展的研究，体现了从江南社会观察中国史全局，从区域关系认识区域特点的视野和方法，应当视为今已势头强劲成果繁富的区域史研究的重要先驱。二是简先生高度重视宗教的作用和影响，他对汉唐间佛教和道教发展趋势和相关问题的认识，亦早跳出了一般佛教和道教史研究的窠臼，而是深具宗教社会学眼光，致力于揭示宗教与社会历史不可分割的关联。这些成果均历久而弥新，迄今仍富于启迪和指导意义，又集中体现了简先生善于在前人基础上创拓前行，及其史学、史才和史识的卓杰不凡。

回顾至此，我们不禁想起：1984年成都会议本学会成立之时，简先生即为常务理事，其后则相继为学会秘书长、副会长和顾问。在参与创建、领导中国魏晋南北朝史学会的三十多年中，简先生一贯秉持学术至上，求真务实的理念，为学会工作倾注了大量心血，也以自己的品格感动、引领了全体同仁。尤其是在学会如何团结同仁，组织同仁，深入展开诸重大问题研究上，他更发挥了不可取代的作用，做出了重大贡献。学会全体同仁，将永远铭记简先生的德泽业绩，并将以自己的不懈努力和更多更好的研究成果，不断纪念简先生，缅怀简先生。

五、唐长孺先生110周年诞辰纪念

今天,我们在这里共同纪念唐长孺先生诞辰一百一十周年,追思唐先生对中国史学和中国历史文献学的卓越贡献,缅怀唐先生毕生治史撰文、教书育人的不朽建树和崇高风范。

唐长孺先生是海内外史界公认的卓然大家,自青年至晚岁,他先后从事辽宋金元史、魏晋南北朝隋唐史研究,主持北朝四史等古籍和吐鲁番出土文书等重要文献的整理与研究,负责中国通史及魏晋南北朝、隋唐等断代史教材和中国大百科全书中国历史相关部分的编纂。凡其关注所及,精力所注,必有重大开创性成果,产生持续不断的学术推动作用。随着岁月推移和研究的不断深入,唐先生的这些成果历久而弥新,不仅多被认为是各相关学科和领域的重要基石,也化入并不断启发了这些学科、领域的最新探索与讨论。在现代中国的著名史学家中,像唐先生这样并无其他依傍,完全凭借自身研究成果、资料整理、人才培养、学术影响和推动作用而得海内外学人共同敬仰爱戴者,可谓少之又少;若再就其德行之高,建树之丰,对中古史结构体系贡献之大,于史界可臻之立德、立功、立言俱足垂之不朽而言,揆之同期诸家,盖仅一人而已。

唐长孺先生是中国魏晋南北朝史学会顾问,魏晋南北朝史是其毕生研究的枢纽所在,不仅在此开辟最巨而贡献至富,也是其对中国历史形成独到通贯认识,构成自洽体系的关键领域。他的重要代表作,如《魏晋南北朝史论丛》《魏晋南北朝史论丛续编》《魏晋南北朝史论拾遗》《魏晋南北朝隋唐史三论》,其名称即已说明了这一点。他整理的文献资料、编纂的讲义亦多为魏晋南北朝史研究的史料与教材;至于其论文集《山居存稿》及其《续编》与《三编》，也有不少是魏晋南北朝史专题的讨论。唐先生的这些魏晋南北朝史研究成果，兼具沉潜考索与高明独断之功，真正做到了不捐其细而愈见其大，不仅为相关领域的研究提供了新的起点和坚实的基础，也当之无愧地构成了现代中国史学深入揭示魏晋南北朝时期历史地位和特点的重要里程碑。故其面世之时，即被誉为"全面占领制高点"，是足以代表新中国中古史研究水平的标志性成就，至今也仍在有力推动着魏晋南北朝史的研究和人才培养。我所接触过的几代魏晋南北朝史研究者，无不是在学习唐先生文著的过程中成长起来的，中国魏晋南北朝史学会全体同仁，无不衷心爱戴唐先生，怀念唐先生，铭记唐先生所创的学术伟业，也感恩唐先生对我们的造就之功。

唐长孺先生曾兼任历史所研究员、学术委员，对历史所相关学科建设、科研工作和人才培养做出了不可磨灭的贡献。唐先生手创的武大中国三至九世纪研究所与历史所之间，长年均有多方面的学术交流和联系。所内精擅魏晋南北朝史的张泽咸等先生，即是唐先生早年培养的武大学生；而精擅唐史及敦煌吐鲁番学的张弓先生、黄正建先生，则是唐先生作为历史所研究员在"文革"后招收培养而留所工作的首届研究生。我虽未曾亲炙唐先生风范，但学史过程同样深受唐先生文著的教益和影响，平素思考问题每有所得，加以探讨时几乎都会发现有唐先生的相关研究成果矗立在那里，为该项研究展开的必须基础。具体如我对科举制起源及其与察举制关系问题的讨论，从研究生期间撰写《汉唐科举异同论》，到近年讨论"投牒自举"之法的由来，就都可归为基于唐先生科举制萌芽问题研究的后续讨论。近年我对魏晋以来儒学发展问题的关注，也经常重温唐先生关于魏晋玄学和思想文化潮流的研究，吟味其间窍要而多获鉴益。凡此之类，均为唐先生研究深切影响到我本人学史、治史的实例，相信在座诸位先生对此亦均各有体会。

我尝再三思考：唐先生自二十世纪四十年代始由文史兼综转重经史，旋又迎接了新中国建立的历史转折，遭逢了治史范式、理论、方法和研究重点的转移大势，又何以能如此步履坚实地完成调整，并以一系列富于创见的讨论总揽魏晋南北朝史乃至于整部中古史研究大局，为学界开创新的路向呢？对此问题，迄今总结者不少：有以为是唐先生善于以小见大，能从具体问题揭示历史演变脉络和事关全局的重大结论；也有以为是唐先生于史家"四才"俱长又精熟史料，能够在具体问题研究中把理论与实证、宏观与微观有机统一起来；还有以为是唐先生认真学习、消化了二十世纪三十年代以来影响渐大的马克思主义史学，做到了实证研究与唯物史观的紧密结合；另有以为是唐先生在大的时代和学风转折面前，出色地把握了学术继承与发展的关系，遂得使其研究既富时代气息而高屋建瓴，又渊源有自而根底坚实，足以持久地影响学界同行。我认为诸如此类的解释均有其道理，也都切中了唐先生治史的一些重要方面和特点，但也总觉尚隔一层，期待有更为透彻、更有说服力的解释出现。而这自然有待于对唐先生学术生涯更为全面而深入的研究与理解，有待于唐先生文著、信件等众多资料的全面出版面世，也有待于一部兼具知人与论世之长的《唐长孺传》的撰写。我以为这些都是海内外学人衷心冀盼的工作，而本次纪念会，当然也是其中重要的一环。

祝会议取得圆满成功！唐长孺先生永远活在我们心中！

六、何兹全先生110周年诞辰纪念

值此何兹全先生诞辰110周年之际,我们在这里共同回顾和缅怀何先生的学术与人生。由于何先生在中国现当代史学史上的地位,这就势必要纵观近百年中古史研究的成果及其理论和方法,也将在不同程度上总结、省思和瞻望中国史学的过去、现在和未来。

在长达八十年的史学生涯中,何先生曾从事过中国古代社会、中古经济史、兵制史、佛教与寺院等多个领域的研究,其很大一部分成果集中于秦汉魏晋南北朝时期。今天与会的学者,在中古史学习的起步阶段,大都读过何先生的《秦汉史略》《魏晋南北朝史略》《三国史》和《中国通史·魏晋南北朝时期》卷,从中汲取了最初阶段也是至关重要的学术养分。到我们开始进入具体研究领域,面对不同个案和问题时,自然就要认真学习何先生在中古庄园制、身份制、兵制、寺院和寺院经济等方面精湛细腻的专题研究和分析,了解把握相关问题的发展线索,获得如何把历史认识筑基于关键问题扎实研究的范例和借鉴。再到我们开始登上《通史》讲台,或在以往研究的基础上思考某些宏大叙事及相关历史问题和历史脉络,试图触碰原先并未正面细究的历史预设,也尝试突破自身研究的局限时,则一定会要再三阅读何先生的《中国古代社会》《中国社会史研究导论》等总结之作,深思何先生等前辈学者创立的"魏晋封建说"及其对整个中国古代社会和历史分期问题的认识,切实意识到实证与理论在研究过程中相辅相成的关系。我相信,二十世纪五六十年代以来的几代学者,在史学和中古史学习上多少都会有这些共同的经历,这就再好不过地说明了何先生史学成就之伟大与杰出,也再好不过地说明了何先生对现当代中国史学发展和人才培养的深远影响。

当然何先生在史学研究和人才培养上的成就,并不止于上举这些。作为二十世纪八十年代以来对中古史研究起着重要指导作用,直至二十一世纪最初十年仍活跃于史学界的前辈学者,何先生在历史学科建设、中古史研究规划和所涉中国古代政治与社会,文化、宗教与历史,以及中华民族发展的多个重大问题上,都提出过一系列值得开拓的领域与课题,发表过一系列值得重视的观点和看法。他在北师大历史系培养的中古史研究人才,早已遍布各地,成就斐然。他又长期担任中国魏晋南北朝史学会顾问,不仅对我会工作多有指导和贡献,对诸青年学子的培养、奖掖和提携更不遗余力。凡此种种,或如黄钟大吕,振聋发聩,或如润物细雨,余绪绵长而感人至深,也都在中古史界,在北师大,在中国魏晋南北朝史学会,留下了不可磨灭的动人篇章。

作为史学工作者,纪念何兹全先生,就要很好地继承何先生在史学上的一系列重大建树,并在各自研究中进一步弘扬其中闪烁的历史认识和思想光华。近年以来,我本人也曾思考"魏晋封建说"的相关问题,反复体会何先生所概括的,汉末到魏晋南北朝从城乡经济消长、身份关系、土地与劳动力关系及人口流动与地著这四大变化,觉得何先生确实在先秦以来和魏晋以后的宏大背景下观察汉魏之际的各方面事态,揭示了此期社会经济和社会基层的一些突出趋势,以及这些趋势对社会各领域的深远影响。这也提示我们,整个秦汉以来直至明清的历史,尽管在一些方面具有共性,尤其是史界通常所称的"帝制"或"专制主义中央集权官僚体制"这一共性,以至于形成了至今仍颇流行的"两千年之政,秦政也"的观点;但在此同时也要看到,这两千多年中还是发生过许多影响至深且钜,绝非可以忽略不计的重大变化。若进而再按何先生一贯倡导的思路来考虑,在汉魏之际社会基本面上发生如此重大变化的前提下,当时的政治、行政体制乃至于整个社会的态势,如果仍以"专制集权政治"六字带过,而不去深究三省制发展、制定法运动乃至皇权与士族关系背后可能存在的广阔事态,不正视自汉至唐行政体制和统治方式的极大变化,那显然是背离历史研究的基本要求的,并适足以使曾经促进了研究深入的"两千年之政,秦政也"说,变成我们今天进一步推进研究的束缚和陷阱。

即此可见,何兹全先生对中古各大问题的深入研究,不仅当之无愧地构成了二十世纪三十年代以来中国史学的重要代表性成果,而且也对今后中国史学尤其是中古史研究,具有不可估量的启迪和指导意义。我们将永远铭记何先生留给我们的宝贵学术财富,切实注重学术继承与发展的关系,像何先生那样不断提出新问题,开辟新领域,探索新方法,以切实的研究成果担起责任,不负时代,告慰何先生的在天之灵。

祝纪念研讨会取得圆满成功!谢谢大家!

七、悼徐师

业师徐连达先生，浙江临海人，1931年6月21日（农历辛未年五月初六）生于临海。家世文儒，父祖始业工商。先生少聪颖，就读省立台州中学（今台州一中），1950年赴沪求学，因成绩优异，为多所高校录取，择读复旦大学历史系。自是涵泳于史，兼博涉多览，谦和磊落，同学服其心志专一，能达己达人。1953年毕业后留校任教，所在教研组有陈守实、周予同、谭其骧等教授，多获沾溉。为助教十年，讲师二十年，"文革"结束后方升副教授、教授。先生之晋职，因遭历次运动而甚坎坷，先生之治学，则在艰难困苦之际尤重长年不辍之沉潜功夫。尝于"又红又专"号召极盛之时，自道愿做"粉红色专家"，闻者哓哓，影响切身，先生意气自若。执教前三十年中，先为陈守实先生助手，得承守老兼重实证与理论，擅能抉微与创拓之风；继参与《旧唐书》《旧五代史》点校，留意于诸文献、史事及典章名物之间，为《旧唐书》点校《前言》初稿之撰写人。至于八十年代以来，遂得纵横于隋唐史及官制史、文化史等领域，以著述累累，自成系统而多卓见享誉海内外；同时担任本系中国古代史教研室主任，讲授多门必修、选修课程，培养诸硕、博士研究生，主编复旦版《中国通史》等教材，对中国古代史学科建设和人才培养之贡献，亦不下于其研究成果。

一

先生于1996年退休，2019年7月31日辞世于上海新华医院，临终前两周尚在审看新书校样，毕生治史凡七十年。历年所著主要包括四个部分：

一是《中国皇帝制度》（广东教育出版社1996年，与朱子彦合作）、《唐朝文化史》（复旦大学出版社2004年）等专著。此二书为先生在中国政治制度史和隋唐史领域的代表作，体现了他在这两大领域的系统思考和诸多创辟。

《中国皇帝制度》把围绕皇帝的建置及有关典章故事作为一个制度单元，视之为中国古代政治制度的特定组成部分，对其各个方面及其演变详加研究。这就重筑了长期以来已被概念化了的专制皇权问题的讨论前提，为理性认识中国古代皇权的历史内涵、社会基础、运行机制及其实际影响奠定了新起点。《唐朝文化史》继前人相关成果精审取择和深入开拓，进一步建构了这一重要断代文化史的框架内容。在"文化"或被视同无所不包，或仅就思想观念而论的研究风气中，此书特重史料零散、极难清理又切关乎文化真谛的社会生活及风习，围绕于此梳理了其问题和史料序列，所代表的是认为文化扎根于人类日常生活而涵育人文，成就时代的文化史体系。此外，先生着力辑校补缀而成的陈守实先生遗稿《中国古代土地关系史稿》（上海人民出版社1984年），亦如上列二书，为中国大陆史界相关领域继往开来的重要著作。

二是历年发表于《历史研究》等刊物的50余篇论文。先生的研究自早年的农民战争、土地制度问题延展至后来的官制及礼俗，涉及先秦至明清各断代，八十年代以来所刊之文，多收录于《隋唐史与政治制度研究论集》（漓江出版社2015年）。从中可见先生的论题与时递迁变化，但前后成果间仍有其连贯性。如《唐代军事屯垦及其历史命运——兼论屯田与营田》一文，即是先生接续以往土地制度史研究之作。文中辨析唐代屯田与营田性质相通，明确其大多与军事相关而渐转向一般官田、民庄的演化进程，其勾稽资料穷诸记载而明其曲折，论证区分内地、边地及司农直属屯田等不同类型，评价屯垦效用又综诸时期、区域，列其条件而务求其中，结论则由唐代屯垦由兵农合至兵农分的历程，引向了古代"土地关系运动方式的发展规律"。这都体现了先生对以往相关研究如何进一步深化的新思考,也一如既往地反映了先生为文论事最重通达又至为绵密的风格。

八十年代以来,先生所治已集中于隋唐制度与文化,刊发的论文在总结既往、开拓前沿和解决疑难上尤为突出,其中不少均历久而弥新。如《唐代监察制度述论》揭示唐御史台与各道巡察制度及其演变要况,讨论御史选拔、任用、作用和地位,对于监察制度史的研究起到了底定论域的作用。《汉唐科举异同论》指出唐代科举承汉代察举发展而来,其间大旨相通,所异主要体现于投牒自举、举选相分及其与学校相结合,从而为汉唐仕进制度的通贯研究和科举制起源问题讨论明确了方向。《唐人礼法、习俗中的避讳行为及其社会效应》列举唐代国讳、家讳之要,及其影响姓名、地名、物名、官名、年号干支表述、经籍文字、仕进从政之况,探其二名不遍讳、嫌名不讳等现象及其礼、俗背景,不仅推进了前人关于唐人避讳的研究,揭示了当时的礼、俗差异和相互关系,对于文献整理亦有重要价值。《隋唐时期的洛阳》——阐明这一时期洛阳之建置布局、区划统属、经济样态、政治文化、居民生活、水利交通,论其所以建都之因及唐后期洛阳城之变化,提出了城市史研究的一系列重要问题,实为隋唐洛阳城研究的必读之作。先生并不熟悉电脑和网络,其文所以能尽勾稽发覆之能事,提出引人注目的问题并作系统、切实之开拓,端赖多年治史积累,心得所聚,方能从繁纷史料中破障除蔽而言必有中,做出前人不及的独到贡献。

三是主编《中国通史》(复旦大学出版社 1986 年)、《中国历代官制词典》(安徽教育出版社 1991 年)、《中华名著要籍精诠·社会卷》(中国广播电视出版社 1994 年)等教材及工具书。先生在复旦历史系先后所开课程,断代史包括秦汉魏晋南北朝史、隋唐五代史、元明清史等,专门史包括土地制度史、农民战争史、政治制度史、文化史等,另有《资治通鉴研究》《隋唐史专题研究》等。所授如此广博,有系上安排、教学需要的缘故,但最终都要面临更多的领域和问题,上列教材和工具书,皆编纂于先生任中国古代史教研室主任期间,也部分反映了其多年教学的思考和积累。

　　作为复旦大学教材的《中国通史》，是在历史系历年所积各断代史油印讲义的基础上编纂出版的。成稿时，吴浩坤先生承担了原始社会至西汉部分，赵克尧先生承担了宋元明清部分，先生承担了东汉至隋唐五代部分，并负责全书章节纲目调整和文字修改。通史之难，在于简明，简则尤重关节，明必娴于脉络，此书以 37 万字而涵盖上古至明清史，又尽量汲取了其前各领域值得注意的新成果，虽有本系诸多名师作则于前，而先生萃取通约之功实不可没。《中国历代官制词典》因先生深感典制切关乎历史教学而编纂，与此同时又编有《中国政治制度史研究文著索引（1900—1980）》，俱为所授中国政制史课程之辅，还接受当时教育部委托而编写《中国政治制度史》教材。至八十年代后期，教材编写因形势有变而告辍，索引仅一度油印以为教学参考资料，唯辞典在诸学生、同事协力下得以完成，出版后即以体例明审，内容精当，切合学界所需而盛行，至 2002 年由广东教育出版社出增订二版（易名《中国历代官制大辞典》），2010 年又由上海大学出版社再出增订三版（易名《中国官制大辞典》）。因此，这部官制辞典除甚有助于习史者，具有渊综典志、明于裁断等特点外，也是先生曾系统考虑中国政治制度史学科建设，为之呕心沥血的见证。《中华名著要籍精诠》是一部古典名著的导读工具书，先生应邀主编的社会卷，所收大部分非习见之书，诸前辈名家的题解述要多所未及，对于历史教学尤其得用。所列各书之下缛述的版本流传、作者生平、内容导读，包括其思想背景、重点特色及得失评价等项，俱能一一列其出处，明其源流，考其是非，精详远过通行之书目提要。由此亦可见先生熟谙各类文献的功力之深，所邀作者的各尽其长及逐条审订的费功之巨。在九十年代学界风气转折之际，先生所做的这一工作非惟总结了多年读书所得并有益于教学，也从一个侧面倡扬了八十年代结束之后学界在商量旧学和培养新知上转加邃密的趋向。

　　四是其他著述，包括读史札记《中国历史的 205 个细节》（上海大学出版社2012年)、《帝国宫廷的深处:解读中国古代皇帝》(上海大学出版社2008年)、《大业风云——隋唐之际英雄传》(上海大学出版社2014年)等。先生少年喜读蔡东藩的历朝通俗演义,及长治史,甚不满于史界著述或高头讲章、条框相承,或义疏艰深而世人畏之,其自身著述力求简明晓畅,而亦深感雅俗共赏实知易而行难。遂于年届八十之时,择取箧中读史札记饶有兴味者二百余条,在学生协助下整理辑集成"细节"一书,既以供治史者取鉴,亦应大众读史察时之需。在此前后,又以余力撰成数书,以为庶几可培土植苗,有助于历史爱好者了解史学通识以及史实认知之方,亦纠诸坊间流行的外行讲史之弊。先生暮年在这方面所作努力,亦可推为中国大陆很少几位愿意在这方面付出心血的史学家之一。

二

按通行的概括,先生应归为新中国培养的史学家。这一代史学家的成长背景壮阔,平生遭逢跌宕火热,所受思潮影响大略相近,故多叙事宏伟而关怀深切,治史尤重基础条件、大事节目和结构性分析;但各人心性、见知、体会毕竟不同,思想上还是各有其分甚或大相径庭。先生亦尝对相关问题再三留意而省视反思,至于晚年而所思尤为深邃,其史学思想较有特色的当可归纳为下列数端:

首先,先生对史学有其独到见解。他曾讲授"史者,时也"之义,述自己这一代及师辈大都特重历史与现实的关系,认为"个人对历史的思考,总离不开这一时期的社会环境和学术思潮,因为人们总是在社会群体中活动着";"一个时代对于历史的认识,不能不打上这一时代的烙印"。这是因为他们都深受近代以来中国社会和学术急剧变迁的触动,同时这也合乎"通古今之变""述往以为来者师"的古代史学传统,并与西哲所谓一切历史均是当代史、思想史之说不无相通之处。不过先生所释"史者,时也"的内涵并不止此,而是围绕历史认识的能动作用,在深思历史与现实互动关系的复杂性上多有胜义。

在治史者时时需要面对的基本问题上,先生最重"史实",曾对之作过字斟句酌的表述:"史实即组成人们认知之史的事实。"这里的"事实",固可理解为有关遗存或记载的内容、时代、局限等项俱得一时公认,或经考证得实,但遗存或记载浩如烟海,历史上发生的事实无穷无尽,其中若干所以会被世所公认,或被人们认为须考究其属实与否,端在其被视为某种"历史"的组成部分。这类"事实"一旦被公认或证实也就成了"史实",成了其所组成的"历史"确曾存在的证据。换言之,在世所公认的"史实"背后,存在着一种在当时据于主导地位的历史;而被一一再加考究的"史实"背后,则是人人心中各有所认知的历史。据于主导地位的历史大略基于人人心中的历史而形成,其形成机制有挟强权而燔诗书、定一尊而偃百家者,也有各家之史续经叠加、从众而趋简化、定位,其间个体与群体自觉、不自觉的认知关系错综,但也随时代、社会递变而有脉络可寻。要之,"史实"往往会与"历史"构成循环论证而扭曲"事实",故治史必从详究"史实"出发,方为正道。

先生似未写过专论史学的文章,以上看法皆其授课所说,记录或有不够准确周全之处,但仍可见其思考之要切。提出如何理解"史实"的问题,亦如傅斯年当年力陈"史学即史料学"那样,非惟特有所见,抑且蕴深涵博。先生把"史实"视为一个特定范畴所作的发挥,无疑体现了他在历史本体论、认识论上的独到看法。如其所说,从无穷无尽的"事实"转化为有限有度的"史实",也就是"历史"被勾勒和证明的过程;历史是在不断被认知、修正的过程中呈现的,其样态也是在多种揭示梳理、相互影响和碰撞沉积中递变的。这对如何看待"史实"和各时期形形式式的"历史",实为一种深刻的警示。尤其指出"人人心中各自有其历史",不仅说明了历史认识的基本地位及其多样性,而且为其所以指导、影响历史实践和历史运动的根由提供了简明透彻的概括。因而在先生看来,时代、社会的演化发展对于身处其中者固然有着无所不在的影响,但时代、社会的演化发展也是人们心中存在的历史认知使然,正是这种认知的优劣深浅之况，直接标志了其所处时代或社会的发展水平。这些看法均着眼于"史者，时也"的问题，直抵历史如何形成特定面貌并与现实相关联的肌理深处，较之先生当年留意史学理论之时的通行之说，要更为关注历史主体和史家的能动作用，也进一步兼顾了交织于历史过程的主客观因素，从而体现了先生对那种庸俗化了的反映论、决定论的省思。

其次，先生认为古代史研究必须注意继承和发展古人自己的认识。对此他曾多有所述并身体力行，如《中国皇帝制度》一书把皇帝制度视为中国封建政体的核心，述其"并非是一堆腐朽的垃圾，仅以批判两字可以了结。它是精华与糟粕并存，积极与消极同在"。这不止是在专制集权相较于君主立宪或贵族分封体制的意义上而言，也是有鉴于李贽、黄宗羲上至《尚书》《诗经》及先秦以来诸子关于"君道""主术"之说的立论。在强调治史须尤其重视主干资料时，他指出相关研究必先了解主干资料在一些基本问题上的然与所以然，才能"接上古人在相关问题上的思考和学脉，然后可以斟酌古今，形成通识"。这也是较之"历史主义"和"同情地理解"更进一步的认识，其中都凝聚了先生对中国现代史学发展历程的思考。

上世纪初兴起的中国现代史学，一方面深痛于中国社会的落后、愚昧及其现代化步履之艰难，另一方面又欣喜于对比先进国家后发现的一系列历史要素：民智之开化、生产之组织、生活之形态、权利之界定、意见之表达，等等，原来这才是导致一国富强文明，决定历史发展方向的伟力和奥妙之所在。时人以之反观中国传统史学在这些方面的表现，慨叹两者的妍者愈妍而媸者愈媸，遂把二十四史之类目为帝王将相家谱、断烂朝报。自此以来的中国史学虽叠有波澜，但在不断开创新的历史而否定旧的历史上则基本上一以贯之，结果也就不断改组了国史研究的资料系统和问题系统。及至当代，关于古代的各种通史、断代史尤其是专门史的章节内容，都已在新的历史框架和研究范式下，抛开了古人对于自身历史的认识而另成一体。对于这样的格局，先生也像同期史家那样,从亟以为然到深入其中而有疑惑丛生。他认为经济基础、社会组织、阶级关系和意识形态等要素关系的揭示,对于历史研究确实构成了一种革命性的推进,但这是否等于以往的研究、认识即可废弃搁置了呢?是否意味着今人着力揭示的历史要素及相互关系已至矣极矣了呢?先生对其所带学生都曾提出过这类问题,在解释时则分外突出了总结古人自己的认识对于古代史研究之必要。

他认为今人对于古代历史的认识固有所长,但其所提问题总是带有当代印记,在接近现场和切身体会上更无法企及古人。因此,今人不断发现和总结的历史,虽有古人难以比拟之处,却仍须以正视、深思古人自己的历史认识为前提。如先生编纂《中国通史》时,即深感诸历史分期说最终仍须以一定的断代史体系来落实,而构成断代史体系核心的终究还是王朝序列。他曾自道囿于教学大纲和篇幅留下的遗憾,在从政治、经济、思想文化和民族关系等方面说明王朝的兴衰更替时,也像其他院校的通史教材那样,在汲取古人对之认识时极为不足,多少都将之当成了证明今人所见历史逻辑的货架,未能据以揭示王朝序列的丰富内涵。事实上,正是在王朝的形成、递变及其更替分合和治乱兴衰上,集中了古人相承总结的很大一部分历史智慧和经验教训,其中亦多人心之所向、民生之讲求、学问之开展、治道之良窳瓜等内容,皆自成体系而非不得要领,足与现代史学不断发现的历史要素相通而互明,将之视同敝屣,就不可能对王朝历史有切实之见,也就势必影响到断代史体系和历史时期划分的根基。按先生的思路进而言之,中国现代史学在包括王朝在内的一系列重大问题研究上,一直都在继承和发展古人对其自身历史的认识上存在缺陷,其各个阶段也一直都在以今日之我向昨日之我开战,其要均是今人所见之史与前人所见之史的关系出了问题,以至古今之研究难以相通,学脉则常断而不续,各时期研究动辄另起炉灶而难形成逐层深入的态势,这的确是值得治史者反复吟味的。

其三,先生治史尤重制度。在各种历史要素中注重制度特别是政治制度的作用,与他多年读书注意典志、故事有关,也是其长期沉浸土地、赋税等制度研究的体会。"文革"结束不久,他撰文讨论开天之际唐代由盛而衰的三个原因:机构庞大,官吏数量膨胀;兵制变化,军费开支繁重;人民困苦,社会矛盾积累。这已越过了一般所说的均田制和租庸调制瓦解等基础事态,直接着眼于政治制度来考虑中国古代史前后期的转折问题。在当时展开的"中国封建社会长期延续"问题讨论中,他把专制集权官僚体制视为症结之一,与"生产关系之具体形式""城市之性质与形态"相并列,也体现了从政治体制来观察社会发展的取向。八十年代初,先生开始系统研究官制,招收中国政治制度史方向的研究生,考虑中国政治制度史的学科建设,均体现了其高度重视制度问题的自觉。

自此以来,先生随改革开放之曲折历程深思制度与历史发展的关系,在制度问题的探讨上不断深入,所出版发表的成果多能领当时日趋兴盛的制度研究风气之先,所提出的不少看法迄今仍为学界同行相承发挥。他强调"制度不是一纸空文",典志等文献所载田制、税制、官制、兵制等,多为不同时期的诏令或法律规定,类此规定的形成皆有一定的基础和原因,其设计、施行过程必与其他规定配套协调,又一定会发生各种各样的问题,问题积累以后又会需要调整相关规定。"制度"即为所有这些侧面构成的综合体,故其生命在于行用,核心是要以规范实际过程来解决实际问题,并随实际变化而发展。这些看法在八十年代制度研究兴起之时是很有针对性的,当时学界虽已痛定思痛地意识到制度的重要,但对之研究长期以来均甚薄弱而多空白,史界以往多偏于揭示制度服务于统治的实质,或以制度为治史所须了解的名物掌故。处于这种局限之中的制度史研究,确因对象起点不明,讨论缺乏头绪,方法难得其要而在逐渐探索之中。因而先生界定"制度"的应有之义,实际上是从研究对象出发,明确了制度研究既要重视又绝不能限于典志记载或诏令规定,一项制度的沿革取决于其实施效用和所生滞碍,其运行机制包括了与其他制度及诸政治、社会要素的多重联系等一系列基本问题。

先生对制度史研究方法的讨论，正是本着这样的认识展开的。他曾以当时的官制研究为例，指出"大多数研究者还停留在简单地罗列三公九卿或部、院、府、寺的水平上，至于它们究竟蕴含着什么样的政治的、行政的、法律的，以及文化和社会的内涵，到底体现了怎样的一种体制，所取得的成果还是非常贫乏的。"而其改进之途，则是要从孤立、静态的研究转向系统、动态的研究，即须正视制度乃是规定与实施等多个侧面相互关联的动态综合体，扬弃以往习惯的典制名物考证取向，系统探讨制度内外部诸因素的多重联系，方能揭示制度的形成、效用和发展过程。先生为之所作的申述，包括了一些影响深远的论断：一是系统的研究也就是兼顾整体的综合研究，要深入到制度所涉各个层面来揭示其实际状态，因为"法定政治规范恰如整座政制冰山的水面裸露部分，对它的认识如不结合其水下潜在部分来进行，是很难得到完整准确的结果的"。二是要重视制度规定所蕴的思想内涵，认为这些规定总是"两个侧面的统一：第一，律令之类，这是表层形态，是钦定的结果；第二，特定政治观念及其行为准则，这是深层内容，是钦定的根据"。三是要关注制度的运行机制，认为其体现于构成这一制度的要素关系和相关制度之间的配套互动之中。就官制而言即是要通过研究重新凸显各种官职设置的相互联系和作用，"正是这些反映着当时职官制度的实质和基本的运动过程"。四是制度的运动表现为横向运行和纵向沿革的统一，动态的研究必须意识到制度"在纵向上发生每一个重大变化时，都将导致对其横向机制的直接冲击或波及，反之亦然"。此外，当时先生也已提出了用原出西方学术的概念、术语来研究和表述中国古代制度的相关问题，如运用"行政""立法""司法"及"政治文化"等植根于西方政治学概念体系中的概念时，如何规定或说明其在中国古代政治过程中的特定涵义？如何处理它们与研究所用其他概念的关系？

在八十年代以来方兴未艾的制度史研究热中，先生实为重要代表人物。而其至为可贵之处，端在能充分认识制度发展作为历史的重要组成部分，并经常深刻影响历史进程的根本属性，始终坚持从历史发展过程来认识制度,又着眼于制度演变来观察历史。故其所思所论,每能秉持切实而理性的原则,直指同行研究面对的困惑,极大地拓展制度史研究的纵深,同时也从中省思、完善其自身以往的历史和制度认识。直至今日史界,系统、动态的制度研究已蔚然成风,制度视角、制度运行和制度概念等问题亦备受关注而新见迭出,先生在制度史研究对象、方法和范畴上的正本清源、破障开路之功,亦已因此而不朽。

三

先生毕生从事历史教学,无论讲课、指导论文,还是带研究生和接待海内外访学,总是聚精会神,从未稍息,培养了大批人才,也积累了丰富的经验。他讲求教得法,学知本,渐染化育,师严道尊。关于先生所授治史之道及其体会,我曾就切身所见略述其要(见《徐连达先生八十五寿庆论文集·序》,上海古籍出版社,2017年。此序后被"中华古籍网"冠以"徐连达先生治学小记"之名转发),可与诸门人弟子各自的体会相参互明。以下再述当年受业数事,以铭师恩。

1983年我考入先生门下读研究生,不久他邀请宁可先生来复旦讲学一个月,命我全程接待陪同。交代任务时极为细致,从往返接送、食宿、讲学等活动安排,一直说到开讲之日我须随他去住所接宁先生前往教室,以后各次他在教室等候由我去接,听讲时一定要留心及时为宁先生擦黑板。并专门叮嘱:宁先生学问很大,才情过人,这是一次难得的学习机会,要多多请教。还提到学术接待也是学术工作的一部分,这方面的历练对学者来说亦属必要,可以获得课堂和自己读书接触不到的学问。其时我与先生还在彼此熟悉之中,一周只有两次上课时见面,我想除历练磨砺外,他应当也是要通过这次接待来了解我的为人处事。现在回想,我完成这次接待任务应该只能算勉强合格,但确实如先生所说,不仅屡得宁先生的指点解疑,其间也对治学之道有所感悟。

宁先生这次主要讲汉唐粮食亩产量问题,当堂逐条排比史料,结合耕作技术等因素分析不同时期、地区的相关数据,运用多种方法估核平均亩产,进而讨论与产量变化相连的历史和理论。其内容对关心这一问题者来说引人入胜,但对一般学生显得较为艰深,几次以后,留在教室里的就只有一些感兴趣的老师和硕、博士生了。但先生并未让我动员同学来听,而是在点评时指出:像宁先生这样在汉唐间众多发展过程中抓住一个关键问题,开掘、清理其中蕴含的多重内涵和线索,穷尽史料和手段集中解决前人所留疑难,扎扎实实推进对相关历史和理论的认识,这是至为高明的史学,值得我们竭诚学习和体会。先生下来以后又接着这个话题对我说:第一流的学问总是寂寞的,因为处在最前沿、最深处,前人未到,后无响应,虽功德无量,具体的成果却难以预期。所以学者实在不能是什么明星,尤其是不要企图去做明星。宁先生这次讲学和先生的点评均给我留下了深刻印象,八十年代风气开新而思想活泼,我们这些年轻学子在如饥似渴地汲取新知中经历启蒙,不免就把不少学者当成明星来追捧了,这时候确易忘记学术本身的品格和应有态度。当时我们亟待补上的,还是要深思一项具体研究可以在博大精深上达到何种程度,并且意识到史家生涯特有的甘苦。这次先生邀请宁先生前来讲学和所作安排、教导,实为影响我今后研究、处世取向的重要一课。

入学年余以后,师生之间相处甚得,话题也开始多种多样。一次先生忽然问我:是否放下碗筷就埋头读书啊?我说是,他即告诫我饭后一定要休息,适当活动一下才能开始工作。并且提到他年轻时因对此没有注意,以致落下胃病,就医时方知读书用脑,很是影响饭后的消化,长期消化不良即成痼疾。自此先生养成了一个习惯,每饭后必略事休息,晚饭后必散步,虽雨雪而不辍。有时我在先生家上课晚了,用饭后照例要陪他散步,若天色不好,师母叶老师会拿出两把伞让我带上。先生的告诫很是及时,那时我的胃已时常不适,就是按他吩咐,每次饭后略事休息活动,才渐渐养好的。这个习惯我也一直保持至今,可谓受益终身,并提醒我的学生们也注意及此。

陪先生散步是一件有意思的事情。他个头瘦高，身板笔挺，迈步有节，下雨时他打伞的伞柄也是竖直的，不像我会向中间倾斜，所以他那把伞也要比一般的大一些。他散步的样子让我不由得注意姿态也要尽量端正一些，但这时先生的话题却是自由散漫的，从"这几天有没有去上海（复旦的老师说进城为去上海，盖因地处旧上海外的五角场附近也）"，"复旦宿舍区原来是日本人的兵营"，到稿费买书、师母家乡安徽的茶叶、《拾遗记》里的志怪故事，山南海北的说哪是哪，真是聊天。先生腹笥极富，才思如风无微不至，问答间常能开我心智，这样的聊天对我实在是另一个课堂。他鲜论时事但也不讳言时事，我在复旦那三年适逢反污染到反自由化之间，到处是满腔热忱的学生与苦口婆心的老师，记得我曾问到经过思想解放和反思总结，是否已经有一些人同此心的共识，应该对大的趋势和代际更替抱有希望。先生沉吟片刻，说你这么想也正常，我就八个字：永不乐观，永不相信。当时我理解这是历经教训的经验之谈，学历史的面对风潮自然会要多一份冷静。数年之后，渐能体会语中有至为严肃刚正的历史认识和不妥协态度，再到后来我也过了知命之年，不由得也对同样发问的学生们这么说了，方觉其中实有千重爱恨、百般滋味而竟不得再置一词。古贤曰教学犹如叩钟，"叩之以小者则小鸣，叩之以大者则大鸣"。先生之教导学生，其是之谓乎！

硕士生临毕业，按规定须有教学实习，也就是要代导师上两次四学时课，记得是通史古代部分的后半段。这是我生平第一次登台讲课，先生看出来我有些紧张，就先给我讲了如何上课的一课。这一课对我后来任教讲课影响极大，其大意是讲课与治学根本相通，治学须如堂堂正正之师，必尽其在我，扎稳根基，勿赖出奇制胜；讲课须系统传授基础知识，以围绕于此讨论其来龙去脉和相关问题为上，切忌徒为课堂效果添油加醋，虽然热闹却没有达到课程目的。他还讲到课时的把握至关重要，只有那么多时间，却要讲透讲好基本内容，既为学生打好基础，又能脍炙人口，这不是靠讲究上课方式能够解决的，而是研究能通达古今，识见到此，能够引导学生一起思考的结果。并强调这也不是几堂课的事情,一门课程总得结合研究讲上几年以后才能真正上路,可以说是做教师一辈子的功夫。我不知道教育学是如何表述这方面规律的,但知道青年教师第一次讲课之前,一定会有一大堆问题乱糟糟的没有头绪,确实需要有人提点取法乎上。先生所说的这些使我大有纲举目张之感,到了课堂上也颇觉有几分主动自如。记得前一次课先生还来教室后面听了一会儿,下课时已找不到他,大概是放心了才悄悄走的。

毕业以后我回本科母校兰州大学历史系工作,较多揣摩了各地不同老师的讲课之道,自己也讲过中国通史古代部分的上、下两段,开了不少选修课和专题讲座,才能真正领会先生上述讲课原则的普遍适用,服膺以为高校教师从业之所必知。惜乎那时我已与先生远隔两地,通信时多在请益研究上的一些问题,他长期从事教学的经验体会,授之于我者盖仅万一而已。现在回想,当年临毕业我执意不留复旦任教,多少也算打乱了先生的规划,但他还是大度地给予了支持,临行设家宴相送,鼓励我在兰大历史系做出成绩。后来我听明扬兄谈到,他留系任教数年后,复旦校部要调他去做行政工作,先生也同样忍痛割爱,为他分析利弊,让他服从安排在新岗位上尽心尽力做出贡献。先生对学生的关爱和教导,可谓始终如一、不计自身而能尽为师之大者矣。

四

在得知复旦历史系为纪念先生逝世周年征文,着手写这篇悼念文字时,我经常想到的一个问题,是二十世纪五六十年代成长起来的一批史家的共同遭逢。这是我们这些七八十年代开始读史的学者接触、了解最多的老师,作为其中一员,先生同样认真研习过马克思主义的重要著作,接受了唯物史观。他的不少研究和表述,很明显地带着"人们在既定前提下创造历史"的印记,信奉"哲学家们只是用不同的方式解释世界,而问题在于改变世界"。同时也在结合实际展开思索,不满于当时盛行的"联共(布)党史"的某些理论概括。这种大半已经想通,还有小半仍有滞碍而不无颠覆性的问题,解决起来首先是要不断说服自己的内心,其间自会有不少心得,但更多的恐怕还是需要学术彻底性做出让步。诸如此类的状态,在先生这一代老师中应是相当普遍的,这也是他们大都不得已才会就此谈点看法,甚至完全失去理论兴趣,曾经形成的真知灼见多未付诸文字的重要背景。

当此之时,除少数锐志于理论与现实问题者外,仍爱史学者之转向古纸堆中,可谓自然之势。更何况他们的老师辈大都精于考证,不仅有如何"实实在在做点事情"的言传身教,更有不少历经时代冲刷仍然"站得住"的成果可以效法,其影响同样是深刻的。先生和复旦历史系其他一些老师曾回忆陈守实先生的恩德,均提及守老当年在系里最重实证与理论相互发明,曾有针对性地反复强调要重视理论,可见那时他们已疏远理论到了什么程度,也可见其他诸老于此类皆一语不如一默。但古往今来,要埋头于史籍爬梳剔罗、释疑解难,其实都是一件奢侈的事情。要生计无忧,内外平安,有书可读,更要有宽裕的时间。而先生这一代学者的成长期中,最缺少的就是时间,其次是氛围、心境,生计和资料条件可能还在其次,但也远不是无忧。总之,那些年中能够安心读书治学的间隙屈指可数,凡至八十年代初而成名成家者,无不职志、毅力、机缘聚于一身而超乎寻常,即便如此,其中多数也还是要再过一段时间才迎来创作高峰,而此时他们一般都已六十岁左右,以往又都谈不上保养,体力精力上亏欠透支实在太多,在开拓研究和必须处理的事务上均有力不从心之感了。因此,包括先生在内,这一代学者的创作高峰期大都比较短暂,著述数量较之实际有的积累和胸中欲撰之文,经常只是一小部分,见诸其教学及平素谈及的众多学术见解,在重要性上往往不逊于甚至有过于其已刊发的文著。这是一代学术史特有的可叹之象,也是在面对他们的研究成果时需要特别注意的一点。

以上所述虽仅一二,但也可见我们最为熟悉的这批老师探索的艰辛,尤其他们所获成就的来之不易和弥足珍贵。作为治史者,自应知道各个时期学者的声名影响,莫不是多重因素风云际会的结果,亲历了八九十年代以来激荡的历史和学风变迁之后，又更能体会其间滋味。认真说来，先生应属他这一代中古史学者中的幸者，身处复旦这个影响较大的学术研究和教学重镇，有众多名师切近关心、指点，本人则谦和含容，尽其可能避开了各种纷繁和重击，多年锲而不舍地潜心于学术，终至"文革"结束而学问大成，稿约不断，遂得以一系列著述和淳正的史德、史识享誉于世。相比之下，还有不少与他同辈的老师，虽也有系统扎实的成果，平生德业及所作研究亦非浅学好炫者可得窥其涯岸，却因种种原因，所获成就重要性和实际地位尚未彰显，其身已在日趋浮躁的世风中枯萎。近日武汉疫情甚急，万家命运转辗其中，作家方方有曰："时代的一粒灰，落在个人头上，就是一座山。"诚哉斯言！史界岂不然欤？

由此观之，先生又还是在不幸之列。满腹经纶，雄心尚在而时光残酷，年近衰朽，风流总被雨打风吹去。对于早已看透名利、唯学是尚的先生来说，曾经倾注心血的题目已无力完成，学界则日新月异，向之所欣，俯仰之间，已为陈迹，此固可以兴怀，而实至痛。我曾听不少老师谈及他们这一代学者的成长经历，上面的"枯萎"二字即亲耳所闻，这位老师当时曾脱口引诵"秦人不暇自哀而后人哀之，后人哀之而不鉴之，亦使后人复哀后人也"。而今先生亦往矣！回顾他的生平遭际，名山事业，忆及当年受教的点点滴滴，既觉音容宛在而恩泽长存，亦悲先生之幸与不幸。因成此文，以志我辈哀而鉴之之任。

"南京大学六朝研究所书系"已出图书

一、甲种专著

1.《东晋南朝侨州郡县与侨流人口研究》(修订本),胡阿祥著,江苏人民出版社2019年10月版,"甲种专著"第壹号;

2.《中古丧葬礼俗中佛教因素演进的考古学研究》,吴桂兵著,科学出版社2019年12月版,"甲种专著"第贰号;

3.《六朝的城市与社会》(增订本),刘淑芬著,南京大学出版社2021年1月版,"甲种专著"第叁号。

4.《探寻臧质城——刘宋盱眙保卫战史地考实》,钟海平著,南京大学出版社2022年3月版,"甲种专著"第伍号。

二、乙种论集

1.《"都城圈"与"都城圈社会"研究文集——以六朝建康为中心》,张学锋编,南京大学出版社2021年1月版,"乙种论集"第壹号。

2.《六朝史丛札》,楼劲著,南京大学出版社2022年3月版,"乙种论集"第叁号。

三、丙种译丛

1.《中古中国的荫护与社群:公元400—600年的襄阳城》,[美]戚安道著,毕云译,南京大学出版社2021年1月版,"丙种译丛"第壹号;

2.《从文物考古透视六朝社会》,[德]安然著,周胤等译,南京大学出版社2021年1月版,"丙种译丛"第贰号。

四、丁种资料

1.《建康实录》,(唐)许嵩撰,张学锋、陆帅整理,南京出版社2019年10月版,"丁种资料"第壹号。

五、戊种公共史学

1.《"胡"说六朝》,胡阿祥著,江苏人民出版社2019年6月版,"戊

种公共史学"第壹号;

2.《谢朓传》,胡阿祥、王景福著,凤凰出版社 2019 年 12 月版,"戊种公共史学"第贰号。

图书在版编目(CIP)数据

六朝史丛札 / 楼劲著. —— 南京：南京大学出版社，2022.3(2022.8重印)
(南京大学六朝研究所书系. 乙种论集. 第叁号)
ISBN 978-7-305-25285-3

Ⅰ.①六… Ⅱ.①楼… Ⅲ.①中国历史－六朝时代－文集 Ⅳ.①K237-53

中国版本图书馆CIP数据核字(2022)第007811号

出版发行	南京大学出版社		
社　　址	南京市汉口路22号	邮　编	210093
出 版 人	金鑫荣		
丛 书 名	南京大学六朝研究所书系·乙种论集·第叁号		
书　　名	六朝史丛札		
著 者	楼　劲		
责任编辑	黄继东	编辑热线	025-83592193
照　　排	南京南琳图文制作有限公司		
印　　刷	南京玉河印刷厂		
开　　本	787×1092　1/20　印张13　字数210千		
版　　次	2022年3月第1版　2022年8月第2次印刷		
ISBN 978-7-305-25285-3			
定　　价	62.00元		

网址：http://www.njupco.com
官方微博：http://weibo.com/njupco
官方微信号：njupress
销售咨询热线：(025) 83594756

* 版权所有，侵权必究
* 凡购买南大版图书，如有印装质量问题，请与所购
　图书销售部门联系调换